市民社会と政治社会のあいだ

田口陽子
TAGUCHI Yoko

市民社会と政治社会のあいだ

インド、ムンバイのミドルクラス市民をめぐる運動

Mumbai, INDIA

水声社

目次

凡例

一、本書で用いるヒンディー語等現地語の片仮名表記については、『［新版］南アジアを知る辞典』（辛島昇他監修、平凡社、二〇一二年）を参考に、基本的にはデーヴァナーガリー表記にもとづき長母音を「ー」で表記する。ただし、固有名詞については一般的な表記を採用した場合もある。たとえばムンバイについては、長母音を「ムンバイー」とせず、「ムンバイ」と表記する。ヒンディー語のアルファベット表記については、基本的には *Oxford Hindi-English Dictionary*（1993, ed. R.S. McGregor, Oxford University Press）に依拠している。ただし、事業名や団体名、人名などの固有名詞、アルファベット表記が一般化している表現、直接引用等は、当事者による表記や一般的な表記、引用元の表記に従った。

二、本書では、一九九五年に都市名が変更される以前についてはボンベイを、それ以後は、文献や会話からの引用を除いて、公式名称のムンバイを用いる。

三、二〇一一年の調査時は、一ルピーが約一・六円だった。本文では、調査時ごとのレートにもとづいて、適宜日本円を付記している。

四、参照文献は、文献リスト（日本語、英語）、新聞・雑誌記事（署名記事、その他の新聞記事）、インターネット上の資料、の順番で記載した。新聞・雑誌の署名記事については、本文中に著者名と媒体名を記載した。その他の新聞記事については、本文中に媒体名と掲載日を記載した。なお、批評ブログ『カーフィラー（*Kafila*）』の記事については、通常の文献リスト内に記載した。

まえがき

私たちが「市民」であるということは、どのような状態を指すのだろうか。燃やすごみと燃やさないごみ、プラスチックや缶などの「リサイクル」可能な資源ごみごとに、市に指定された袋を買って分別すること、電車の中で携帯電話はマナーモードにして通話は控えること、税金や社会保険料の支払い、選挙での投票、デモでの抗議など、現代日本で市民に期待されていることは多岐にわたる。市民からなる「市民社会」という言葉にも、「国家の法律やマナーを守る人々による、他人に迷惑をかけない秩序だった社会」から「国家を監視し権力に抗議するリベラルな諸団体」、あるいは「国家の規制から自由にビジネスを展開する民間企業の領域」まで、矛盾を含む複数の意味や立場が織り込まれている。おなじ「市民社会」という言葉を掲げて、デモを起こすこともできれば、デモを迷惑だと非難することもできるのである。とはいえこうしてみると、どのような意味で使われる場合にも、「市民」や「市民社会」という概念には、「こうあるべき」という規範性がともない、どこか排他的な響きがある。そのため私たちの社会では、市民という言葉が自分とは相いれない立場の人々に対する拒絶に結びついたり、市民であることと政治的な主体性がうまく結びつかないことにより不自由さや行き詰まりを感じることも多いように思われる。

本書は、日本と同様に、西洋由来の「市民」や「市民社会」という概念と向き合い、葛藤しているインド都市部の市民運動を事例に、人類学的な観点から市民社会について論じる。経済成長に伴いミドルクラスが興隆する近年のインド都市部では、美化キャンペーンや官民のパートナーシップ、反腐敗運動（anti-corruption movement）が盛り上がり、こうした運動を率いる「市民社会（civil society）」が注目を集めている。本書は、この市民社会をめぐる研究者の論争、活動家の主張、運動の展開を論じることで、現代インドにおいて「市民（citizen）」であるとはどのようなことであり、そこではいかなる政治が展開されているのかを探究する。

＊＊＊

ただし本書は、「発展途上国のインドにもついに市民社会が登場した」という肯定的な評価にもとづく報告ではない。そもそも「市民社会の登場」や「市民社会の成熟」などというフレーズには、よりよい、発展した、大人の社会として西欧社会を位置づける規範性が込められており、それをもとに他社会の発展度を測ることの恣意性や権力性は明白であろう。さらに、そうした価値判断をわきに置くとしても、インドではイギリス植民地時代からすでに「市民社会」という概念を掲げた運動が行われてきたし、独立闘争から低カーストや女性の地位向上運動、環境保護運動まで、幅広く「市民社会」の運動と解釈されうるさまざまな社会運動がこれまでも活発であった。そうしたなか、本書が論じる一九九〇年代後半以降の一部の運動は、「新しいミドルクラス市民」の運動として現地メディアで大きく取り上げられるとともに、現地の社会科学者からは批判の対象となっている。

新しいミドルクラス市民というイメージの一端を伝えるために、ある新聞広告を紹介したい。ジョンソン・エンド・ジョンソン（Johnson & Johnson）の「ステイフリー」という生理用ナプキンの広告は、私がインド、ムン

図 0-1　『ボンベイ・タイムズ』に掲載された広告（*Bombay Times*, 2011 年 11 月 27 日，1 頁）。

バイで長期のフィールドワークを行っていた二〇一一年に、タイムズ・オブ・インディア系列の『ボンベイ・タイムズ』紙に掲載されたものである（**図0－1**）。当時のタイムズ・オブ・インディアは、「市民社会」による反腐敗運動や露天商の撤去などを連日大きく取り上げ、自社でも都市の美化キャンペーンを企画していた。こうした背景から、この広告は、ミドルクラスの市民活動家を喚起させるものになっている。

　広告の中央には、サリーやサルワール・カミーズといった民族衣装ではなく、ジーンズにシャツを着た都会的でプロフェッショナルな雰囲気の若い女性が映っている。その背後には、ムンバイの街中でよく見かけるように、マラーティー語（デーヴァナーガリー文字）で「クリーン・アップ　ムンバイ」と書かれたムンバイ市が設置しているゴミ箱と、そこからあふれるゴミが映っている。女性は、"If it irritates me, I promise to change it."（私をいらいらさせるものは、変えてみせる）というメッセージを発信している。ここでは、月経や質の悪いナプキンによる不快感と、道端のゴミの不快感が、いずれも「私」の身体感覚と美意識に反する「いらいら」の元として提示されている。そして、よりよい商品を選択するように、自分の意志で都市環境を変えていく強さと潔さが称揚されている。

生理用ナプキンという私秘的な事柄にかかわる商品に、都市のゴミ問題が重ねあわされた広告は、たとえば日本では一般的ではなく、私にとっては意外で印象的だった。(1) と同時に、この広告は、ゴミや露店、スラムや賄賂をなくして都市をきれいにしようとするミドルクラス市民運動の特徴を表していると感じた。さらにいうと、この広告には、経血という自らの身体の一部である物質《サブスタンス》とゴミという都市の物質《サブスタンス》を連続的に捉える思想の一端が表されているようにもみえる。本書で論じていくように、新しい市民運動では、ミドルクラスの個人の美学にもとづいて、汚いものや嫌なもの、うっとうしいものは変えていこうというメッセージが直接的に発信されるようになった。それでいて、これらの運動は、個人／市民の美学を追求するなかで私的な領域に閉じこもっていくのではなく、常に外部に介入していくという両義的な特徴も有している。

このような新しい市民運動は、インドの左派知識人の枠組みにおいては、利己的な消費者であるミドルクラス市民が都市の公共空間の支配を強め弱者を排除するものとして批判されてきた。「私」の感覚にもとづいて不快なものを消去しようとする広告のイメージは、左派が批判する自分勝手なミドルクラス像に容易に一致してしまうかもしれない。しかし本書では、この広告で描かれているような市民像の矛盾をはらんだ複合的な諸側面に目を向けてみたい。この市民像の位置づけや意義を捉えるためには、インドの活動家や研究者がどのように市民社会や市民という言葉を用い、そこにどのような期待が込められ、いかなる批判が寄せられているのかを詳しく検討していく必要がある。

本書では、グローバルなものとローカルなもの、概念的なものと経験的なものの接合と絡み合いに注意を払いながら、この市民像について人類学的に考察していく。(2) 第二章で詳しくみていくように、市民社会は、西欧において、好ましくないものの反対としての、あるいは発展段階を示すものとしての、規範的な概念として成立してきた。人類学者は、そうした外部の規範性を有する概念を用いて現地社会を分析することに対して、しばしば慎重な態度を示してきた。しかし今日、世界各地で、現地の活動家が市民社会や市民という概念を用いている。そこで、市民社会という概念が現地に固有な文脈においてどのように受け入れられ、形を変えながら新たな実践を生み出しているのかに注意が向けられてきた［神原 二〇一五、西 二〇〇九］。

なかでもインドの特徴としては、市民社会の概念や理論そのものが単に外部から輸入されたものではなく、現地の研究者や活動家が概念の翻訳や生成過程に深く関与していることが挙げられる。とくに、西洋の概念を普遍概念としてインドの分析に用いることを一貫して批判してきたサバルタン研究派の影響は大きい。サバルタン研究者のパルタ・チャタジーによると、市民社会においては、西洋の啓蒙主義にもとづく自律的な市民による「解放の政治」が展開される。しかしインドにおいて市民社会を構成するのは、植民地期以降の教育を受けた少数のエリートに限られる。したがってチャタジーは、インドで重要なのは、市民ではなく統治されるサバルタンたちが、共同体の論理を活用しながら、主権者に対して「要求の政治」を行う「政治社会（political society）」だと論じた［Chatterjee 1997, 2004; 田辺 二〇〇六、二〇一〇］。

このような研究者による市民社会への学術的な批判は、現場の実践とも相互作用している。政治社会という概念は、現地において市民社会とは別の原理やモラルが作用する領域を示している。政治社会はチャタジーの用語であるが、たとえばムンバイの市民活動家が批判的な文脈で「政治的である（political）」という言葉を用いると き想定されているのは、政治社会概念が示すような、カースト・ヒエラルキーや温情主義的なパトロン－クライアント関係、縁故主義や腐敗が組み込まれた関係と実践である。こうしたなか、ムンバイの市民活動家は、自らを政治社会的な物事から区別し、「非政治的である（apolitical）」ことを強調しながら運動を進めている。ゴミ問題を「いらいら」といった個人の感覚に結びつけることも、この「非政治的」であることを主張する市民の特徴を表しているといえるだろう。すなわち、インドにおいて「政治」とは切り離せない宗教や言語、カーストをふくむ党派性とは関係なく、「個人」の問題だと主張することが、市民活動にとって重要なのである。

本書は、インド、ムンバイの事例をもとに、グローバルに流通する市民社会という概念が、ローカルな諸社会でどのように翻訳され、派生的な意味や実践を生み出しているのかを記述する。それと同時に、学術的な分析概念としての市民社会が、現地の政治社会との関係から屈折した意味を得たローカル・タームとなり、そこから新たな現実が作り上げられていく過程を明らかにする。そのため、本書の副題にある「ミドルクラス市民をめぐる運動」には、いわゆる「市民運動」に加えて、複数の意味が込められている。まず本書は、私が知り合った市民活動家に焦点を当てて、会議に出向き、キャンペーンをし、心理テストを受けるといった、個々の市民の動きを追う。それと同時に、市民というカテゴリー自体が動き形を変えていく運動の検討を行う。インドに輸入された「市民社会」という概念と実践は、現地における共同体と関係性を基盤とした「政治社会」の概念と実践を浮き彫りにした。そしてその「政治社会」を参照しつつそこから距離を取ろうとして、新しい「市民社会」が模索されている。「市民をめぐる運動」は、「市民社会」と「政治社会」という二つのモデルが共在しながら、それぞれが互いを拡張しているからこそ可能になっている。さらには、この運動によって私たちは、両者が絡み合うことから生じるずれやすきま、すなわち「あいだ」の存在に気づくことができる。このように本書は、ムンバイにおける市民の運動を、「市民社会と政治社会のあいだ」を可視化するものとして捉え、そこから見えてくる関係性と部分的なつながりを描き出すことを目指す。

＊＊＊

インド系の作家、アミタヴ・ゴーシュは、気候変動について論じた近著において、近代文学の前提である「個人のモラルをめぐる冒険」が、私たちの想像力を規定し、今日の政治を特徴づけていると論じている。こうした政治的想像力のもとでは、気候変動のように地球規模の集合的なアクションが求められるような事態までもが、「個人の良心」や「選択」にゆだねられてしまう。このため、たとえば北米において、環境運動家は人々の良心に訴えるスローガンを叫び、逆に彼らの生活上の選択（デモ会場への交通手段や家庭での電気の使用量など）が非難されるというジレンマを引き起こしている。環境運動を行うさいに、「あなたが（個人的に）払った犠牲は何ですか？」と問われることになるのだ。しばしばマハートマー・ガーンディーの言葉として引用される「あなたが望む変化にあなた自身がなりなさい（Be the change you want to see）」というフレーズは、個人のモラルにもとづく選択によって社会を変えることができるという意味で、社会運動の美徳として用いられてきた。しかしゴーシュは、今や、この美徳を捨て去ることこそが求められているという。必要なのは、私たちが閉じ込められている個人化された想像力から抜け出す道を見つけることだというのである(3)［Ghosh 2016］。

一人一人の個人／市民が行動を起こすことによって、社会を変えていく。社会は個人によって作られているし、作り変えられうるものだという考え方は、今日、世界各地の社会運動において共有された理念であろう。ただし、この理念は、政治をめぐる特定の近代的な想像力にもとづいたものである。個人化された想像力においては、社会変革をめざす運動の倫理が「個人の生き方の問題」に集約されて政治から切り離されたり［安藤 二〇一三：二九］、さまざまな問題が「個人の意識」や「自己責任」といった新自由主義的な論理へ還元されてしまうという危うさもある(4)。とはいえ、自律的に思考し自己責任で選択する個人／市民という人間像からも、全体主義的な一致団結により個人を抑圧する社会像からも離れて、どのように政治や社会変容を語ることができるのだろうか？

本書では、ムンバイにおいて個人／市民を希求する運動を追うことを通して、この運動に組み込まれている、個人化された想像力を超えた政治と人の関係性を照らし出していく。そのさい本書は、人類学における古典的な「人格（personhood）」論を援用する。人類学は、異なる社会間の比較と翻訳を通して、人間の多様性と普遍性を追求してきた。なかでも、インド社会に関する人類学的研究は、近代西洋とは異なる社会や人間のあり方を提示してきた。たとえば、平等な個人からなる社会ではなくカースト・ヒエラルキーに支えられた補完的な社会像や、境界づけられた「個人（individual）」ではなく関係性から生成される「分人（dividual）」の概念は、インドの描写にとどまらず、広く「人（person）」というカテゴリーそのものを問い直してきた。こうした人類学の伝統は、経済自由化とグローバル化を経たインドで今まさに問題化している市民社会の政治を考えるための手がかりとなるだろう。

近年の日本や欧米における政治状況に目を向けると、右傾化や排外主義、ポピュリズムが問題化しており、「市民社会」や「リベラル・デモクラシー」、「普遍的人権」といった古典的な政治概念の再検討が迫られている(5)。それと同時に、現代人類学が取り組んでいる地球環境問題や先住民問題、フェミニズムや医療実践などの領域においては、個人や人間をも超えた「政治」を思考するための探究が進められている。本書では、現代の日本における私たちの生活や問題意識と地続きで、しかし全く同じではないインドの市民運動の事例から、私たちがどのように政治を想像しなおすことができるのかを考えていきたい。

序論

一　新しいミドルクラス市民像

一口に「市民」といっても、さまざまな社会において、「市民社会のアクティブな成員」であることと、「公式な市民権を有する国民国家の成員」であることは同一ではない［Holston and Appadurai 1998］。インドの場合は、イギリス植民地期以降、ミドルクラスが前者の意味での「市民」の役割を担ってきた。そこでの「市民」は、西洋近代的な英語教育を受け、公務員や専門家として国家を率いていくエリートであった［押川 二〇一二a、二〇一二b］。一方で、独立以降はインド国民に法的な市民権が与えられた。そのさい、大多数の住民が非識字者だったにもかかわらず、全国民が普通選挙権を得て後者の意味でのインド市民となったが、同時にそれらの人々は「市民」になるためには教育されなければならない「ペザント（農民）」に留まった(1)［Chakrabarty 2008: 10］。こうして独立後のインドにおいても、「国家エリート＝ミドルクラス」が「国民の教育者としての市民」であるという図式は保たれてきた。

しかし今日、この市民とミドルクラスの結びつきが乖離し、さまざまな葛藤が表面化している。そこでは、従来のように市民によって市民ではない人々（「ペザント」）が教育される一方で、すでに市民としてのふるまいや責任が課されていることもある。さらには、「非市民」とされる人々も自ら市民だと主張している。たとえば、ムンバイの露天商問題についての集会で、議論の途中、ある市民活動家が露天商に向かって「私たちは市民です、あなたは何者ですか？（We are citizens, who are you?)」と発言した。それに対して、ある露天商は「私たちも市民です（*hum log bhi* citizens *hain*)」と答えたという［Anjaria 2009: 402］。ここでは、市民を名乗る活動家による排他的な問いかけに対して、現地では市民として扱われていない露天商が自分たちも市民だと返しているのである。

この事例が示すように、今日、市民というカテゴリーは再度交渉に開かれている。本節では、経済自由化以降のインドにおける「新しい市民」と「新しいミドルクラス」という本書の対象を紹介する。まずは先行研究で指摘されている「新しさ」について検討したうえで、その直線的な「新しさ」を再考し、「古さ」と「新しさ」を含みこんだミドルクラス市民の輪郭を示す。

1　新しい市民運動

本書が対象とする新しい市民運動は、一九九〇年代以降にインド国家が行ってきた一連の経済的、政治的改革に関連づけられる。一九九一年に経済自由化が始まり、一九九三年には憲法改正による地方分権化と「留保制度（reservation system)」（低カーストや女性に対して人口比のクォータに応じて公職や議席の配分を行うアファーマティブ・アクションのひとつ。第二章で詳述）の拡大が実施された。経済成長によって都市住民の消費生活は大きく変化し、分権化によって行政と市民との新たな協働が模索され始めた。さらに、市民運動に端を発した二〇〇五年の「情報への権利法（The Right to Information Act, RTI)」により、政府の情報への市民によるアクセスが可能となった。都市のミドルクラスのあいだでは、インド社会はよりオープンでアカウンタブルになり、市民が力を持ち始めたという感覚が共有されている(2)。

しかし、このような市民社会の活性化は、前述のように先行研究においては批判的に議論されている。そこでは、新しい市民運動は、公共空間の美化に焦点を当て、活動家自身の生活や住環境の向上を謳っていることが特徴であるとされる。とくに問題含みとされるのは、運動のおもな課題である、都市の景観と環境を汚すスラムの撤去や、歩道を塞ぎ歩行を困難にしている露店の排除などである。

西洋由来の市民社会概念を批判し、インドの市民社会は少数のエリートに限定された領域であると指摘してきたチャタジーは、近年の新しい市民運動の拡大に対して、「インドの都市はついにブルジョア化してしまうのか」とさらなる懸念を示している［Chatterjee 2004: 131–147］。こうした傾向の一例として、チャタジーは、カルカッタの「市民団体（citizens' group）」による「公益訴訟（public interest litigation, PIL）」のケースを挙げている。この訴訟に対して裁判所は、「線路沿いに住むスクワッターが湖を汚染している」という市民団体の訴えを受け入れ、「公益」のために「スクワッター」の居住地の撤去を命じた(3)。チャタジーによると、これらの市民運動は、「まっとうな市民（proper citizen）」であり住宅や財産の所有者（property owner）であるブルジョア活動家が、都市のスラムや路上で生活するスクワッターや「侵入者」である物持たぬ貧者を排除し、自分たちのために公共空間を取り戻そうとするものである［Chatterjee 2004: 60］。

他の先行研究においても、新しい市民運動は、おもに政治経済的な側面から検討されてきた。そこでは、経済自由化以降に力をつけた「消費者市民」が、グローバルな美学にもとづいて公共空間の支配を強め、貧困層・下層民の排除を強めていると議論されている［e.g., Baviskar 2003, 2011; Coelho et al. 2013; Fernandes 2006; Nigam 2011a］。開発社会学者のアミター・バーヴィスカルは、牛やサイクル・リキシャ（とリキシャの運転手たち）を排除してデリーをきれいにしようと主張しながら、自分たちの自家用車が原因である道路混雑や大気汚染は無視しているとして、彼女が「ブルジョア環境主義者」と呼ぶ市民活動家の二枚舌を指摘する［Baviskar 2011］。政治学者のリーラ・フェルナンデスは、ムンバイにおけるジョギング道の整備や海岸の美化活動を事例に、マハーラーシュトラ州政府と新しいミドルクラスが排他的な「市民的空間（civic space）」を作り出しているという。彼女は、都市空間を管理したいという新しい欲望と美学が、ミドルクラスという集団のアイデンティティを形成していると述べる。そして、こうしたミドルクラスの市民の論理は、ミドルクラスの卓越化と下層の排除の実践を通して、民主主義をより不平等なものに作り変えていると論じる［Fernandes 2006］。

新自由主義的な理念の浸透と貧困層への嫌悪というマクロな枠組みで新しい市民運動を説明する先行研究に対して、同様のテーマを扱った人類学的研究は、運動のプロセスや言説形成、歴史的な連続・反復性や交渉の詳細に注意を促してきた［Anjaria 2009, 2011, 2016; Ghertner 2011a, 2011b, 2011c］。アシャー・ガートナーは、「新しいミドルクラス」の台頭と「ワールド・クラス」美学の浸透を直結させる議論を批判する。ガートナーによると、チャタジーやフェルナンデスは、インドの都市の急速な変化の責任は、グローバルでブルジョア的な消費主義にあることを前提としたうえで、それらをまとめた「ワールド・クラス美学」の根拠として「新しいミドルクラス」の台頭を位置づけている［Ghertner 2011c］。これに対してガートナーは、ミシェル・フーコーによる統治性の議論を援用しながら、ワールド・クラス美学の具体的な内容とメカニズムに目を向ける。たとえばガートナーは、一九九〇年代後半のデリーでスラムの「違法性」が法的に認められスラムの撤去を命じる判決が急激に増加した過程を、判決と市民団体の請願書の言説分析をもとに示した。

なかでもガートナーは、スラム撤去を求める請願書や新聞記事で繰り返し用いられている「迷惑さ（nuisance）」という用語に注目する。「迷惑さ」とは、市民にとって「好ましい行為と見た目」を満たしていないという意味で用いられる。その基準は、スラムがどう「見える（*appear*）」のかに依拠しているため、「迷惑さ」は「美学的」なカテゴリーだといえる。しかしこの美学的な用語は、請願書に盛り込まれることで、実質的な効果を発揮し始める。すなわち、従来用いられていたスラム人口など計量可能な根拠によるのではなく、「迷惑さ」がスラム撤去の法的根拠となっていった。ガートナーは、スラム撤去を命じた判決は、スラムの見え方についての裁判官の美的で主観的見解にもとづいて下されるようになったという。加えて、請願書に「科学的」証拠としての写真が添付されることで、スラムとスラムに起因する迷惑さは一体のものとして提示されていった。

ガートナーによると、こうした美的感覚は、スラム住民にも共有されるようになった。具体的には、スラム撤去に先立って政府が行う「サーベイ」調査員との会話ややり取りによって、スラム住民もまたワールド・クラス美学を通して都市を見るように訓練されていったという。たとえば、ガートナーが調査したスラム地区では、住宅の内部に飾るポスターとして、ヒンドゥーの神々やボリウッド映画スターに加えて、欧米の郊外にあるような一戸建ての家のイメージが近年人気を集めている。ガートナーのインフォーマント（シャンブー）は、そのポスターを「まっとうな家（proper [*sahi*] house）」だと説明し、「見ていてきれいだから」飾るのだという。ガートナーが「まっとうな／正しい（*sahi*）」とはどういう意味かとさらに尋ねると、シャンブーは、「自分自身の（one's own [*khud ka*]）家」であり「私有の（private [*niji*]）家」だと説明した。ここには、私有地は合法でまっとうで美しく、スラムは違法で迷惑で汚いという美的な感覚が表明されており、これは「ワールド・クラス美学」と「私有財産にもとづく市民（property-based citizenship）」のモラルの浸透に依拠していると、ガートナーは説明する[4]［Ghertner 2011b］。――ただし、「違法」なスラムの内部に「まっとうな」家のポスターが飾られている事例からは、ワールド・クラス美学が一様に広がって都市を変えていくのではなく、異なる領域内に取り込まれていることが読み取れる。ワールド・クラス美学にもとづく形式の蔓延とその効果については、第四章で取り上げる。

このように先行研究では、都市空間を占有しつつある「新しい市民」の運動と、その運動を牽引する「新しいミドルクラス」の美学に焦点が当てられてきた。では、この「新しいミドルクラス」とは、どのように現れたのだろうか？　彼らは、「古いミドルクラス」とはどう異なり、重なり合うのか？　また、なぜその「美学」が論点に上がってきたのだろうか？　次に、「新ミドルクラスの台頭」という言説について検討する。

2　新しいミドルクラス

経済自由化以降のインドでは、「新しいミドルクラス」(new middle class「新中間層」)[5]が話題を集めている。二億五〇〇〇万人とも三億人ともいわれる巨大なミドルクラスが新しい市場の消費者として国際的にも期待され、広告や映画などメディアでの表象が増えた。ミドルクラス向けのショッピングモールや高級マンション、車道などの建設も進み、ＩＴや金融サービス業などでのこのクラスの活躍も取りざたされている。政治学、社会学、人類学などにおいても、現代インドにおける新しいミドルクラスの躍進と消費生活を対象とした著作が近年次々と発表されている[6]。

とはいえ、先行研究の多くに共通しているのは、「ミドルクラス」を規定して人数を把握することは概念的にも実質的にも非常に困難だという見解である。所得や消費、教育や趣味、カーストなどさまざまな要素がミドルクラスを規定する要因となり、その定義は定まっていない。先述した「二億五〇〇〇万」という数字は、国際社会からみた「インドという新しい巨大市場の消費者数」という文脈で示されており[Fernandes 2006: xiv]、「三億」というのは、インド人口の上位三〇パーセントからの概算である[Deshpande 2003: 134]。具体的なデータをみると、一九九八～一九九九年において年間所得が七万ルピー(約二一万円)を超える世帯が約二六パーセントであり、一九九九～二〇〇〇年の都市部において一人当たりの一カ月の消費支出額が七七五ルピー以上である人口が三三パーセントに相当する[7]。その一方で、たとえば階級指標となりうる耐久消費財の所有をみた場合、一九九五～一九九六年に冷蔵庫を持っていた世帯は九パーセント以下、スクーターは六パーセント以下という調査結果もあり、三〇パーセントをミドルクラスとする計算は多く見積もりすぎだともされる[Deshpande 2003: 138]。インド政府等の調査は貧困層に焦点を当て所得などを細かく分類しているものの、広義のミドルクラスについては、明らかな貧困層を除いた多様な経済状況の人々を、富裕層まで含めてひとつのカテゴリーとして大雑把にくっている場合も多い。いずれにしても、こうした状況を考慮したうえで先行研究をまとめると、所得においてインド人口の上位一割から一・五割程度をミドルクラスとみなすことが一般的だといえよう［Brosius 2010; Deshpande 2003］。

このようにあいまいな対象である「ミドルクラス」だが、先行研究では何が「新しい」とされているのだろうか。経済成長によってこれまで貧しかった人々がミドルクラスに参入するというのが、「巨大化するインドのミドルクラス」についての語り口のひとつである。しかし政治学や社会学の先行研究は、（留保制度などのアファーマティブ・アクションの成果を否定はしないものの）新しいミドルクラスは、高カーストの植民地エリート、そして独立後の官僚、公務員や専門家といった古いミドルクラスの社会経済的基盤の上に成り立っていると指摘している［e.g., Deshpande 2003; Fernandes 2006］。ここで新しいとされているのは、ひとつには一九九〇年代以降の経済自由化とグローバル化という時代に付随する価値の変化である。

「新しいミドルクラス」の時代は、国家主導型経済から消費主義へのイデオロギーの変化と関連づけられて、以下のように説明される。まず、開発政策の対象としての農民や労働者に代わって、都市のミドルクラスがインドを「代表する市民」であるという言説が主流化し［Fernandes 2006: xv］、貧困層ではなく都市のミドルクラスが自らを「普通の人（common man, *aam aadmi*）」と主張するようになった［Baviskar and Ray 2011: 2］。さらに、植民地エリートのエートスを有する「古いミドルクラス」は、大多数が農民や貧民である国民を代表して国家の建設・開発に尽力する「責任ある市民」であったが、「新しいミドルクラス」は、グローバル経済に参入し「ワールド・クラス」のイメージを共有する「コスモポリタンな消費者」である［Brosius 2010; Deshpande 2003］。このため、いまだ人口比では少数派の「新しいミドルクラス」がインド市民の代表としてヘゲモニーを形成し、「古いミドルクラス」によるリベラルな価値や再分配が否定されているのではないかと危惧されている［Donner 2011］。

さらには、社会学や人類学における階級への関心の変化も挙げられる。「古いミドルクラス」の時代には生産関係にもとづく階級が想定されていたのに対して、近年の研究は、教育や消費や趣味を通した階級形成の過程に注目している。そして、人々がいかに他集団との、また集団内部での卓越化を行い、集団としての結束力やアイデンティティを形成していくのかに焦点を当ててきた［Brosius 2010; Donner 2011; Fernandes 2006; cf. ブルデュー一九九〇］。階級は、再生産はされるものの流動性もある集団として捉えられ、卓越化の基準となるさまざまな要素を指し示す「美学」に関心が寄せられていった。こうした流れのなかで、「新しいミドルクラス」の美学を共有する「消費者市民」が現れ、都市の公共空間の支配を強めているというのが、すでにみた今日の市民運動への批判である。

3 「市民」と「ミドルクラス」のずれと接合

これまでみてきたように、先行研究においては、温情主義的な開発型国家経済から経済自由化／グローバル化への移行というマクロな政治経済的状況を背景に、経済力をつけた消費者であるミドルクラス市民が台頭し、利己的で排他的な市民社会が出現するという構図が想定されている。実際に、一九九〇年代以降のグローバル化によって、新しいミドルクラス市民の美学にもとづく主張が大きくなり、都市空間やそこで生きる人々への介入が活発化してきたといえよう。ただし、都市空間の支配と浄化をめぐるコンフリクトは突然現れたものではなく、植民地都市としてボンベイが作られ、発展する過程で形を変えながら繰り返し表面化してきたものである(8)［Anjaria 2016］。

そこで以下では、先行研究における「国民を代表する市民」としての「古いミドルクラス」から「グローバルな消費者市民」としての「新しいミドルクラス」への移行という図式を再考し、連続性に目を向けていきたい。グローバル化やミドルクラス表象の変化によって、「国家エリート＝古いミドルクラス」の価値が組み替えられつつあることは確かだろう。しかし本書で論じるように、「新しいミドルクラス」とされる人々もまた、部分的には国家や共同体への責任にもとづいて活動している。加えて先行研究では、「ミドルクラス」としての集団的アイデンティティと「市民」というカテゴリーのあいだの齟齬や人々による独自の分節化には焦点が当てられてこなかった。以下では、（1）ミドルクラスの世代間の連続性と価値の再接合、（2）「ミドルクラス」というカテゴリーの変化、（3）「市民」というカテゴリーの意味という観点から、「市民」と「ミドルクラス」のずれと接合に焦点を当てていく。

第一に、先行研究でも指摘されているように、「新しいミドルクラス」は突然現れたものではなく、新旧のミドルクラスには連続性がある。たとえば、両親世代が質素で堅実な公務員や専門家としての「古いミドルクラス」に分類され、自らが国際的なサービス業で活躍する「新しいミドルクラス」に分類されるという事例には調査中もよく出会った。ミドルクラスの生活を英語小説で描くムンバイ在住のベストセラー作家であり、近年「若いインド」を代表して反腐敗や能力主義などを旗印に市民運動に関与しているチェータン・バガトが語る自らの回想ストーリーは、「古いミドルクラス」と「新しいミドルクラス」のひとつの典型を示している。

「普通のミドルクラスの家庭（simple middle class family）」に生まれたバガトは、両親ともにデリー政府の公務員だった。家では常にお金がないと感じており、レストランに行くことなどめったになかった。それでも、大多数のインド人よりいい生活をしていることはわかっていたという。インド工科大学（IIT）デリー校を卒業し、インド経営大学院（IIM）アフマダーバード校で経営管理学修士（MBA）を取得するという典型的なエリートコースをたどった彼は、香港の投資銀行に就職する。在外インド人として豪華な生活を送る反面、インドの貧しさや不公平さ、腐敗について思いをめぐらせる。そうした罪悪感を抱えながら、インドでの自身の学生生活をテーマにした小説を発表し、成功を収める。その後、モチベーショナル・スピーカーとしてインド各地の大学で講演を行ったり、新聞のコラムを執筆するようになり、社会変革のための執筆活動を行っている［Bhagat 2012］。

この例が示すように、家系の連続性のみならず、「インドという国家に責任を持つ市民」としての自己認識も、「新しいミドルクラス」に受け継がれている。ただし、公務員であった両親とは異なり、「新しいミドルクラス」は、自らの両義的な立ち位置を自覚しながら、「市民」であることを独自に作り出していかなければならない。そのさい、従来からある価値や規範の特定の要素が、現代の新自由主義的な要素といくつかの点でスムーズに結びつくことで、新しい形態が生み出されている。たとえば、ワールド・クラス美学の影響として議論されてきた市民運動と都市の私有化についても、第四章で論じるように、西洋的な「私有（プライベート）」概念とインド的な「ウチ」概念の交渉という植民地期以降の歴史的背景がある。自分の家や自分のものを中心とする（「ソト」に対する）「ウチ」という概念は、（「公的なもの」に対する）「私的なもの」という概念と結びつきながら意味を変えていった。さらに、「ウチ」と「市民的公共空間」が合わさった論理が、新しい市民運動を駆動している。また、第五章で論じるように、今日の市民活動の場で重視される新自由主義的な個人／企業家の価値は、ヒンドゥー的な「奉仕（*sevā*）」の実践や奉仕を介した人格形成と結びつき、影響力を強めている。これらは、「消費者市民の台頭」という説明のみでは理解できない領域である。

第二に、人々が「ミドルクラス」として市民運動を行うことで階級ベースのアイデンティティを形成しているという主張も再検討する必要がある。ミドルクラスは国家エリートではなく「普通の人」だという言説が一般化するにつれて、日常言語としての「ミドルクラス」にも変化が生じている。たとえば、ムンバイでの私の予備調査の助手であり、「その他の後進諸階級（OBC）」という留保制度における割り当ての対象となる低カーストに属していた男性は、八人家族が住むリビング、寝室一部屋、台所からなる彼のフラットを私が訪ねたとき、「ここはミドルクラスのエリアだから、（私が当時ホームスティしていた彼の）先生の家とは違うけど……」と少し気まずそうに前置きをした。他方、裕福なパールシー（ゾロアスター教徒）の有力者であるインフォーマントも、植民地期にエンジニアだった祖父や、官僚だった父について、バスを使うなど堅実で正直であったというエピソードを交えながら、「ミドルクラスとして生まれてミドルクラスとして死んでいった」と表現し、自らも「ミドルクラス」に属すと語る。このように、さまざまに異なる時代や社会集団、生活レベルの人々が、「ミドルクラス」と称され、自らを「ミドルクラス」だと認識しており、「ミドルクラス」がひとつの結束力のある集団を成しているとは考えにくい。

第三に、ミドルクラスの排他的なアイデンティティ形成に焦点を当てた研究では、人々が「市民」というカテゴリーを用いて活動を行うことで、他集団や国家とのかかわり方を模索している側面を見落としてしまう。たしかに、第三章で論じるように、バガトは自身や読者を「新しい」あるいは「若い」「ミドルクラス」として定義したうえで社会的提言を発信しているし、後述するムンバイの「先進的地域管理（ALM）」など、行政が「ミドルクラス」を念頭に置いて形作っている市民社会の領域もある。ところが、市民活動家たちに彼らの運動が「ミドルクラスの運動」だと思うかと聞くと、しばしば「そうではない、ミドルクラスに限られた運動ではない」という答えが返ってくる。本書では、ミドルクラスの人々が「市民」というカテゴリーを使う意義を真剣に受け止めてみたい。

ムンバイの露天商を対象として、都市の公共空間の権利をめぐる人類学的な研究を行ったジョナサン・シャピロ・アンジャリアは、ムンバイにおいて市民であるということは、経験的な事実というよりは、「希求される部分的＝党派的《パーシャル》なカテゴリー」であると述べている［Anjaria 2016: 30］。本章の冒頭で紹介した、「あなたは何者ですか」という問いかけに対する「私たちも市民です」という露天商の宣言は、希求されるカテゴリーとしての市民を表している。その一方で、「新しいミドルクラス」にとっても、市民であることは自明ではない。アンジャリアは、ミドルクラスが都市空間の支配を強めているという説明に留保を示し、ミドルクラス活動家の市民運動のうまくいかなさと、国家や政治社会から「遠ざけられている（estranged）」と認識する市民の感性に着目している。ミドルクラス活動家は、公共空間を露天商から「守る」ために日々戦っている。活動家からすると、私的な利権を強調する露天商組合などと違い、自分たちは普遍的な「市民」を代表している。しかし、その活動はなかなか成功しない。理由のひとつとしては、自分たちが代表しているはずのミドルクラスまでが「自分勝手に」露天商から野菜を買い、市行政は露天商の取り組みに無関心で迅速な対応をしないからである［Anjaria 2009, 2016］。

露天商の労働組合やスラムの住環境改善を目指すNGOといった具体的な「人口（population）」を代表して活動する利益集団とは異なり、ミドルクラスの活動家は抽象的で不安定な「市民」という部分的なカテゴリーに依拠して権利を主張する。前者が政治社会、後者が市民社会の論理とも言い換えられるが、「市民」というカテゴリーは、両者の交渉のあいだに姿を現している。ムンバイの市民をめぐる運動とは、実体としての「市民」を代表する運動というよりは、まだない「市民」を作りだそうとする動きだといえる。

このように、「国家エリート＝古いミドルクラス」の時代とは異なり、「ミドルクラス」と「市民」の価値の結びつきが自明ではなくなった現在、人々は新しい市民の形を模索している。そして、インドの市民社会の人類学的な研究には、ミドルクラスの成員であり市民である人のあり方を、西洋近代的な枠組みを超えて問い直していくことが求められている。ここにおける市民には、生まれで規定されるカーストなどの属性とも、経済で規定される階級とも違う、普遍的な個への指向性が現れているからである。個を希求する動きは、伝統から近代へという進化軸に当てはめて評価すべきものでも、さらにはサバルタン研究が論じるように近代西洋的な個人主義の受容や模倣と切り捨てるべきでもない。むしろ、個へ向かう動きは、インド人類学における人格論が議論してきたことでもある。以下では、「経済自由化時代の消費者市民としての新ミドルクラス」という定式から離れて、運動を捉えなおすための理論的検討を行う。

二　個人を超えた政治に向けて

インドの市民運動について理解するためには、欧米の市民社会論が依拠している、自律的な個人が集まって社会が形成されるという前提を当然視することはできない。そのさい参考になるのは、人類学や南アジア研究が取り組んできた、西洋とは異なる人のあり方についての民族誌的な探究である。インドの固有性を強調する人格論は、これまで、外来の概念である市民社会の対抗軸として用いられることはあっても、インドの市民社会の分析には十分に活用されてこなかった。そこで本節では、マリリン・ストラザーンの「部分的つながり[9]（partial connections）」［ストラザーン 二〇一五（2004）］というアイデアを援用しながら、インドにおける人格論を再検討し、両者を接続させて「政治」を捉えなおす本書の視座を示す。

1　部分的つながりの政治

ミドルクラス市民像のあいまいさや両義性は、「ミドルクラス」と「市民」の部分性に焦点を当てることで、別様に捉えることができるようになる。近代西洋における多元主義的な思考の枠組みでは、部分は全体の一部であり、全体に包摂されている。そこでは、たとえば社会という全体が、多くの異なる個人という部分から形成されている。あるいは、自然という全体があり、その諸部分として、さまざまに異なる方法で自然を解釈して制度を作る複数の社会がある。これに対して、ストラザーンが「部分的つながり」のイメージのひとつとして用いるのは、機械と身体というそれぞれに異質なものがつながって動いている、ダナ・ハラウェイのサイボーグ像である［Haraway 1991］。「サイボーグ宣言」において、ハラウェイは、「他者」――ここには眼など自分の身体の諸部分や補綴も含まれる――との「部分的つながり」［Haraway 1991: 181］を受け入れるためのイメージとして、サイボーグを提示した。ストラザーンを介して広く引用されるようになった「一つは少なすぎるが二つは多すぎる（one is too few, but two are too many）」［ストラザーン 二〇一五：一二八（2004: 36）］というフレーズもまた、自己と他者、一と多などの西洋的な二分法と、その土台となる有機的全体性を批判する文脈で、ハラウェイが用いたものである［Haraway 1991: 177］。サイボーグにおいては、機械と身体の差異は二項対立ではなく、機械が身体という有機体の一部に組み込まれるのでもない。部分的つながりは、異質なものや不釣合いなものが、どのように、ひとつのシステムや全体性に包摂されることなく、関連しながら生成していくのかについて思考することを助けてくれる［Haraway 2016 も参照］。

ストラザーン［二〇一五］は、ハラウェイを参照しながら、「利益集団」として活動するフェミニストたちの論争を部分的つながりの事例とする。「利益集団」という言い方は、特定の利害関心にもとづく偏った「視点」が存在することを明示している。これは、主張の党派性に限ったことではない。何を見ることができるのか、という問題は、私たちの身体の局所的で技術的な問題でもある。つまり、私たちはすべてを見渡す無限の視界を持っているわけではなく、霊長類の身体に限定的な仕方で対象の色や形を捉えている。さらに、何かを見るためには、眼球や脳、メガネやコンタクトレンズ、望遠鏡やコンピュータなどの「機械」が状況に応じて必要となる。同時に、そうした機械との技術的な接続状態や、接続を可能にする政治経済的状況によっても、見えるものが左右される。このように、視点とはそもそも超越的ではありえず、こうした部分的なつながりによってのみ成り立っている。さらに、視点は個人や集団の内部に固有のものとして備わっているわけではなく、外部との関係性を通じて形成されるものなので、当事者も分析者も、他者の視点と部分的につながることができるのである［see 久保 二〇一五：一五―二五］。

部分的な視点は、他者の視点のためのポジションも確保する。たとえばフェミニズムは、フェミニズム思想というひとつの体系（ボディ）を築くのではなく、歴史学、心理学、生物学など外部の学問領域や、急進派やマルクス主義などの政治的立場と部分的につながることで成り立っている。そして、フェミニズムの知はそれぞれの学問や政治運動に活用される。そこでは、立場の異なる部分的なフェミニスト同士の論争が、実践上なんとかつながりながら、しかし相互にずれや断絶を生み出すことで、カウンター・ポジションに拡張する。[10] さらに、学術的なフェミニストは、フェミニズム内部と外部のつながり方ゆえに、「ひとりの人格」にはなりえない。フェミニスト人類学者という人格は、フェミニストと人類学者という二つの側面を持ちながら両者を管理し使い分けているのでもない。両者は、人と機械のように、それぞれが相手を見るための異なる視覚を有しており、一方が他方の能力を引き出して拡張させ、カウンター・ポジションを作り出しているのである。ストラザーンによると、フェミニズム研究は、自らの内部に不釣合いな外部の多声性を再現している点に、特徴と切れ味（edge）がある［ストラザーン 二〇一五］。

ここにおいて、部分とは、同じ種類に分類される他の部分を足していくことで全体を形成するものではない。ある部分は、何かの一部でありながら、同時に異質な何かの一部でもある。ストラザーンの「部分的つながり」のなかでも、この「一より多く多より少ない（more than one and less than many）」［モル 二〇一六：一一二（2002: 82)］という多重性のイメージは、異なる文脈で個人を超えた「政治」を問い直す議論に援用されてきた。たとえばアネマリー・モルは、「部分的つながり」を用いて、オランダの大学病院における動脈硬化をめぐる実践誌を描いた。動脈硬化という疾病や外科医という人間はもともとひとつの客体であるわけではなく、診察室や手術室や実験室で異なる存在として成り立っている。ここからモルは、医師や患者というアイデンティティや役割にもとづく「〈誰〉の政治」ではなく、それぞれが多でも一でもあり、場面ごとに別様に立ち現れる存在としての人やモノによって繰り広げられる「〈何〉の政治」について思考するべきだと提案する[11]［モル 二〇一六］。また、アンデス先住民を研究する歴史人類学者のマリソール・デ・ラ・カデナは、非先住民と先住民の関係を、一と多（ひとつの国家と多くの文化）という枠組みを超えて考えるために、彼女にとっての「分析的で政治的な道具」

として「部分的つながり」を用いている。デ・ラ・カデナ自身は、先住民の世界を非先住民による近代的な知識の枠組みに容易に包摂してしまわないために、彼らの世界を「理解できない」という立場をとる。しかし、誤解を含む翻訳と実践上の「部分的つながり」を介して、異なる世界間で政治的に協働する可能性が探究されている[12][デ・ラ・カデナ 二〇一七（2000）、2015, 2017]。

これらの議論は、部分的つながりを介した諸部分間の調整や分配、相互包含に目を向けることで、一と多という枠組みを超えた政治的な運動を捉える考え方を示してきた。本書の対象である市民をめぐる運動も、「部分的つながり」を通して眺めると、その切れ味が浮かび上がってくる。前節で述べたように、「ミドルクラス」という領域と、「市民」という領域は、常に同一ではなく、場合によってはカウンター・ポジションとなりながらも、部分的に相互を取り込むことで運動を動かしている。たとえば、作家のバガトやムンバイ行政が「利益集団」としての「ミドルクラス」に訴えるのに対して、本書で取り上げる美化キャンペーンや選挙運動は、普遍的で属性を問わない「市民」に訴える。さらに、それらの運動が展開していく実践において、活動家は、神や共同体との関係にもとづく「ヒンドゥー」としての奉仕の精神を参照することで、市民的で個人的な責任を果たそうとしている。このように、それぞれ異質なものが、一方が他方を完全に包摂することなく、異なるポジションや視点を維持している。そして、ムンバイにおける市民をめぐる運動の実践においては、その部分性ゆえに、ひとつの全体性に包摂されず、あいだにあるという性質が人々に可視化されるのである。

2　人類学における人格論と分人概念

部分的つながりが駆動する運動を捉えるには、境界づけられた自律的な個人を前提とするのではなく、複数の外部の関係性によって成り立っているムンバイの市民のあり方に目を向ける必要がある。そこで以下では、人類学的な人格論を概観したうえで、インドにおける「分人（dividual）[13]」概念を検討し、分人との関係から改めて

「個人（individual）」について考えてみたい。

人格論とよばれる人類学における一連の理論は、マルセル・モースが提唱した、法と道徳にかんする「人格（person/personne）」と普遍的で心理学的な「自己（self/moi）」の区分に依拠して展開してきた。モースは、相対的な人格と普遍的な自己を想定したうえで、社会によって異なる人格の方を人類学の対象とした［Mauss 1985; デュモン 一九九三］。モースの区分を前提とした人格論は、世界各地のさまざまな社会における多様な人格についての人類学的研究を生み出した。その一方で、モース・モデルにもとづく人格と自己をめぐる論争は、西洋近代的な枠組みを他者に当てはめて普遍化することと、異なる人々を他者として本質化することとの緊張関係を浮き彫りにしてきた［中川 二〇〇一、Rosaldo 1984; cf. Geertz 1983］。

これに対して分人概念は、血や精液、食物など、人間を構成するサブスタンス[14]に焦点を当て、サブスタンスのやり取りから作られる関係的で生成的な人のあり方を提示した。これは、人間を形作る生物的な（biological）要素と社会的な（social）要素の二分法を再考する試みにもつながった［Carsten 2000, 2004］。さらに分人概念は、西洋と非西洋の文化相対主義的な比較にとどまらず、複数の地域間のアナロジカルな比較から生み出されたものである。したがって、特定の地域における人間観を表すというよりは、広く人間性について考えるために役立つ概念として捉えるべきであろう［中空、田口 二〇一六］。こうした視点から、分人概念の展開を振り返ってみよう。

インドの分人概念の起源は、一九六〇年代のシカゴ大学における象徴人類学的研究にたどることができる。デイヴィッド・シュナイダーは、アメリカの親族を、「自然（nature）」と「法（law）」、すなわち「サブスタンス（substance）」と「コード（code）」という、二つの水準によって構成される象徴体系として論じた。その体系においては、血のつながった親族（blood relatives）は、実体的で時間や状況によって変化しないサブスタンスで結びついている一方で、婚姻による親族（in-laws）は、法や慣習、行動規範（code of conduct）によって関連づけられている［Schneider 1980］。そのため、たとえば離婚によって親権を失っても血のつながった「自然な」親子関係は保たれるが、「法的な」夫婦関係は離婚という形で終わらせることができる。サブスタンスとコードを象徴として捉えるシュナイダーの研究は、従来の親族研究における生物的なものと社会的なものの線引きを問題化し、その後の親族研究の重要な参照枠組みとなっていく。

マッキム・マリオットは、シュナイダーのサブスタンスとコードという枠組みを援用して、インド的な人のあり方を論じた(15)。そのうえで、シュナイダーの研究手法を引き継いだマリオットは、ネイティブ独自の世界を、西洋的な理論や常識の枠組みを用いることなく、内側から理解するという「民族社会学（ethnosociology）」を提唱した。「民族社会学」の手法のひとつとして、南アジアの古典的文献と人々の行動の両方を、象徴的に（symbolically）ではなく、文字通りに（literally）読んで理解することが挙げられている［Marriott and Inden 1977: 229］。ここで、象徴人類学を超える試みがなされていたといえよう。具体的には、モラル・コードが示された古法典ダルマ・シャーストラは身体に関する議論に満ちている一方で、医学書がモラルの質を扱っていることからも、コードは身体的サブスタンスに内在していることがわかる。したがってマリオットは、西洋的二元論にもとづくサブスタンスとコードは、インドでは相互に分けられない「サブスタンス＝コード（substance-code）」として扱われるべきであると主張した［Marriott 1976］。サブスタンス＝コードは食物、性行為、儀礼、日々の会話や活動などを介してやりとりされる。そうした交換を通して、人は部分的に移動し、混ざり合い、変化していく。したがって、サブスタンス＝コードで構成されている人そのものが分割可能であるという観点から、「分人（dividual）」という概念が提出された［Marriott and Inden 1977: 228］。

このように、インドの分人概念が示すのは、諸関係のあいだのサブスタンス＝コードのやり取りによって形成される人のあり方である。その後、サブスタンスの交換からみた人格論は、ストラザーンによってメラネシアの文脈で展開されることで、人類学的な理論として注目されることになった。ストラザーンにとって「分人」は、サイボーグと同様に、人の「部分化可能性（partibility）」に焦点を当てることで、個人を所与としない思考を可能にするものであった(16)。本書では、マリオットのアイデアを受け継ぎつつも、彼のようにネイティブ固有の人格を探究するのではなく、ストラザーンを見倣って、個人を所与のものとしてみなすことができない現代的な状況における概念的なツールとして、分人概念を活用していきたい。

なお、「人格と自己」や「個人と分人」という枠組みは、それぞれの用語の定義が異なるというよりも、何と何が対比されているのかという関係性のなかに位置づけられることで意味をなす。したがって本書では、その都度議論の文脈と焦点に沿ってこれらの用語を使い分けていく(17)。

3　インドの社会運動と文脈の移動

本書で分人概念を用いるのは、自律的な個人／市民が集まって社会を構成しているという前提から議論を始めるのではなく、集団との関係にもとづいて分配される分人と、そうした文脈から離れた個人との相互関係を照らし出すためである。そこで以下では、分人や個人が位置づけられる文脈の動きについて検討していく。

詩人で文学者のA・K・ラーマーヌジャンは、マリオットらが提示した、西洋とは異なる「インドの思考法」を探究する「民族社会学」に、独自の方法で答えている。ラーマーヌジャンは、「インドの思考法（an Indian way of thinking）」というものがあるのかと問う論考で、数学者、天文学者であり占星術師であった彼の父親について回想し、父親の「非一貫性（inconsistency）」が、近代科学的な教育を受けた青年時代の自分を戸惑わせたという(18)。ラーマーヌジャンは、その非一貫性を、インドにおける文脈の動きを用いて説明する［Ramanujan 1989］。

ラーマーヌジャンは、ユダヤ・キリスト教にもとづく平等志向的で「文脈自由（context-free）」な倫理をもつ西洋に比べて、ヒンドゥー教においては「文脈依存（context-sensitive）」的な規則が支配的であるとする。文脈依存的な状況は、法の上での理想型である。たとえばマヌ法典において、王は、カースト、地域、家族などによって、異なる法を規定するべきだとされる。さらに善悪や正誤を司るコードでもあるダルマは、その人を取り巻く時空間や関係としてのサブスタンスに依存している。こうして、その人の属性や状態、周囲の環境といったサブスタンス＝コードの混ぜ合わせとして存在するのが分人となる［cf. Daniel 1984］。

ラーマーヌジャンによると、インドでは、このような文脈依存状態が前提となっているからこそ、文脈から自由になることも希求されてきた。さらには、文脈自由を求める運動が、再び文脈依存のなかに入れ子状に組み込まれてきた。ラーマーヌジャンが「インド的思考」として示したこのパターンは、外部のものを取り込み、形を変え続ける多様な運動を捉えることを助けてくれる。

文脈自由を指向する動きの例としては、カースト体系を基盤としたカルマや輪廻転生から逃れる「解脱」や「現世放棄」の理念が挙げられる［Ramanujan 1989］。現世放棄は、学生、家長、隠者、現世放棄者と続く、理想的な人生の最終段階として目指されるものでもある［Kakar 2008］。ルイ・デュモンによると、現世放棄者は、西洋近代における世俗的な個人との対比から、「世俗外個人」といえる存在である。すなわち、「個人」になるには、世俗の、あるいは日常生活の文脈の外に出て、苦行者となる必要があった［デュモン 二〇〇一：三三〇―三五二］。ここにおいて、個人性は所与のものではなく、「現世」の家族や社会関係から自らを切り離して初めて達成されるものである。さらにデュモンは、ヒンドゥー教の重要な特徴として、「世俗的人間」と「世俗外個人／現世放棄者」の相互関係を挙げている。現世放棄者は生存のためには現実世界に依存せざるを得ず、彼らには世俗内の人間の教化にあたる役割があった［デュモン 一九九三：四一―四三］。たとえば、宗教・社会革新はつねに現世放棄者によってなされてきた。デュモンが宗教革新の例とする「バクティ(19)（*bhakti*）」（信愛）思想においては、帰依者は神／主に「参入」し、一体化する。バクティ運動では、この「愛、すなわち主への絶対的な帰依」のみが必要とされたため、カーストを超越し、すべての人へ救済が開かれた点が革命的であった［デュモン 一九九三、二〇〇一：三三〇―三五二］。ラーマーヌジャンは、バクティを、カースト、儀礼、ジェンダー、服装などあらゆる文脈そのものを否定する文脈自由な概念としている［Ramanujan 1989］。

さらに、バクティ運動の展開は、この文脈自由からの再文脈化も例示している。ジェイコブ・コープマンによる、グルへのバクティ（*guru-bhakti*）にもとづく献血運動についての人類学的研究は、この動きを鮮やかに描き出す。グル・バクティは、精神的指導者としてのグルへの帰依であり、カーストやジェンダーにかかわらず、すべての人に開かれているという社会改革的なバクティ思想を受け継いでいる。コープマンは、インドの宗教・社会改革運動のなかで、奉仕（*sevā*）、現世放棄（*sannyās*）、贈与（*dān*）などの布置が、特定の人物の物質的／精神的状態を向上させるという目的から、社会全体の利益を志向するものへ変化したと論じている。重要な転換の例として、一九世紀末にラーマクリシュナ・ミッションを創設し、ヒンドゥー教の近代的復興運動を率いたヴィヴェーカナンダ（Vivekanada）は、「現世放棄」を「社会奉仕」に結びつけた。自らを救済するための解脱を求め現世を放棄した苦行者の「禁欲主義」や「無私」の状態は、社会や人間性（humanity）のための「無私の奉仕」へと転換された。コープマンが調査した二〇〇〇年代の北インドにおける、大規模な献血活動を推進する複数のグル教団においても、現世放棄の社会化が進められている［Copeman 2012: 67–68］。そこでは、儀礼や寺院への寄付よりも、社会の役に立つ献血を行う方が良いとされる。また教団の出版物などにおいて、献血は「人間性への奉仕（service of humanity, *manav sevā*）」だと謳われる。ただし信者にとって、人間性への奉仕とグルへの奉仕は二項対立的ではなく、互いの目的に寄与する「相互運用（interoperability）」が見出せるという。すなわち、献血を行う人は、特定のグルへの奉仕と同時に、グルを介して、血液を受け取る不特定多数の人間性への奉仕を行っている［Copeman 2012: 100–103］。こうして、文脈自由なバクティ運動が進むとともに、グルを中心とした教団間の競争や、「ドナー人口」といった新しい文脈に依存した集団の枠組みが生成されている。

ラーマーヌジャンは、M・K・ガーンディーが率いた独立運動や、カーストや宗教による差異を否定した憲法など、インドにおける近代化は一見文脈依存から文脈自由への運動のように思われるが、それらもまた、既存の文脈依存的なパターンに組み込まれていくという。たとえば、従来の関係性からは自由な外国語としての英語が、かつてのサンスクリット語の場を占め、法や科学、行政の媒介であり「父語」として機能していることや、コンピュータなどの近代的な道具が儀礼の対象となっていることが挙げられる［Ramanujan 1989］。

本書の対象である市民をめぐる運動もまた、日常的関係性や文脈から切り離された、文脈自由な存在を求める動きのなかに位置づけられる。しかし、こうした運動が作り出す文脈は、既存の文脈との関係にもとづいて、再文脈化されていく。第二章で論じるように、カーストという文脈の解消を目指した留保制度は、新しいカースト概念を形成し、カースト団体によるアイデンティティの政治を生成してきた。そして、こうしたカーストや共同体にもとづく政治的文脈のカウンター・ポジションとして、属性から自由な市民を掲げる新しい市民運動が立ち現れてきた。この新しい市民像には、ヒンドゥー的な文脈自由のイメージが重ねあわされてもいる。たとえば、会社を早期退職したのち地域の市民活動を行う人々には、「現世放棄」と「社会奉仕」を組み合わせた理想の追求が見受けられる。さらに、経済自由化後のインドにおける市民には、企業家というポジションも含まれている。企業家の育成には、宗教やカースト、親族関係とは関係なく個人の資質を評価するため、「心理計測」が用いられる。しかし、この心理計測についての解釈が行われる場では、その人の外部の関係性を可視化する試みがなされるのである。これらの事例を用いて本書で論じていくように、ムンバイの市民運動は、文脈依存と文脈自由を行き来しているというのみならず、その双方の部分性を維持することで、あいだにあるという性質を保っている。

三　本書の構成

市民をめぐる運動は、ハラウェイによるサイボーグやストラザーンによるフェミニスト人類学者のイメージのように、異質なものが部分的につながって動くことで、ラーマーヌジャンが論じた文脈依存と文脈自由の動きを可視化する形象であると考えられる。本書の各章では、文脈依存と文脈自由の部分的つながりに焦点をあてながら、今日のインドにおける政治社会と市民社会のあいだのイメージを探究していく。

第一章では、まず、ボンベイ／ムンバイというフィールドを「脱コスモポリタン化」という社会的想像力に沿って説明しながら、文脈を変えていくコスモポリタン都市について論じる。商業の名の下に、さまざまな「人種」や「コミュニティ」からなる「多様性」を誇った植民地都市は、極右政党シヴ・セーナーの台頭に代表される暴力的なヒンドゥー化／土着化の波に襲われて、そこに適応（adjust）しながらも、「コスモポリス」であり続けている。今日のムンバイの市民運動は、ひとつの「多様性」の理想が敗れた後に、どのように差異と折り合いをつけて生きていくのかという切迫した状況下での人々の実践なのである。こうした背景を踏まえたうえで、本書の記述を支える現地調査の概要を述べ、おもな事例とする三つのプロジェクト、（1）新聞の美化キャンペーン――「汚れとの戦い（Fight the Filth）」、（2）行政と市民のパートナーシップ――「先進的地域管理（ALM）」、（3）市民候補者の選挙運動――「ムンバイ227」の概要を示す。

第二章「市民社会と政治社会」では、本書の主題となる市民社会と政治社会それぞれのポジションを明らかにする。まずは西欧を中心とした市民社会論の展開と、それとの関係から生み出されたインドの政治社会論を検討する。つぎに、市民社会と政治社会がそれぞれ国家や都市自治体の制度にどのように現れているのかを記述する。具体的には、政治社会を支える制度としての留保制度と、市民社会を作ろうとする制度としての先進的地域管理（ALM）を取り上げ、市民社会と政治社会の関連性を論じる。最後に、政治社会を、近代国家制度が作られる以前の前植民地期や植民地期の制度との文脈から捉えなおす。以上の検討を通して、市民社会と政治社会のあいだを論じるという、以後の章における理論と記述の枠組みを示す。

第三章から第五章では、腐敗と反腐敗、ウチとソト、個人と分人という枠組みに沿いながら、市民になろうとする人々と、人々が作り出す運動の複数の形象を描いていく。

第三章「腐敗と反腐敗」では、市民による「反腐敗運動」に焦点を当てる。二〇一一年に盛り上がった反腐敗運動は、「非政治的」であることを掲げ、市場交換の論理を前面に出すことで、政治家や官僚の汚職や癒着を批判した。本章では、この動きを、個人の自己責任によって市場活動を促進させる自由主義的な自由と、ラーマーヌジャンの示した関係性からの離脱を目指す「文脈自由」が合わさった「自由」を目指す運動として分析する。そのうえで、運動が「自由」を希求しながら、再度腐敗と愛着の両義的なつながりのなかに文脈化されていったことを示す。具体的には、まず、アンナー・ハザーレーの率いた反腐敗運動と、反腐敗運動への左派の批判の論点を整理する。つぎに、ハザーレーの運動から派生したムンバイでの選挙運動や心理計測、バガトのエッセイや小説を事例とする。これらの事例の検討から、ミドルクラスの人々が、腐敗とそれに反する「価値」という異質なものをつなげるイメージを形成していることを論じる。

第四章「ウチとソト」では、市民運動と公共空間の再編を考察する。チャタジーに代表されるサバルタン研究の論者たちは、西洋的な「公と私」の枠組みを参照しながら、インドにおける「ウチとソト」の概念を練り上げてきた。吉祥で安全なウチの領域はきれいに保たれるのに対して、危険でありウチの反対として重視されないソトの領域は汚くても構わないとされてきた。このソトと公共空間の認識のずれが一因となったインドの公共空間の汚さが、植民地期以降、「市民意識の欠如」として問題視されている。本章では、「ウチとソト」という枠組みの形成過程を検討したうえで、植民地期以降のボンベイのフラット（集合住宅）の構造と現在のフラット単位の市民活動を事例に、西洋的な「公と私」の言説やそれにもとづく物理的環境（住宅や行政機構）との接触のなかで、「ウチとソト」の意味が変容してきたことを論じる。今日の市民運動では、ウチから徐々に広がる延長線上に「公共空間」が想像されている。そして、市民意識を広めるという言説は、この「ウチ＝公共空間」をソトへ広げようと訴える。しかし、美化運動など実際の活動においては、ウチの意味がさらにずれていくことにより、異なる効果を生み出している。

第五章「個人と分人」では、市民を形作る運動に焦点を当てる。運動において、市民とは、「非政治的」であり、正直さや完全さ、分けられなさを意味する「インテグリティ」を有するべきだとされる。しかし、そうした個人としての市民の理想とは矛盾する関係性に埋め込まれた分人が、常に緊張をはらみながらも併存している。本章では、分人性を手がかりに、この運動を探究する。まずは、人々をデータによって管理する現代社会における〈分人性〉と、グローバルな状況下での社会の心理学化について整理する。次に、そうした枠組みでは捉えきれないムンバイの市民活動家の事例に目を向け、改めてインドにおける分人性を考察する。そのうえで、ムンバイ227の運動で用いられた「心理計測」の事例や、市民運動における「奉仕」の拡張を検討しながら、複数の分人性の接触と組み合わせのなかで、個人のあり方が模索されていることを論じる。

第三章から第五章に共通しているのは、市民社会と政治社会から派生した各章の題目にある二項が、それぞれ互いのカウンター・ポジションになりながら、部分的なつながりを生み出していくことである。本書で描き出す市民運動は、必ずしもうまくいっていない。運動のうまくいかなさは、市民社会と政治社会の部分性と、両者の生成過程を参加者に見せつけることになる。本書では、ムンバイの市民をめぐる運動を、異質なもの同士の狭間を可視化しながら、市民社会と政治社会のあいだになんとか留まるという政治的な実践として捉えて、その可能性を探っていく。

第一章　海辺のコスモポリス

一　ボンベイ／ムンバイ——脱コスモポリタン化の語り

Zara hatke, zara bachke / Yeh hai Bombay, meri jaan (一)
Duck a little, save yourself / This is Bombay, my love
すり抜けろ、身を守れ　ここはいとしのボンベイ

インド亜大陸の西岸、アラビア海に面する貿易港として栄えたボンベイは、インド最大の商業都市として知られ、植民地期より活発なアソシエーション活動にもとづく市民社会が形成されてきたとされる［Kidambi 2007; Watt 2005］。悠久の歴史を自負する伝統的なインドのイメージに対して、ボンベイは近代的で進歩的なインドを表象する都市であった［Khilnani 1997］。その歴史は、一般的にポルトガル植民地期から語られる。ポルトガル語のボン・バイア（良湾）に由来するとされる地名「ボンベイ（Bombay）」は、しかし、一九九五年に原住民のコーリー漁民が信仰するムンバ（Mumba）女神にちなんだ「ムンバイ（Mumbai）」へ改名された。ボンベイからムンバイへの変化は「脱コスモポリタン化（decosmopolitanization）」の歴史／物語として語られてきた［Appadurai 2000; Prakash 2010］。以下では、まずはこの広く共有されている筋書きに沿って、「コスモポリタン」な都市の変

遷を紹介し、その「多様性」を再考することで、本書の背景としたい。

1　ボンベイ——コスモポリタンな植民地都市

ボンベイは、学術的な文献でも、一般書やマスメディアでも、「コスモポリタン都市」として描かれ続けている。島の都市であるボンベイの多様性や動態はしばしばニューヨークに喩えられ［Conlon 1995; Mehta 2004］、巨大な映画産業は「ハリウッド」にかけた「ボリウッド」の名で知られる。ボンベイは、さまざまな移民で形成されてきた都市である。そこでは「異なる言語、宗教、カースト、親族構造、名前のつけ方、祭礼の暦〔……〕服装や料理の違いが、別々に、しかし近接して同時に存在」し、「精巧なモザイク」を織りなしてきた［Thorner 1995: xiii］。

なかでも特徴的なのは「商業のコスモポリス」としての側面である。植民地期のボンベイの商人層には、カルカッタ（現コルカタ）と比べ、多様な「人種」、「民族」、「コミュニティ」が混合していた[2]［Markovits 2008］。ボンベイでは、人々は金稼ぎに忙しく、争いあうことはもちろん隣近所と知り合う時間もないと語られる［Punwani 2003］。ボンベイで育ったアルジュン・アパドゥライは、古き良きコスモポリスを以下のように記述する。

> 第二次世界大戦後のボンベイは、まさに商業のコスモポリスだった。人々は「ビジネス」（英語起源のこの言葉は、職業、取引、交渉、そして商業的なすべてのエートスを示す）を介して出会い、「ビジネス」を介して、居住地、民族、出身地などを横断するつながりを築き、再生産した。ボンベイでステレオタイプ化を免れたエスニシティはなく、すべてのステレオタイプはジョークになった。重要なのは、「カネの色」だった[3]。［Appadurai 2000: 631］

コンカン海岸地域に位置する七つの小島からなり、漁村が点在するのみだったこの地は、一七世紀以降の埋め立てによって徐々にひとつの島となり、現在はインド亜大陸とつながった半島となっている。都市の形成は一五三四年にポルトガルがグジャラートのスルターン（ムスリム君主）からこの地を譲渡されたことから始まる。一六六一年、ポルトガル王妹カタリーナがイギリス王チャールズ二世に嫁いださい、当地は「持参金」の一部としてイギリスに贈られ、その七年後には東インド会社に貸与された。一六八七年にはボンベイが東インド会社の拠点となり、数多くの商人が移住し始める（おもにグジャラートからのパールシー、ヴァーニヤー［ジャイナ教徒とヒンドゥー教徒の商人カースト］、ボーホラー［ムスリムの商人コミュニティ］など）。一九世紀後半以降のボンベイは、デカン高原産の綿花輸出港として、またイギリスの工場制度を導入した綿業都市として、近代化を本格化させていった。一七世紀末には一万人程度だった人口も、一九世紀後半には約八〇万人となり、二〇一一年の国勢調査ではインド最大の一八〇〇万人以上を有する都市となった[4]［Gururaja and Sudhira 2012; 井坂 二〇一一］。移民の流入により都市は過密化し、現在では人口の半数以上がスラムに住むとされる[5]［Appadurai 2000; Baud and Nainan 2008; Rajagopal 2002］。

図 1-1　現地でコスモポリタンなボンベイの象徴として語られるイーラーニー・カフェのひとつ。イーラーニーは 19 世紀にペルシアから移民してきたゾロアスター教徒で，1000 年以上前に同じくペルシアから西インドに移民してきたゾロアスター教徒のパールシーとは区別される。

イギリス植民地期、国民会議派による独立運動の重要な舞台のひとつであったボンベイでは、一九四七年の独立後も国民会議派支配が続いた。独立時、ボンベイはボンベイ州の州都となり、おもに比較的豊かな商人たちからなるグジャラーティー語話者と、低所得層労働者が多くを占めたマラーティー語話者が二大言語勢力を形成していた。当時、全国的な言語単位の州編成の動きにともない、マラーティー語圏において「統一マハーラーシュトラ」を作る運動が興隆していた[6]。これに対して、商工会議所との関連が深く、グジャラーティー、マールワーリー、パールシー、ムスリム等を中心に構成される「ボンベイ市民委員会（Bombay Citizens' Committee）」は、（実際にはグジャラーティー語話者が支配的であったものの）多言語・多文化都市としてのボンベイを強調し、言語ごとの分断に反対していた。一九五六年一月、インド政府がマハーラーシュトラ州とグジャラート州を創設し、ボンベイ市を連邦直轄地にすると発表すると、数日間に渡って暴動が起きた。その後も反対議論が盛り上がるとともに、ボンベイ市の対立や混乱が深まった[8]。最終的に、一九六〇年に、ボンベイ州を独立地域として扱わず、言語地域を基準として、マハーラーシュトラ州とグジャラート州に分断されることが決定し、ボンベイ市はマハーラーシュトラ州に帰属することになった［井坂 二〇一一］。州の分割は、近代的で合理的、「肌の色」よりも「カネの色」が大事というビジネス・マインドのコスモポリスを徐々に変えていく動きの一段階となった。

2 シヴ・セーナーとヒンドゥー・ナショナリズム

一九六〇年代のボンベイ中心部では、主要産業であった綿工業の衰退と労働組合の弱体化により、労働者層であったマハーラーシュトラ人は職を失い不安定な状態に置かれていた。一九六六年、新聞漫画家であったバール・タークレーが、新政党シヴ・セーナー（マラーター王国の創始者「シヴァージーの軍隊」という意味）を設立した[9]。シヴ・セーナーは、不安定な低所得層労働者や失業者となったマハーラーシュトラ人を「大地の息子たち（sons of the soil）」と呼び、彼らの復権と雇用拡大を政策に掲げた。さらにシヴ・セーナーは、共産主義者（労働組合）や南インド人、ダリト（「不可触民」）などの「他者」を次々と攻撃対象としマハーラーシュトラ人の支持を広げたが、一九八〇年代後半は「ヒンドゥットゥワ（ヒンドゥー性）」のイデオロギーを取り入れて、反ムスリム的傾向を強めていった。

「ヒンドゥットゥワ」とは、ヒンドゥーの人々とインド国家を重ね合わせるヒンドゥー・ナショナリストのイデオロギーである。一九八〇年代以降のインドでは、民族奉仕団（**Rashtriya Swayamsevak Sangh, RSS**）やインド人民党（**BJP**）を中心としたヒンドゥー・ナショナリズム運動が興隆している。ヒンドゥー・ナショナリストは、「ヒンドゥー性」を、宗教を超えた国民の生き様であり、公的で包括的概念であると再定義し、有機的な全体性としてのヒンドゥー・ネイション（バーラト *Bhārat*）の確立を訴えている[10]［中島 二〇〇五］。一九九二年一二月六日、北インドのアヨーディヤーのモスク（バーブリー・マスジッド）がヒンドゥー・ナショナリストに倒壊されたことにより、全国で暴動が発生し、数千人以上の死者を出した。アヨーディヤーは、『ラーマーヤナ』の主人公ラーム生誕の地とされ、その地に一五二八年に建設されたモスクはヒンドゥー寺院を破壊して建てられたものだと伝わっていた［中島 二〇〇五：一〇六―一二五］。

これを受けて、数日以内にボンベイでも、抗議と怒りを表明するムスリムと警察のあいだで暴力的対立が起こった。警察はムスリムを武力で押さえつけるとともに、ヒンドゥーとの緊張関係を促進させ、二〇〇人近い人々が殺された。その多くはムスリムであった。シヴ・セーナーはその後、ボンベイ各地で集団儀礼を行うなどしてヒンドゥーのムスリムへの敵意を煽るとともに、ムスリムの居住地をリストアップしていった。一九九三年の一月、ボンベイ郊外のジョーゲーシュワーリーのスラムで、ヒンドゥーの家族が何者かに焼き殺された。この事件への復讐として、シヴ・セーナーを中心としたヒンドゥーの暴徒が、ボンベイ中のムスリム世帯や商店への襲撃、略奪、殺戮を行い、数日のうちに八〇〇人以上の死者を出した。市行政や警察もムスリムへの憎悪を煽り、シヴ・セーナーと暴徒を組織的にサポートした。一九九三年三月一二日には、ボンベイのムスリム犯罪組織が、市内数カ所で一〇個の爆弾を爆破させ、ムスリムを含む三〇〇人以上の死者を出した［Hansen 2001; Patel 2003; Sharma 1995; 竹中 二〇〇一］。

一九九五年、シヴ・セーナーはマハーラーシュトラ州においてインド人民党との連立政権を樹立し、州都ボンベイの都市名を「現地語」であるマラーティー語のムンバイに変更した。(11) 駅や空港、通りに使われていたイギリス風の名前も、次々にヒンドゥー的、マラーティー的な名前（その多くが「シヴァージー王（Chhatrapati Shivaji）」の名を冠したもの）に変えられた。たとえば、一九世紀に建てられた荘厳なゴシック風の「ヴィクトリア・ターミナス（Victoria Terminus, VT）」駅は一九九六年に「チャトラパティ・シヴァージー・ターミナス（Chhatrapati Shivaji Terminus, CST）」駅に（二〇一七年にはさらに敬称を加えたChhatrapati Shivaji Maharaj Terminus に改名）、二〇世紀初頭の「プリンス・オブ・ウェールズ博物館（Prince of Wales Museum of Western India）」は「チャトラパティ・シヴァージー・マハーラージ博物館（Chhatrapati Shivaji Maharaj Vastu Sangrahalaya）」に変更された。

3　ムンバイ——暴動後の都市

We are individually multiple.
Kabir Mohanty in *Maximum City*(12)

ボンベイ暴動以後、しばしば「コスモポリス」のイメージとして喚起されるのが、混雑した通勤電車の風景である。ムンバイのローカル鉄道は、南北に通る三本の線（ウェスタン、セントラル、ハーバー）から成っている。都市の行政や商業の中心は、コラバやフォートなど最南端のエリアであり、植民地期から徐々に北に向かって住宅地やスラムが広がってきた。今日では、ターネーやナヴィー・ムンバイなど北西部の亜大陸側に隣接する都市とも鉄道でつながり、通勤圏となっている。ムンバイ都市圏の人々は、毎日この鉄道を利用して、北の自宅から南の職場まで、片道数時間かけて通勤する。

ボンベイ出身のジャーナリストで作家のスケトゥ・メーターも、ボンベイ暴動についての文章の最後を、満員電車のイメージで締めくくっている。メーターは、毎日パンを買っていた近所のパン売りのムスリム男性を焼き殺したヒンドゥーの青年（シヴ・セーナーの「兵士」）に何度も話を聞いている［Mehta 2003, 2004］。こうした調査のなかで、メーターは、スラムを中心に活動するNGOの運動家アサド・ビン・サイーフに出会う。サイーフもまた、暴動を調査するなかで、人間がしうる最悪の行為を目の当たりにしてきた。メーターはサイーフに、「そうした行為ができる人間という存在について悲観的にはなりませんか？」と聞く。

「いいえ、全く」サイーフは答えた。「電車から指し出される手を見てください」。

もしあなたがボンベイで仕事に遅れそうで、ちょうど電車がホームを出るところだったとしたら、ぎゅうぎゅう詰めの車両に向かって走るあなたを引き上げようと、たくさんの手が差し出されるだろう。車両から、まるで花びらのように、開いた手が伸びてくる。電車に沿ってしばらく走ると、あなたは引っ張り上げられる。そして開きっぱなしのドアの端っこに、足をなんとか乗せられるだけの小さなスペースが作られる。そのあとは自分次第だ。おそらく、指先でドア枠にしがみついて、線路沿いの柱で首をはねられないよう、体を外に反らしすぎないように注意しなければならない。でも、ここで何が起きたのか考えてほしい。仲間の乗客たちは、すでに家畜が法的に許されているよりも過密に詰め込まれ、風通しの悪い車内でシャツを汗でびっしょり濡らして、そんな状態で何時間も立ちっぱなしでいながら、あなたのことを気にかけている。この電車を逃したら、上司に怒鳴りつけられるかもしれない。給料をカットされるかもしれない。だから、もうすでにひとりも入りこめないような車内に、スペースを作るのだ。そして、この接触の瞬間、彼らは、電車に乗ろうとしている手が誰のものなのかを知らない。ヒンドゥーか、ムスリムか、クリスチャンか、バラモンか、不可触民か、この街で生まれたのか、今朝着いたばかりなのか、マラバール・ヒルに住んでいるのか、ジョーゲーシュワーリーなのか、ボンベイ出身なのか、ムンバイか、それともニューヨークか、そんなことはわからない。わかっているのは、あなたが黄金の街に向かっているということだけで、そしてそれで十分なのだ。さあ乗れよ、彼らは言う。なんとかする（We'll adjust）。［Mehta 2003: 337］（初出は一九九八年）[13]

二〇〇〇年代に入ると、このように庶民のコスモポリタニズムの拠り所とされた鉄道が、相次いでテロの標的となる。二〇〇六年の七月一一日には、ムンバイ・ローカル線（ウェスタン・レイルウェイ）の七カ所で連続爆破テロが起きた。さらに二年後の二〇〇八年一一月二六日から二八日にかけて、南ムンバイを中心に、複数の路線の終点である都心のチャトラパティ・シヴァージー・ターミナス（旧ヴィクトリア・ターミナス）駅、タージマハル・ホテル、ユダヤ教のコミュニティ・センター、観光客にも人気のイーラーニー・カフェ「レオポルド・カフェ」など多数の箇所で銃撃や爆破のテロ攻撃があり、数百名の死傷者を出した。二〇〇八年の同時多発テロにはパキスタンを拠点とするイスラーム過激派が関連するとされ、地域的でコミュナルな対立を超えた国際的な「テロとの戦い」という文脈で語られている［Prakash 2010］。後述するように、本書で取り上げる市民活動家には、このテロをきっかけに「インドのために」運動を始めた人も多い。

＊＊＊

歴史家のギャーン・プラカーシュは、本章で概観してきた「ボンベイからムンバイへ」の「脱コスモポリタン化」の語りは、歴史的な事実ではなく「寓話（fable）」だという。プラカーシュのいうように、「産業資本主義に支えられたひとつのまとまりのある都市からグローバリゼーション下の『ジェネリック都市』へ、モダニティからポスト・モダニティへ、コスモポリタニズムからコミュナリズムへ」という語りは巷にあふれていて、「最近の小説を手に取ってみても、ノン・フィクションを読んでも、新聞や雑誌をめくっても、人々と会話しても」出くわすことになる［Prakash 2010: 23］。

冒頭で取り上げたアパドゥライも、シヴ・セーナーの台頭と暴動に代表される「脱コスモポリタン化」の流れを、ボンベイの先進性、近代性を体現する市民社会が、地域主義化とヒンドゥー化によって脅かされてきた歴史としてまとめていた［Appadurai 2000］。しかし、植民地期以降華やかに語られてきたコスモポリタニズム自体が、そもそもエリートに限定的で排他的なものだったと振り返られてもいる［Patel 2003］。また、市民社会からヒンドゥー化へという図式にしても、植民地期以来のインドにおいて市民社会と宗教は相反するものではなく、ボランタリーな奉仕団体としての右派ヒンドゥー団体の草の根の活動が市民社会において重要な役割を果たしてきている［Watt 2005］。さらに、経済自由化以降の新しい市民社会の興隆についても、地域主義化・ヒンドゥー化と同様に、従来の「腐敗」した国民会議派の政治や政治社会的関係性への批判を掲げて進行している。トーマス・ハンセンは、シヴ・セーナーはインド民主主義の病理ではなく構成要素だと主張したが［Hansen 2001］、今日のムンバイにおける市民運動もまた、単にグローバルで新自由主義的な潮流によって外側から持ち込まれたものではなく、インドの政治的文脈における関係性への応答として生じている現象でもある。

とはいえプラカーシュは、寓話だから間違いだと指摘し、事実をフィクションから切り離すのではなく、この寓話が作られ事実として受け入れられてきた歴史的経緯を探究することが重要だという［Prakash 2010］。アパドゥライやプラカーシュと同様に、ムンバイで私が引きつけられたのも、「（脱）コスモポリタン都市」という力強い寓話である。「失われたコスモポリタン都市」という語りが流通し、実際に希望を打ち砕かれるような出来事が相次ぐ一方で、ムンバイにおける「コスモポリタン」な価値は失われていないようにみえたからである。フィールドワーク時には、ムンバイはさまざまな宗教、コミュニティ、カーストの人々が一緒に暮らす「コスモポリタン」な都市だという説明が、多様な人々によって何度も繰り返された。

今日のムンバイの日常生活において、一方では、メーターが描いた電車のシーンに代表されるように（爆破テロ後も電車は毎日超満員で走っている）、市場や映画館、街路など、そこにいる多数の人々の属性が無視され匿名性が前面に出る空間がある。そこでは押しのけられる時もあれば、手を引いてくれる時もあるというような、実質的な接触や交流がある。しかし、他方では、同じくメーターが示唆しているように、今触れている手が誰のものなのか、その人の宗教やカースト、居住地（高級住宅地のマラバール・ヒルか、暴動の主要な舞台となったスラムが広がるジョーゲーシュワーリーか）を「気にしない」ということが、常に確認されるのである。ただし、それぞれの匿名的な、あるいは公共的な空間に誰が入るのかという点にも差異は存在する。実際、私の調査対象であった市民活動家たちのあいだでは、電車を使わない人も多かった。とはいえ、電車に乗らない人々も、レストランで食事をしたり、リキシャに乗ったり、市民活動を行うことで、都市空間のなかで他者とかかわり、空間を変容させながら生きている。こうして、差異の喪失と差異の確認を繰り返しながら、「コスモポリス」をつくる日常的な営みは続けられていた。

二　フィールドワーク

本書は、インド西部、マハーラーシュトラ州の州都であるムンバイ首都圏で、二〇〇九年から二〇一四年にわたって約二〇カ月間行った現地調査にもとづいている。私が初めて南ムンバイを訪れたのは大学院修士課程の頃で、重厚な歴史的建築物に彩られた海辺の都市の洗練された魅力はとても新鮮だった。その後、修士論文でのレストラン文化の研究やインドの小説などを通して「ボンベイ」への憧れを強め、修士修了後の二〇〇七年四月から二〇〇八年八月のあいだ、現地企業で働くことを理由に、初めてムンバイに住めることになった（とはいえ、勤務地は海辺の都市であるムンバイ・プロパーではなく、大陸側の新興郊外だったのだが）。その後再び大学院に戻り、本書のもととなるフィールドワークを行った。二〇〇九年七月から九月と二〇一〇年八月から九月の予備調査期間、および二〇一一年三月から二〇一二年一月まではナヴィー・ムンバイ市に滞在し、(14) 二〇一三年一月から三月と九月から一〇月、二〇一四年九月はムンバイ市に滞在した。なお、二〇一四年九月にはデリーでも補足調査を行った。

1　地域主義を組み込むコスモポリス

博士課程での研究を開始した二〇〇九年当時、私はナヴィー・ムンバイ（Navi Mumbai, New Bombay）市のヴァーシー（Vashi）を調査の拠点とした。ナヴィー・ムンバイ市は、ムンバイ市の混雑を解消するためのツイン・シティとして新しく開発された都市である。ヴァーシーは、私が博士課程に入る前に現地企業で働きながら住んでいた馴染み深い町だった。二〇〇九年と二〇一〇年の予備調査では、ヴァーシーの分譲フラット（private housing society）にマハーラーシュトラ人とコンカニ人の両親との三人家族で暮らす元同僚である友人の家に滞在しながら、ヒンディー語とマラーティー語の学習を進め、ボンベイにおける「コスモポリタン」性と、ヒンドゥー・ナショナリズムや地域主義について、ヴァーシーの商店街に店を構える商人たちを対象にした調査に取りかかった。

シヴ・セーナーがヒンドゥー・ナショナリスト的な政策を採用した一方で、二〇〇六年には、シヴ・セーナー創始者の甥であるラージ・タークレーがシヴ・セーナーを離党し、マハーラーシュトラ新生軍団（Maharashtra Navnirman Sena, MNS）を設立した。ＭＮＳは、初期のシヴ・セーナーが掲げたマハーラーシュトラ人中心の政策を引継ぎ、マハーラーシュトラ人の雇用確保を名目に、州外（おもに北インド）からの移民迫害運動を展開した。二〇〇八年八月には、MNSの活動家による、北インド人だとされる露天商やタクシー運転手への暴行がマハーラーシュトラに広がり、被害が大きかったプネーやナーシクなどの都市では、数万人の北インド人が州を脱出する事態となった。同月、MNSは、それまでムンバイで共通語として機能してきた商店の英語看板を、マラーティー語に書きかえるよう圧力をかけた。

当初の私のテーマ設定には、ボンベイ暴動を思い出させるようなMNSの台頭の一方で、相変わらず「コスモポリタン」を掲げながら都市の日常生活が営まれているというギャップへの違和感があった。調査を進めるうちに、コスモポリタンと地域主義は二項対立的ではなく、独特の形でつながっていることが見えてきた。たとえばヴァーシーの商店街では、MNSの要求に対して、ほぼすべての英語看板がスムーズにマラーティー語化された。このことについて質問すると、大多数がグジャラート州、ラージャスターン州、ウッタル・プラデーシュ州などの北インドからの移民やその子孫である商店街の店主や従業員は、「ビジネスを優先するため」、「ボンベイはコスモポリタンだから」というおなじみのフレーズを用いて、だからこそ、異なるコミュニティの要求に対してもアジャスト（adjust）するのだと説明し、地域主義的な現象を支えていたのである［田口 二〇一〇］。ここで見られる「コスモポリタン」の再文脈化は、本書における市民への関心につながっていく。

2　アクティブな市民との出会い

二〇一一年三月から約一年間行った本調査において、私は徐々に市民の運動に焦点を当てていった。当時は、二〇〇八年一一月のムンバイ同時多発テロを経て、ボンベイ暴動において問題化された国内のヒンドゥーとムスリムの「コミュナル」な問題やMNSの地域主義よりも、「国際的な」テロとの戦いに対峙するための連帯に人々の焦点が移っていたように思われる。私が予備調査で地域主義的なトピックを扱っていたのに対して、ムンバイの友人は、「以前はそういう問題もあったが、二〇〇八年のテロでは北インド出身の警官が果敢に任務に当たったことが人々の心に訴え、ムンバイはひとつに団結した」と語った。また、後述する市民団体、ムンバイ227のメンバーには、二〇〇八年のテロ後に「何かしなければ」という思いから運動を始めたという人が多かった。

二〇一一年には、元軍人の「ガーンディー主義者」、アンナー・ハザーレー（Anna Hazare）と彼の「チーム」である市民社会による反腐敗運動が全国的に盛り上がりを見せており、ムンバイでもデモや断食、座り込みが行われていた（第三章参照）。私は、反腐敗運動における市民社会という用語の使われ方と、活動家たちの運動への専心に興味を持ち始めた。

その頃購読していた英字日刊紙最大手の『タイムズ・オブ・インディア（*The Times of India*）』（タブロイド紙の『ムンバイ・ミラー（*Mumbai Mirror*）』とボリウッド芸能ニュース中心の『ボンベイ・タイムズ（*Bombay Times*）』がセットで配達される）は、チーム・アンナーの反腐敗運動を全面的に支持していた[15]。また、連日のように紙面を賑わす、スラムや露天商の排除と都市のジェントリフィケーションに焦点を当てた市民運動を報道する記事は、私が想像する「市民像」とは異なる、問題含みに思われるような活動を称揚していた。たとえば、（北インド出身者が多いとされる）スラム住民や露店商への排外主義的な態度において、MNSと市民社会は共通しているように思われた。つまり、これらのメディアでは、私が思い描いていた左派でリベラルな「市民」とは異なり、右派の保守的な人々が「市民」の代表として描かれていたのである。

二〇一一年の六月、私はムンバイ・ミラー紙の一面に美化キャンペーンの開始を宣言する記事を見つけ、ミラー紙に連絡を取りキャンペーンに参加した。その後、キャンペーンで知り合った活動家を通じて、ムンバイの市民運動にかかわる人々に出会った。以後もヴァーシーに住み続けたが、フィールドの中心は徐々にムンバイ市に移行していった。インフォーマントに会ったり集会に参加したりするため、私は他の多くのナヴィー・ムンバイ在住者同様、片道一、二時間かけて満員電車でターネーの入り江（Thane Creek）を越え、ムンバイ市に通った。私の友人やインフォーマントたちは公共の交通機関を利用せず、自家用車やタクシー、リキシャを利用する人々が多かったので、私の電車移動は「勇気ある行動」として面白がられた。二〇一三年以降の追加調査では、ムンバイ・セントラルのYMCAに滞在した。

本書で取り上げる三つのプロジェクトに共通して、活動家たちは高等教育を受け、ビジネスや専門職に就いている人々、あるいはそれらの職種を退職した人々が主である。「（もともとの）出身地（native place）」はさまざまであるが、自身はムンバイで生まれ育った人々が多い。ただし、「出身地」とのつながりは強く、年に数カ月という単位でムンバイの外に住む親戚や家族のもとで過ごすことも珍しくなかった。中高年の活動家たちについては、子供が英米で教育を受けて、そのまま現地で生活しているという話を多く聞いた。そうした人々のあいだでは、毎年数カ月から半年を子供たちと海外で過ごし、残りの期間をムンバイで過ごすという二重生活も一般的であった。

活動家たちの母語は、「出身地」によってさまざまに異なるが（おもにグジャラーティー語、タミル語、カンナダ語など）、インフォーマントの大多数は初等から高等教育までを英語ミディアムで受けており、読み書きや公的な場面での第一言語を英語とする人々であった。加えて、市民社会のキーワードは英語で占められているため（civil society そのものに始まり、politics, governance, partnership, transparency, accountability, integrity 等）、活動家同士の会話はおもに英語で行われた。ただし、英語と母語に加えて、国家の公用語であるヒンディー語と州公用語のマラーティー語は理解できる人が多いため、会話には数言語が混ざることが日常的であった。露天商の会話を再現する場合は北インドの言語であるヒンディー語、州の行政官の発言を引用する場合はマラーティー語というように、言語と発言者の属性を結びつけた話し方がされた。公の集会や会議で何語を用いるのかという問題は、毎回のようにその場その場で議論の的となった。たとえば「市民候補者」の選挙運動の集会では、エリート主義というイメージを回避するために意識的にヒンディー語が用いられた。発言者が思わず英語で話し始めてヒンディー語に切り替えたり、司会者や参加者にヒンディー語で話すよう注意されたりする場面によく遭遇した。地域の市民と市行政との会議では、行政側は一貫してマラーティー語を用い、市民側は英語かヒンディー語を使うことが多かった。そのさいも、行政官がマラーティー語を使うことに対して、市民から不満や抗議の声が上げられた。こうした言語状況の中、フィールドワークにおける参与観察では英語とヒンディー語を用い、活動家との会話やインタビューでは、基本的に英語を使用した。

活動家へのアプローチは、集会などで出会った人に直接声をかけたり、他の活動家に知り合いの活動家の連絡先を教えてもらい、携帯電話での通話やテキスト・メッセージ、Eメールで面会を依頼するという方法で行った。ほとんどのインタビューは活動家の自宅で行われたが、勤務先のオフィスに招かれたケースもあった。私が当時住んでいた郊外の元公営住宅では、水道水が一日数時間しか供給されず（そのあいだに部屋のタンクに水を溜める）、建物の外壁は痛んだコンクリートがむき出しで、守衛（しばしばネパール人で「ウォッチマン」と呼ばれる）もいなかった。１ＢＨＫ（寝室1、居間、台所）の間取りの部屋に、五、六人の家族が住んでいることが一般的だった。地元での日常会話において、（卑下や謙遜を込めて）「ミドルクラス」と呼ばれる生活空間である。それに比べて、アカデミック、あるいはジャーナリスティックな言語で「ミドルクラス」とされる活動家たちの家は、一日中水が出て（集合住宅の建物に備え付きのタンクがある）[16]、建物ごとの自治会によってメンテナンスも行き届いており、敷地内に入る時と建物内に入る時など数回にわたって記帳や守衛によるチェックや居住者への電話確認を行わなければならず、室内は最新のショールームのようなインテリアで飾られ、雑然としたムンバイの外界とは全くの別空間という印象を受けた。

多くの活動家たちは地元の新聞を中心としたメディアの取材に慣れており、私が集会などで写真やメモをとっていると「報道関係者ですか?」と声をかけられることが何度かあった。私が「市民社会について勉強している学生」だと説明し、何度か会議や自宅に足を運んで顔見知りになってからも、メディアを意識した語り口は保たれていたと思われる。何人かの活動家とはインタビューや面会を重ね、家族の行事や日帰り旅行などにも参加させてもらった。そうしたなか、冗談めかしながらも「ジャパン・タイムズに記事が載るのはいつになるの？」といった会話が交わされた（実際、ムンバイ・ミラーには依頼を受けて一度記事を書いたことがある）。メディアへの発信は、社会を啓蒙し、意識を広めていくという活動家たちの市民的ペダゴジーにもとづいている。このように説明すると、活動家たちのメディア向けの語り口は表面的なものにすぎず、それを文字通りに取り上げるのは深い民族誌的記述にはならないと思われるかもしれない。しかし、その形式を通して多くの活動家たちは私の調査を快く受け入れ、初対面でも数時間にわたって自分たちの活動や生い立ち、経歴などについて饒舌に語ってくれた。インフォーマントと私との関係は、指導する市民活動家とそこに耳を傾ける記者／学生という型にはまったものであり、集会や会議の観察データもインタビューのデータも、活動家が「表向き」に語る見解にもとづいている。

本書では、こうした活動家たちの語り口をおもなデータとして用いる。それは、現実的に、調査対象が要求する形式に沿って調査と記述を行う他に研究者になす術はないというのみならず、その要求される形式自体がしばしば調査対象の特徴を体現しているからである。これは、従来の人類学と比べて研究者との「距離」が近い対象を扱う近年の人類学や科学技術論の調査において議論されてきた問題でもある。たとえば自ら「ネットワーク」という用語を駆使してネットワーキング活動を行うNGOや、「パートナーシップ」の構築にいそしむ国際機関の専門家を研究対象とする場合、表（の虚構）と裏（の真実）があるという想定から離れて、研究対象に向き合うことが必要となる。アナリース・ライルズは、研究対象としてのフィジーの専門家が作り出す「ネットワーク」における情報の欠如そのものを、美学として民族誌的に再現することを試みた。すなわち、情報を足すことやその背後にある複雑な社会的現実を暴露することによってではなく、「薄い（thin）」記述と抽象化によって、彼らの形式を描写した[17][Riles 2000]。この「ネットワーク」という形式のように、本書で取り上げる市民活動の形式においては、方法と目的が一体となり、活動家たちの語り口が市民活動の重要な構成要素となっている。市民活動家から私に与えられた説明という形でのペダゴジーもまた、彼らの市民的行為として、また奉仕として行われたのである[18]。

三 「ゴミから生まれた」市民運動

本書の対象は、先行研究が論じる「新しい市民／ミドルクラス」の運動に位置づけられる。なかでも本書で焦点を当てる三つのプロジェクトには、ある活動家の言葉を借りると「ゴミから生まれた[19](born out of garbage)」市民運動だという共通点がある。(1)都市をクリーン・アップするキャンペーン、(2)地域の「良き統治(good governmance)」を目指す住民運動、(3)「腐敗」のない「誠実な」議会を目指す選挙活動は、それぞれ「ゴミ」と対峙するなかで現れてきた。これらの運動は、スラムや汚物、汚職やコネという文脈から自由になることを目指しながら、特定の市民社会の形象を生み出している。各プロジェクトが描く市民社会の形象は、(1)特定のメディアを介したイメージが喚起する市民社会、(2)行政が作り上げようとする市民社会、(3)代表性民主主義に介入する市民社会という、異なる文脈にもとづいている。そしてこれらのプロジェクトは、実践のレベルでは相互に関連しあっている。たとえば美化キャンペーンの評価者の一人が先進的地域管理(ALM)の活動家であり、もう一人の評価者はムンバイ227の顧問であるというように、それぞれ別個の運動であるとともに、活動メンバーは部分的に重複してもいる。

なお、「グローバル市民社会」という観点からは、数も多く影響力の強いインドのNGO[20]は重要なアクターであるが、本書で扱う団体は公式に登録されたNGOではない。NGOのようなトランスナショナルな連携の強い組織とは異なり、より身近な自分たちの問題に自分たちで取り組むことを目指す団体が本書の対象となる。ただしインフォーマントたちは、近所の人や学校教員など相手によっては、自らの自治会や夫婦単位での活動をNGOと称することもあった。また、各事例で取り上げる運動の参加者として、さまざまな登録NGOのメンバーが含まれていることもある。

以下では、各プロジェクトのつながりがわかるように、私が活動家を介して調査にかかわった軌跡にも触れながら、プロジェクトの背景と概要を述べていく。

1 新聞の美化キャンペーン――「汚れとの戦い（Fight the Filth）」

「汚れとの戦い（Fight the Filth）」は、二〇一一年に日刊英字タブロイド紙『ムンバイ・ミラー』[21]が組織したキャンペーンである。ムンバイ・ミラーは、大判のカラー写真と扇情的な見出しを用いたポップな紙面で、芸能、スポーツ、健康に関するニュースを扱っている。ムンバイのローカル・ニュースに力を入れており、市民活動の取材やキャンペーンにも大きく紙面を割いているという特徴がある。市民活動家たちは、記事の切り抜きをスクラップしたり、オフィスに飾ったり、議論に用いたりと、新聞記事を活用する。記者と活動家は知人であることも多く、活動家は紙面でインタビューを受けたり、記者の代わりに集会の様子などをレポートしたりすることもあった。

「汚れとの戦い」は、近年多くの新聞社が組織している、先進国並みの美しい「ワールド・クラス」都市を目指す類似のキャンペーンのひとつである。これらのキャンペーンは、紙面において新しい時代の「私たちの運動」として提示され、「意識（awareness）」を広めることに焦点が当てられるという特徴がある。ムンバイ・ミラーを有するタイムズ・オブ・インディア社は、インド独立六〇周年にあたる二〇〇七年に「始動するインド――私たちの時代が来た（India Poised: Our Time is Now）」と題されたキャンペーンで、過去の鎖から解き放たれた、楽観的でダイナミックな新しいインド像を提示した。[22] その後、新しいインドに見合うリーダーを選ぶ「社会貢献賞（Social Impact Awards）」や「インドをリードする（Lead India）」キャンペーン等を次々と実施していく。二〇一一年一〇月には『ヒンドゥスタン・タイムズ』紙が「歩道のために戦おう（Fight for Our Footpaths）」キャンペーンを実施し、ムンバイ・ミラーも二〇一三年の三月から五月に「歩くことを語ろう（Talk the Walk）」キャンペーンで、ムンバイで「もっとも絶滅の危機に瀕した種」である歩行者の安全や歩道整備の問題を取り上げた。主流の英語メディアは、こうしたキャンペーンを通して特定の市民像を提示してきた。[23] こうしたメディアが提示する市民像は、序論でみたように、左派知識人からの厳しい批判を受けている。インドの新聞社の収入が広告に依存する割合は極めて高いため、[24] 大手新聞は「企業メディア」と呼ばれ、企業に対して無批判であり、消費者としての市民を育てる媒体であることが問題視されている。

図 1-2　美化キャンペーンの開始を伝える記事。右側の写真は芸能ゴシップ記事に関するもの（*Mumbai Mirror*, 2011 年 6 月 27 日，1 頁）。

二〇一一年六月二七日、ムンバイ・ミラーの一面に、「市最大の美化運動」という見出しが躍った。見出しの上には「汚れとの戦い——七大学、ＢＭＣ[25]〔大ムンバイ都市自治体〕、そしてムンバイ・ミラーが開始する……」と書かれており、見出しの下には括弧に括られて「（あなたも参加できます）」という言葉が続く。記事の内容をみてみよう。

ありふれたシーンだ。弁当箱をきれいに拭いた後、その乗客は、ビニールと紙くずの塊を電車の窓から今にも捨てようとしている。本紙のジャーナリストが線路にゴミを捨てしないようにお願いしたところ、彼女は記者を珍しそうに眺め、心理的障害（psychological disorder）を患っているのかと聞き返した。

この電車のご婦人は一人ではない。都市を汚す人に注意しようとすれば、冷笑、疑念、不信の目を向けられる。国家の金融中心地でありながら、ここでは誰でも好きなところで唾を吐き、散らかし、ゴミを捨てることができる。つまるところ、ムンバイ全体がゴミ捨て場なのだ。

この都市が肥溜めになったことについて、都市行政を責めるだけでは不十分だ。我々市民（citizen）も役割を果たさなければならない。ムンバイ・ミラーは、世界でもっとも才能があり、美しく、カリスマ的な人々であふれる都市には、きれいでゴミのない状態がふさわしいと強く感じる。

［Menon and Reena 2011（*Mumbai Mirror*）］

まずは、まっとうなことを指摘したら精神病扱いをされた、という事例を使って、ゴミを捨てる人（彼ら）と記者（我々）との断絶が示されている。また、「金融中心地」であり「才能があり、美しく、カリスマ的な人々」の都市が賛美され、「我々」の美的感覚にそぐわないものへの嫌悪感が表明されている。この挑発的なイントロダクションに続いて、キャンペーンの概要が示される。ムンバイ・ミラーとムンバイ市（BMC）は、七つの「トップ・レベルの教育機関」とともに、「愛すべき都市」をきれいにするために立ち上がったことが記され、最後に読者へのメッセージが発せられる。「もっとも重要なことは、このキャンペーンは、これを読んでいるあなた、我らが読者にイニシアチブを取ってもらわなければならないということだ。我々は今まさに過去最大の市民主導の運動に乗り出そうとしているのだから」。

記事の説明によると、七つの大学から約一〇人ずつの学生がグループを組み、大学の近くのプロジェクト地域を三カ月担当する。キャンペーンの第一段階としては、ＢＭＣの清掃スタッフが掃除するのを学生が見届ける。もっとも重要だとされる第二段階では、ゴミを散らかすのは悪いことだという「意識を広める（create awareness)」とされた。

キャンペーンで最初に選ばれた七つの「汚い場所」は、おもにムンバイ中心部である南部と西部郊外に位置した[26]。選ばれた場所を分類すると、スラム三、住宅地二、漁民居住区一、野菜市場一となる。これらの場所は、この企画の発案者であるムンバイ・ミラー紙の記者（二〇代後半の女性）によって、記者の自宅の近所、活動拠点となる大学や学生の自宅の近所、以前仕事をしたことのある場所などから選ばれた。記者に選出基準を聞いて返ってきた答えは、「どこでも、とにかく汚い場所、ムンバイだったら汚い場所はどこにでもあるからね」というものだった。つまり、偶発的なアクセスの便利さと、「汚さ」が場所選択のポイントだとされた。

キャンペーンは、プロジェクト・サイトでの「ドライブ」と呼ばれる数時間の活動を中心に構成されていた。毎回のドライブでは、一、二名のムンバイ・ミラーの記者と、一から四、五名のBMCの行政官が、学生グループに合流し、一時間ほど活動を行った。ドライブでは毎回写真撮影が行われ、学生たちがスラム住民や露天商と話している写真や、マスクと手袋で装備している集合写真などが、学生のコメントと共に翌日の新聞に掲載された。ドライブの内容は場所やメンバーによってさまざまだったが、キャンペーン開始の記事で示されたように、（1）BMCの清掃員が本格的にゴミ山を撤去する横で、参加者が手袋で多少のゴミを集め、きれいになった場所に植樹する段階と、（2）フォロー・アップをして意識を広める段階、に分けられた。

ムンバイ・ミラーは、六月二七日の開始日から八月半ばまで、キャンペーンの経過をほぼ毎日伝えていたが、後半はだんだん割り当てられる紙面が減っていった。キャンペーンの記事が紙面から消えて数週間後の九月三日、参加者はキャンペーンの修了証の授与と写真撮影のために、ムンバイ中心部の図書館に集められた。この時までに、ほとんどの学生はこのキャンペーンから離れて、ガネーシャ祭の準備などクラブ内の他の活動に従事していた。

キャンペーンは、「ターゲット」に対して市民が意識を広めることで都市をきれいにするという構図を示したが、その実践のなかでは、第四章と第五章で論じるように、ウチとソト、自己と他者との関係性をめぐる交渉と文脈化が浮かび上がった。

筆者は、「汚れとの戦い」のドライブに、二〇一一年七月から八月にかけて、一一回参加した。そのさい、学生ボランティア、新聞記者、地域住民に聞き取りを行った。その後、キャンペーンの二名の評価者に継続的にインタビューを行った。

2　行政と市民のパートナーシップ――「先進的地域管理（ALM）」

「汚れとの戦い」のキャンペーン終了後、私は、キャンペーンの評価者の一人として新聞からコメントを求められていたSさんにコンタクトを取った。彼は、「先進的地域管理（Advanced Locality Management, ALM）」と呼ばれるプロジェクトに活発にかかわっていた。

ムンバイ市（BMC/MCGM）が主導するＡＬＭは、地方行政と市民のパートナーシップにもとづいた「良き統治（good governance）」を進めるという事業である。イーサ・バウドとナヴテージ・ナイナンは、統治をめぐる議論において一九九〇年代には政府より民間の方がより効果的・効率的に都市サービスを提供できるとする新自由主義的なモデルが主流となったが、その後再び市場の要求から独立して政府が果たす役割が見直され、現在では地方自治体が市民と協働する「招かれた空間（invited space）」に期待が寄せられているという［Baud and Nainan 2008］。類似の取り組みに、二〇〇〇年に開始したデリーの「パートナーシップ政策（Bhagidari Scheme）」がある。これらの新しい制度は、「ワールド・クラス都市」を実現するためのジェントリフィケーションの一環として、「ミドルクラス」を行政に招き入れ、スラム住民などの貧困層の排除を強めていることが指摘されてきた［Coelho et al. 2013; Ghertner 2011a; Singh 2012］。

ムンバイのＡＬＭプロジェクトは、都市の美化と直結している。そもそもＡＬＭは、一九九六年に深刻化す

図 1-3　ALM のパンフレット。表紙には "Treat City as your Home"「都市をあなたの家（Home/*ghar*）として捉えよう」と書かれている。なお，このパンフレットでは Advance Locality Management という表記になっているが，Advanced という表記が使われることが一般的なので本書では後者を用いている。

るゴミ問題に対応するために市民参加を要請するという目的で始まった。ムンバイ市行政では、ゴミ処理事業部（Solid Waste Management Department）に属する専任の行政官（Rさん）がALM事業を担当している。Rさんは、ムンバイの大学でソーシャル・ワークの修士号を修め、オランダの大学院でガヴァナンスと民主主義についてのコースを受けている。上に引用したバウドはオランダでRさんの指導教員だった。

Rさんからもらった市のパンフレットは、事業を次のように説明している。良き統治と行政サービス提供のためには市民参加が不可欠であり、ALMに参画する「住民は自分たちの地区の『生活の質』を改善するため市行政との密接な協力のもと尽力する」ものとされる。市民には「緊急の問題と解決法を見極め、一丸となってボランタリーに市行政の手助けをすることが期待される」とある。さらには、「より簡潔でトランスパレントな手段」を提案することも市民に期待されている。

	性別	年齢	母語	宗教	教育	職
1	男	60 代	タミル語	ヒンドゥー	経済学修士	退職 （複数の政府機関と貿易会社）
2	男	69 歳	グジャラーティー語	ヒンドゥー	高校卒業	ビジネス
3 （V さん）	女	40 代	タミル語	ヒンドゥー	商業学士 ／公認会計士	会計士
4	男	66 歳	タミル・ マラヤーナム語	ヒンドゥー	化学修士	ビジネス
5 （M さん）	女	66 歳	グジャラーティー語	パールシー	仏文学修士 ／歴史学博士	通訳・翻訳 （仏領事館退職）
6 （S さん）	男	65 歳	カンナダ語	ヒンドゥー	工学士	早期退職（繊維会社）
7 （D さん）	男	60 歳	グジャラーティー語	ヒンドゥー	工学士	退職（化学製品会社）
8	女	44 歳	ヒンディー語 ／マールワーリー語	ヒンドゥー	商業学士	ビジネス
9	男	51 歳	グジャラーティー語	ヒンドゥー	病理学士	クリニック運営
10	女	72 歳	グジャラーティー語 ／英語	パールシー	仏文学士	退職（調査会社）
11	男	67 歳	英語	パールシー	経営学士	退職・ビジネス（鉄鋼会社）

図 1-4　「A」地区 ALM の主要メンバー（2013 年 1 月から 3 月のインタビュー時）。

パンフレットの文言からは、財政的、イデオロギー的な観点から再分配の限界に直面した国家が、ボランタリーで贈与的な市民参加を要求するという、西欧のポスト福祉国家的発想が読み取れる(27)。こうした取り組みは、西欧の文脈では、理念的に国家とは別領域であるべき市民社会を、国家へ組み込むものとして、問題含みともされる。しかし、もともと必要な行政サービスが提供されていなかったムンバイでは、ポスト福祉国家的アイデアのみが異なる文脈に導入されたといえよう。ここでは、国家／行政と市民社会の緊張関係という構図は前提とされておらず、そもそも行政主体で新しい市民社会的なものが作られようとしている。

一九九六年から九七年にかけて、郊外の一地区で最初のALMプロジェクトが試験的に実施された。市によると、一九九八年にはムンバイ全二四区でALM事業が展開された。以後、既存のフラットの住民組織（cooperative housing society）（第四章参照）などが中心となって、各地区で新たにALM団体としての登録が進められた。担当行政官のRさんは、

ALMを説明するなかで、この事業は「ミドルクラス」や「アッパー・ミドルクラス」が住む地区が中心になっていると述べた。私が二〇一三年にRさんを訪問したさいは、登録数のデータ更新作業中とのことだったが、既存のデータでは約七〇〇のALM団体が登録されていた。ただし、私が調査した時点でALM事業の盛り上がりはすでに下火であり、実際に機能しているALM団体はもっと少ないと考えられる。

本書で取り上げるのは、Sさんの居住地であり活動拠点である「A」地区（仮称）である。A地区のALM団体は、二〇一〇年代に活発であったグループのひとつだった。A地区は、植民地期の最初の郊外であり、当時のボンベイの最北端であったエリアにあたる。現在ムンバイの高級住宅地は南部と北西部に広がっているものの、このエリアは低層のフラットが立ち並ぶボンベイでもっとも古いミドルクラスの住宅地だとされる。Sさんの活動するALM団体は、すでに地域にあった住民組織を合わせた「市民連合（Citizens' Federation）」として二〇〇七年に設立された。「市民連合」の会員登録用紙には、「（過去あるいは現在において）政治的つながりがある人物」は会員になれないと記されており、市民活動の「非政治性」が強調されている。「市民連合」が連絡用のメーリング・リストとして使っているYahooグループ（二〇〇九年三月一六日作成）に登録されているメンバーは、二〇一二年の時点で三二名であった。代表者によると、A地区のALM（「市民連合」）の会員は五〇名ほどいるが、会費を支払って会議に参加しているアクティブなメンバーは一五名ほどである。なお、会費は原則会員ごとに月五〇ルピー、年会費をまとめて払うと五〇〇ルピーであったが、唯一夫婦で参加していたSさん夫妻は、夫婦で一人分の会費を納めていた[28]。

ALMのおもな活動は区の月例会議である。会議には、十数名の行政官と十数名のALMメンバーが参加し、市民側が露天商問題、歩道や公園の整備、ゴミ問題について苦言や要請を述べる。区の会議の前には、主要メンバーが持ち回りで自宅会議を開催し、次回の区会議で何を話題にするべきか話し合う。メンバーのなかには単独で「情報への権利」を利用して行政官にレターを提出したり、露天商や道行く人への教育・啓蒙活動を行う人もいた。

ＡＬＭの「招かれた空間」は、誰にでも開かれているという意味での公的な空間ではない。ＡＬＭの月例会議は、選挙時に人数のうえで有利なスラム住民などに比べて、自分たち市民の意見が適切に代表されていないと不満を抱いていたエリート／ミドルクラスに、選挙というチャンネルを通さずに担当部門行政官と直接知り合い、交渉する機会を与えた。実際には、会議で要望を伝えても部署をたらいまわしにされてなかなか対応してもらえなかったり、自分たちが代表しているはずのミドルクラスの地域住民たちの協力が得られないことは多かった。しかし、直接的な運動の効果が見えなくても、人々はＡＬＭ活動に参加することで、都市空間や市民としてのあり方について、新たな文脈を生成している。それは、第四章で述べるように、新しく構築されたウチの領域を維持／拡大しようとする試みであり、また第五章で論じるように、「奉仕」としての市民活動を通して人格の向上を目指す実践である。

筆者は、二〇一一年一〇月から二〇一三年二月にかけて、Ａ地区の区役所での月例会議に四回、活動家の自宅での内部会議に五回参加した。二〇一三年の調査では、市民連盟の主要メンバー一一人の自宅において、おもに一対一でインタビューを行った。全員ボンベイ出身で、男性七名、女性四名である。ほぼ全員が高学歴で（修士号取得二名、博士号一名）、英語で教育を受け、ビジネスや専門職に携わっている（図１‐４参照）。加えて、ムンバイの他の四地区のＡＬＭ／自治会の活動観察と活動家へのインタビュー、そしてＡＬＭ担当のＢＭＣ行政官へのインタビューを行った。

3　市民候補者の選挙運動――「ムンバイ227」

3―1　「ムンバイ227」

アンナー・ハザーレーによる反腐敗運動の熱狂のさなか、二〇一二年二月のムンバイ市議会議員選挙に向けたキャンペーンでは、政党に属さない、したがって「非政治的」でクリーンな「市民候補者」を支援する複数の団体が活動した。これは、「ミドルクラスの運動」としてメディアで注目を集めた反腐敗運動の機運に乗り、数の上で不利であり、ミドルクラスが関心を示さないとされてきた選挙政治の領域にまで踏み込んでシステムを変えていこうという試みであった。なかでも大規模だったのが、二〇一一年に設立された「ムンバイ227」と呼ばれる団体である。私がこの活動について知ったのは、ALMのSさん宛に集会を知らせるEメールが送られてきたからだった。二〇一一年の一〇月に、ムンバイ227の初期の集会に参加したことをきっかけに、調査を開始した。

ムンバイ市議会は二二七議席からなり、五年に一度の選挙では各選挙区から一議席選出される。約三〇パーセントの議席は指定カーストなどのために確保された「留保枠」となっている。また、二〇一二年の選挙から女性の留保枠が約五〇パーセントとなった[29]。二〇一二年の選挙では、少なくとも五つの団体から、七四名の「市民候補者」が出馬した。この新しい動きを新聞やテレビは大きく取り上げたが、結局当選した「市民候補者」は一名だけだった[30]。選挙結果は、前回の二〇〇七年に引き続き、ヒンドゥー右派のシヴ・セーナーとインド人民党同盟の勝利となった[31]。市民候補者は選挙において大きなインパクトを与えたとはいえず、その後の選挙でも「市民候補者」の目立った動きはない。しかし、この市民候補者の運動を通して示された市民のあるべき姿は、矛盾や葛藤を含みながらも人々に共有されていると考えられる。

ムンバイ227のキャンペーンサイトは、市の現状について、「腐敗がはびこり、アカウンタビリティはなく、公費は無駄にされ、公共空間は消えつつある」と指摘する。そのうえでムンバイ227の「ミッション」として、「高いインテグリティを有し、イノベーティブな思考ができる良い人々をシステムに入れることで、ガヴァナンスにトランスパレンシーとアカウンタビリティをもたらす」と掲げている[32]。ここでビジネス用語をちりばめて表現されているのは、反腐敗運動、ひいては反留保運動とも共通する「能力主義」である。さらには、「高いインテグリティ」という言葉が示すように、問題の核心は人の気質にあるという、美化キャンペーンでも示された考え方が示されている。「良い人々」をシステムに送り込んだら、システムも良くなるとされており、かつ、「良い人々」というのは、性格や能力といった個人の問題とされるのである。

ムンバイ２２７の中心メンバーのほとんどは、これまでＮＧＯやその他の社会活動にはかかわったことがなく、建設会社経営者、投資家、科学者などの実業家や専門家の集団であった。活動の動機を尋ねると、複数のメンバーが、二〇〇八年一一月のムンバイの同時多発テロを経験して、社会を変えるために立ち上がろうと思ったと答えている。その後、二〇〇九年の下院（Lok Sabha）選挙で、小規模政党（Professionals Party of India, PPT等）や無所属の候補者として立候補した人や、キャンペーンに参加した人が集まり、ムンバイ２２７が結成された。

ムンバイ２２７の組織は、この立ち上げにかかわった中心メンバーからなる事務局（九名）、「著名な市民」からなる選考パネル（一五名）、専門家からなる顧問（九名）とボランティアによって構成されていた。なお、事務局と顧問にはそれぞれ別地区のＡＬＭメンバーが参加しており、ある顧問は「汚れとの戦い」キャンペーンの評価者の一人だった[33]。

ムンバイ２２７は、団体が支援する「市民候補者」の選出方法にもっとも力を注いでいた。候補者の選出には、事務局メンバーは直接関与せず、運動に賛同した外部の人材育成（human resource, HR）企業、Ｇ社にアウトソースされた。これは、プロセスの公平性を保つためであり、候補者を効率的かつ科学的に選出するためだとされた。さらには、グローバル企業の人事部のように人材を選考すれば、優秀な「市民候補者」を見極めることができるという考えにもとづいていた。具体的には、二〇一一年のある日、Ｇ社社長と出会ったムンバイ２２７のコア・メンバーのひとりが、社長に運動への参加を依頼して実現した。

ムンバイ２２７の理念に共感し、市議会議員になろうと志望する無所属の候補者は、ウェブサイトから申請書を提出し、Ｇ社による書類選考と「心理計測アセスメント（psychometric assessment）」による選考を経て、面接を受ける。面接に通れば、ムンバイ２２７公認の候補者となることができる。ムンバイ２２７事務局によると、合計約一八〇名の申込みがあり、選考を経て市議会選挙に立候補した「市民候補者」は五四名だった。こうして選ばれた「市民候補者」には、G社による服装や話し方などのソフト・スキルの研修や、マラーティー語での公文書の書き方講習などが行われた。新自由主義的な企業家像を理想とし、新しい「インテグリティ」を持った候補者を選び育てることを目指した運動は、インドの都市部における自己への働きかけ方のひとつの方向性を示している。

ムンバイ227については、二〇一一年の一〇月以降に調査を開始し、選挙期間中は集会やイベントへの参与観察（八回）と参加者への聞き取り、活動家へのインタビューを行った。さらに、選挙から一年が経過した二〇一三年の調査で、活動を振り返ってもらう形で、事務局メンバー、支援者、候補者へのインタビューを行った（計一六人）。

3—2 「心理計測アセスメント」講座

二〇一三年一月に、G社の代表に初めてインタビューをした数日後から、会社が主催するさまざまな講座の案内がほぼ毎月Eメールで届くようになった。ソフト・スキルやコミュニケーション・スキル、リーダーシップなどの「公認」トレーナーになるための講座や、仕事の効率性向上のための講座のなかに、「心理計測アセスメント資格者になる（Become Certified Psychometric Assessor）」と題されたコースがあった。

二〇一三年の九月に、私はG社内で行われた「心理計測アセスメント」講座を受講することにした。G社の講座は三日間（一〇時～一八時）で税込四万二六九七ルピー（当時約六万七〇〇〇円）という高額だった。期間中、参加者は連日複数のテストを受け（全一六種類と謳われていたが、実際は一〇種類）、スコアを計算して、のちに解説を学んだ。(34) 各テストの「原本」も配布され、講座修了者には心理計測を行う資格が付与された。講義は「インドNo.1、トレーナーのトレーナー」の肩書きを使っている五〇代男性のG社代表が行った。この回の参加者は二〇代から四〇代くらいの七名、内男性三名、女性四名（G社の新人一名と筆者を含む）であった。外部参加者はすべて企業の研修や人事のマネージャーであり、そのうちの数名は会社が費用を負担して講座に参加していたが、自費での参加者の方が多かった。これまでも類似のワークショップを受けている人が多く、二名の参加者は以前も同じ社長の講座を受けたことがあると語った。

二〇〇〇年以降、G社は年に四、五回この講座を自社で開催しており、依頼された企業に出向いての出張講義も行っている。G社社長の言葉では、「一〇〇以上のグループ、七～八〇〇人にこのプログラムを行った」とのことである。

筆者は、G社の「心理計測」の三日間の講座を修了し心理計測アセスメントを行う資格を獲得したのち、二〇一四年九月には三カ所で補足調査を行った。まずはムンバイで、G社とは異なり精神科医が主催し、心理カウンセラーが講師を務めた心理計測の講座を受講した（受講料は三日間で六〇〇〇ルピーであり、一二のテストの実施と解説が行われた）。また、デリーで個人講師が行っている二つの自己啓発の講座（一〇日間のコースと一日のコース）に参加した。すべての講義と資料の言語は英語であった。

＊＊＊

以上が、本書で取り上げるおもな事例の背景である。第三章以降では、ここで記述したプロジェクトの関連する事例を横断的に組み合わせて議論を展開していく。事実関係については、本文を読み進めながら、本章で示した概要を適宜参照していただきたい。

第二章　市民社会と政治社会——複数の統治の相互関係

具体的なフィールドの事例に入る前に、市民社会と政治社会の関係について整理し、本書の理論的枠組みを明確化しておきたい。まえがきでふれたように、私たちが日本で用いている「市民社会」という言葉には、国家のルールに従う規律的な社会、国家を外側から監視する諸団体、国家の規制を受けない経済領域など、相互に矛盾する複数の意味が込められている［植村 二〇一〇］。この規範的な用語の多義性と扱いにくさが、市民社会について考えること自体を困難にしているといえよう。そしてこの状況は、日本に限られたことではない。

たとえば、経済自由化後のインドでは市民社会が活発化してきたといわれる。これは一方では、資本主義化とブルジョアの形成により市民社会が成立するという近代西欧のモデルを用いて、新興国インドを発展軸に当てはめる議論である。また他方では、グローバル化と新自由主義が浸透するなか、これに対抗する力としてグローバル市民社会に希望を見出す立場もある。前者の市民社会は国家から独立した市場経済の領域を指し、後者は国家とも市場経済とも区別されるさまざまな市民団体のネットワークの領域を指している。

市民社会のはらむ矛盾は、この用語の歴史的変遷と意味の広がりに依拠している。序論では現代インドの人々のあいだで「市民とは誰か」という問題が表面化していると述べたが、これは「市民社会とは何か」という学術的な論争とも無関係ではない。したがって本章では、まず西欧の政治哲学的文脈における市民社会論のポジションを、二項対立的な諸関係における位置づけという観点から論じる。その後再びインドに視点を戻し、市民社会と政治社会の関係を、言説や制度やそれらをつなぐアナロジーに焦点を当てながら探っていく。

一　市民社会のポジション

1　諸関係のなかの対抗的市民社会

南アジア政治学者のスディプタ・カヴィラージは、近代西欧における市民社会概念を、非西洋の視点から描きなおすという試みを行っている。そのなかで彼は、市民社会概念が、さまざまな二項対立をもとに、何かの反対語として、とくにその時々の政治的状況において抑圧的な構造や好ましくない状況に抗するための概念として、練り上げられてきたと論じる［Kaviraj 2001］。ここでは、カヴィラージが重要な対抗軸とする「自然状態」、「国家」、「共同体」との関係から市民社会論を振り返る(1)。まず、「市民社会（civil society）」という言葉は、アリストテレスにおける「国家＝ポリス」の訳語として一六世紀末に英語に導入された。一七世紀の社会契約論においては、「自然状態」と区別される国家共同体の同義語として市民社会が用いられた(2)。一八世紀には、市民社会は、古代人や未開人の社会に対して、近代人の文明社会として位置づけられた［cf. ルソー 二〇〇八］。このように当初、市民社会は国家を意味していたのであるが、その後一九世紀のドイツにおいて、「国家」とは明確に区別される領域として経済的領域が概念化された。ここにきて「国家」が対抗軸になったのである。ヘーゲル［二〇〇一］は、家族とも国家とも区別される、市場の競争の領域として市民社会を位置づけた。この区分はマルクスに引き継がれ、市民社会は資本主義社会における階級社会を指すものとされた。カヴィラージが重要だとする第三の対抗軸は、政治や経済の領域とは区別される社会の領域を想定した近代社会学による、「共同体（ゲマインシャフト）」に対するゲゼルシャフトとしての市民社会である。後述するように、チャタジーらに代表されるインドにおける市民社会の議論においては、家族やカースト、宗教などのさまざまな集合体を含む共同体の概念がひとつの鍵となる。(3)

さらに、今日一般的に用いられている市民社会は、一九八〇年代前後に再活性化された概念でもある。この現代的な潮流としては、東欧のポスト社会主義国家における、国家の行き過ぎた支配に対抗する市民社会という構図がある。ポーランドの「連帯」に代表される民主化運動において、国家主義に対して、政治的な自由および私的所有権と市場を支持する概念として市民社会に注目が集まった。さらに東欧の影響を受けた西欧では、異なる政治的立場の人々が国家に抗する市民社会に希望を託しはじめた。(4)新自由主義的な政策が浸透し、福祉国家が衰退していった一九九〇年代以降には、福祉国家が担っていた役割を補完するためにも、非国家的結社のネットワークとしての市民社会に期待が寄せられた。加えて、ユルゲン・ハーバーマスによる市民的公共性の議論が注目を集め、「社会的なもの」の拡大と資本主義的アトミズムによって衰退した政治的な議論を行うための公的領域を復活させるという希望を込めて、市民社会の活性化が求められた［ハーバーマス 一九九四、Kaviraj and Khilnani 2001; Khilnani 2001］。「南」あるいは「第三世界」においても、さまざまな概念がこの市民社会という言葉に込められている。(5)国際援助機関は、第三世界の国家を介さずに彼らが市民社会とみなす諸団体（企業、教会、労働組合や非営利団体など）と直接交渉することを好んでいるため、援助の受け皿としての政治的に正しい市民社会という領域が出現しているといえる［Khilnani 2001］。

このように、その時々のポジションは異なるものの、二項対立における何かのカウンター・ポジションとしての、また社会の発展段階を位置づけるものとしての、規範的な価値を帯びた市民社会の概念が生成されてきた。ただし、このように複雑に派生と拡張を続けてきた市民社会概念を、今日、二項対立的な図式で理解することはできない。そこで、以下では相互作用という点に焦点を当てて市民社会を考えてみたい。

2 相互作用から現れる市民社会

人類学においても、東欧の体制変換を契機に市民社会や公共性に関する研究が活発化し、非西欧社会における民主主義や自由市場にまつわる概念の（再）流入と社会変容についての議論が展開されてきた。規範的な負荷が強いため厄介な市民社会というトピックを扱うにあたって、人類学者は「ローカル」な現場における具体性に焦点を当て、元の文脈から離れた概念の当該社会における受容と実践に焦点を当ててきた［神原 二〇一五］。方向性のひとつには、市民社会を形成する多様な「アソシエーション」の実践に注目し、さまざまな社会にすでに存在している共同性を、西洋的規範にもとづく「市民的なもの」とは異なる「対抗的」あるいは「サバルタン的」な「公共性」として理解しようとする研究がある［中島 二〇〇五、西 二〇〇九］。もうひとつには、市民社会を規範的な概念や実体的な機構とみなすのではなく、現地の人々がどのように市民社会という用語や象徴を（時には現地概念に置き換えて）理解し、再解釈しているのかを分析する手法がある［Hann and Dunn 1996; Verdery 1996］。本書では、基本的には後者の方針を取り、ムンバイの市民活動家の事例を通した「ローカル」な市民社会の理解を試みる。ただし注意すべきなのは、「ローカル」な市民社会は元の文脈から切り離されたうえで土着の発展を遂げたものではなく、そこにはこれまで概観してきた諸関係に位置づけられる市民社会概念とそれに付随する規範性が織り込まれていることである。これは、以下で論じていくように、西欧の概念に深く関与してきたインドにおいては顕著である。

現代インドにおける市民社会を考えるにあたって、フーコーの議論は示唆に富んでいる。フーコーは、市民社会は一九世紀以来の哲学的、政治的な言説において、「統治、国家、国家機構、制度などに対し、自分を認めさせ、それと戦い［……］そこから逃れるような現実として参照されてきた」という［フーコー 二〇〇八：三六五］。ところが現代の市民社会は、何かに外側から対立するものではなく、それに対して統治術が行使されるような、ひとつの新たな参照領域である。遍在する自由主義的な統治が、ホモ・エコノミクスが住まう市民社会を、統治するものとされるもの双方の自己制限を目指しながら運営する。ここにおいて、市民社会は近代的統治テクノロジーの一部をなすものとなる［フーコー 二〇〇八］。このようにフーコーは、一九八〇年代前後に西欧で盛り上がっていた、国家という悪の権力に抵抗する活気に満ちた良き市民社会という構図に対して、国家と市民社会はいずれも自由主義型統治技術が必要とする「相互作用による現実」の一部なのだと論じた［フーコー 二〇〇八、箱田 二〇一二］。さまざまな二項対立を前提とした対抗的かつ規範的市民社会概念に対して、フーコーの指摘は、「統治者と被統治者との境界面」に生まれる「相互作用的で過渡的な諸形象」として市民社会を捉えることを可能にした［フーコー 二〇〇八：三六六］。本書では、このフーコーの議論を参考にしたうえで、自由主義的な統治の領域に収まりきらない市民社会の形象について探究していく。人類学的な研究は、（新）自由主義が浸透した時代においても、権力の諸関係との相互作用にはさまざまな枠組みがありうることを指摘している。以下で詳述するように、チャタジーは、インドやその他の非西洋において、自由主義的統治の空間としての市民社会の領域は非常に限定的なものだとし、「市民」ではなく「統治される者」たちの政治実践の領域を「政治社会」として論じている［Chatterjee 2004］。また、アイファ・オングは、アジアの国家の内外では、単一の統治空間がすべてを包み込んでいくのではなく、複数の権力や管理体制が多様に配分されて併存することで、むしろ統治からはみ出す隙間が生じていることを示している［Ong 2006; 中川 二〇一四も参照］。

さらに、こうした複数の統治実践の併存は、チャタジーが市民社会と呼ぶ領域の人々の実践にも見出せる。これらの異なる統治の領域は、重なり合ったり、視点によって一方が他方を覆い隠したりしながら、部分的につながっている。現代インドにおいては、国家から自由な領域とされながら、実は自律的な個人を作り出す権力の内側にある市民社会と、国家権力の統治対象として形成されながら、それを利用して要求や交渉を行う政治社会が、重なり合い、影響を与え合いながら生成している。たとえば市民社会の名の下に腐敗を批判するさい、その理屈に政治社会的な関係性が埋め込まれていたり（第三章）、自律した個人としての市民の責任に訴えて都市の美化運動が行われるさい、「奉仕」などの異なる論理がその原動力となったりする（第四章、第五章）。本書では、この相互作用を、異質なもの同士の部分的なつながりとして分析していく。

二　政治社会のポジション

まずは、相互作用を可能にする政治社会のポジションを確認しておこう。サバルタン研究者は、西洋の概念に深くコミットしながらも、それに対抗することで、独自の理論を構築してきた。異質なもの同士のつながりには、概念を生成する研究者も部分的に接続されている。人文社会科学者は、特定の相互作用や権力の諸関係を見出し、名づけ、位置づける仕事を行うが、その仕事によって、新たな関係を生み出してもいる。カヴィラージとスニル・キルナニは、固有の歴史における政治的圧力が、政治理論や概念のオリジナルな使用を導き出すという。そのため、「政治的思考は、落ち着いた、秩序だった知的内省ではなく、ときに知的に切羽詰った行為（an act of intellectual desperation）」となる［Kaviraj and Khilnani 2001: 3–4］。ここには、何らかの実体的で経験的なデータをもとに、研究者が外側から抽象的で普遍的な理論化を行うという認識とは異なり、歴史や環境に埋め込まれた「行為」としての理論化に注意を向ける必要が示唆されている。こうした観点から、以下では、市民社会という概念に取り組んできたサバルタン研究グループに焦点を当て、「西洋」と「インド」の知的相互作用のなかで特定の市民社会概念が練り上げられてきた過程を考察する。

1　サバルタン研究を経由して

初期のサバルタン研究(6)（一九八二年創刊）は、アントニオ・グラムシの用語「サバルタン」を、階級のみではなくカーストや年齢、地位など下位の従属状況にある人々を示す一般的な言葉として用い、サバルタンの主体性に焦点を当てることでエリート主義的な歴史記述を乗り越えることを目指した［グハ 一九九八］。シリーズの創始者であるラナジット・グハは、植民地下の東ベンガルの農村で生まれ、カルカッタで歴史学を学び、マルクス主義に傾倒してインド共産党の活動にかかわった。その後イギリスで教鞭をとり、一九七〇年代から研究者仲間や院生とサバルタン研究プロジェクトを開始した。当時のインド知識人のあいだでは、農民の武装闘争であるナクサライト運動（マオイスト運動）の弾圧やインディラー・ガーンディーの強権政治などを受け、独立インドの民主化は失敗だったという絶望感が広がっていた［井坂 二〇〇二、田辺 二〇〇九、Chakrabarty 2013］。こうした状況のなか、グハは、民衆革命はなぜ「失敗」したのかを解明するため、農民の反乱に注目した。そして彼は、従来の歴史研究における農民反乱が、物理的苦痛に対する本能的・無意識的な反応として、あるいはエリートや指導者の扇動への反応として記述されてきたことを指摘する。すなわち農民は、自ら考え行動する政治的主体ではなく、飢饉が起これば自動的に反乱を起こし、指導者に煽られればそれに乗る存在として描かれてきた。グハはこれを批判し、民衆の根本的、伝統的な意識や信念などの「文化」、そして「民衆の政治」を探究するという問題意識を掲げた［グハ 一九九八］。しかし、このような初期サバルタン研究は、のちに、集団としてのサバルタンの自律性を前提として理想的な実体化を行っているとされ、知識人によるサバルタンの代理表象について疑問が提示された。さらにサバルタン研究は、自らが批判の対象としたはずの西洋的な歴史観やリベラルな人間観を支える、自己決定を行う個人としての主体性をサバルタンに付与したと批判された［O'Hanlon 1988］。

後期サバルタン研究の契機となったガーヤトリー・スピヴァクは、サバルタン研究を「脱構築」の仕事［スピヴァク 一九九八a］として、また「フーコーの歴史学」［スピヴァク 一九九八b］として、位置づけなおした。すなわち、それまで発展段階の移行として描かれてきた歴史を、サバルタン自身がエージェントとして引き起こす記号体系の変化として、その積極的な相互作用（active transaction）に焦点を当てて読み直すことにこそ、サバルタン研究の意義があると論じた［スピヴァク 一九九八a］。その後サバルタン研究は、エドワード・サイードに影響を受けたポスト植民地主義の学問的流行のなかで注目を集めた。しかし、後期の展開においては、主体が権力によって構築されるという側面が強調され、サバルタンの声を回復するという初期の指針を失い、言説分析や「エリート研究」に矮小化されたという批判を受けた。さらに、一九八〇年代以降のヒンドゥー・ナショナリズムの台頭のなかで、サバルタン研究が共同体や宗教的価値を称揚していることも批判の対象となった［井坂二〇〇二、田辺二〇〇九］。

サバルタン研究が権力と主体性の問題を探究していく背景には、研究者が置かれていた状況がある。シリーズ立ち上げ時期からのメンバーだったチャタジーとチャクラバルティは、サバルタン研究の三〇年を振り返るそれぞれの講演で、一九七〇年代の時代の空気と自分たちの若さがこのプロジェクトに与えた影響について言及している［Chatterjee 2012; Chakrabarty 2013］。当時すでに二〇年ほどの教員生活を送っていたグハを除いて、創設メンバーは若手男性研究者の集まりだった(7)。チャタジーは、研究資金がないなか、二等列車で移動したり、お互いの家に寝泊まりしたりしながら、さまざまな学問的潮流を寄せ集めて、デリーの大学で「卓球の世界大会のラリーのような」激しい議論を交わしあったことを回想する。この青年たちに対して、グハは、個人の政治的な嗜好にかかわらず、学界の内部で戦い続けるよう指導した。ラディカルな主張を行うためには、既存の専門的な規範にはすべて徹底的に従い、粗悪な学問呼ばわりされることだけは避けるよう、言い聞かせたという［Chatterjee 2012］。こうして、自ら西洋的学問規範の内部に留まりながら、そこからの拡張としての理論化が行われていった。

チャタジーやチャクラバルティは、後期サバルタン研究において、サバルタンの声が抑圧され断片化されてきた状況を説明するための植民地主義研究やインド人エリート・ナショナリスト研究を牽引していった。さらには、自分たちが研究者として西洋の学問的枠組みと言語を用いて議論するしかないという状況について思考を進めたうえで、ヨーロッパを普遍的な中心とするのではなく、固有の歴史を持つ具体的な一地域としてみなすこと、すなわち「ヨーロッパを地方化する（provincializing Europe）」［Chakrabarty 2008］という課題を掲げていく。市民社会のルーツを論じたチャールズ・テイラーの論文［Taylor 1990］に対する返答論文で、チャタジーは市民社会を普遍概念として洗練させて非西洋の事例もそこに組み込めるようにするのではなく、市民社会という概念を「本来属しているべき場所――西欧の社会哲学という田舎（the provincialism of European social philosophy）――に送り返したい」［Chatterjee 1990: 120］と宣言した。こうして、市民社会や市民は、インドからの近代西洋批判の焦点のひとつとなっていく(8)。そこでは、一方でこうした枠組みは植民地期に構築されたものだと主張しつつも、同時に「西洋と非西洋／インド」、「近代と反近代／伝統」という対立軸にもとづいた議論が展開された。そして、西洋における「個人と市民社会」という枠組みに対して、インドにおける親族やカーストといった愛着と結束力の強い共同体を基盤とした社会のあり方が強調されていく［Chatterjee 1998; Kaviraj 1997, 2003］。チャタジーは、市民社会の概念を限定的に扱うことで、いいかえると、新たな分断と接続を介したつながりを作ることで、市民社会とは異なる政治社会という概念の作成を可能にした。

2　インドの政治社会

チャタジーによる政治社会を検討するにあたって、まずは、インドにおける市民社会の可能性を論じるアパドゥライの議論との対比をみておきたい。グローバル化の理論で知られるアパドゥライは、現代インドを捉えるためには「パブリック」という言葉を西洋の文脈から切り離すことを提案し［Appadurai and Breckenridge 1995］、トランスナショナルな草の根の市民社会を概念化する議論を牽引してきた。アパドゥライは、グローバル化の下で国民国家の枠組みが揺らぎ不確定化が進む現代において、亡霊とユートピアがはびこっているという。どちらも国民国家のような強固な枠組みに支えられた「脊椎型」ではなく、グローバル資本にみられるような流動的な「細胞型」である［Appadurai 2006（二〇一〇）］。細胞型は、政治的ヴィジョンと偶発性に左右されやすく、テロリズムや暴動につながる可能性がある一方で、グローバルな連帯を可能にする「深い民主主義」にもなりうる民の国際ネットワーク」のムンバイ拠点でのＮＧＯやスラム住民組織の活動は、そうした市民社会を現実にしようとする人々の営みだという［Appadurai 2001］。

アパドゥライの問題意識は、国民国家を前提とした既存の人文社会科学の枠組みや思考法は、現代社会を捉えるには不十分だというところにある。そのため彼は、「わたしたちはネーションを超え出るための思考をしなければならない」(9)［Appadurai 1996］と呼びかける。チャタジーは、この呼びかけに対してチャタジーは、「ネーションの中」をみるべきだと答えている［Chatterjee 1997］。チャタジーは、アパドゥライに代表される「グローバル市民社会」の議論は、国家を外側からチェックする近代西欧的な市民社会論のポストコロニアル版の延長だと指摘する。さらには、非西洋の実践を含められるようにするため市民社会概念を更新することも［cf. Appadurai and Breckenridge 1995］、異なる実践を西洋の枠組みに還元してしまうことだとして反対する。そのため、市民社会は、ヘーゲル・マルクスによるブルジョア社会の意味に留めておくことがより有効なのだという。この意味で、インドにおける市民社会は、植民地期にナショナリスト・エリートが「西洋近代の形式と本質の両方」を複製することを目指して、ナショナルなプロジェクトとして作り上げた領域である［Chatterjee 1997: 32］。ところが植民地期以降、インドにおける実際の「公衆（public）」がエリート市民社会の要求する水準に達することはなく、市民社会の組織は、公衆による自由な結社というよりも、公衆への教育活動（ペダゴジー）を担ってきたと指摘する［Chatterjee 1997: 32］。今日のインドにおいても、「住民のほとんど」は「まっとうな市民（proper citizen）」とは考えられておらず［Chatterjee 2004］、「まっとうな市民」は、その他の人々を教育する使命を自負している。

チャタジーは、国民国家の枠組みが問われているというなら、その構成要素を再検討すべきだとし、近代西洋に限定的な市民社会ではなく、世界各地における「政治社会（political society）」に可能性を見出している。チャタジーのいう政治社会は、国家的な統治機構や政党政治の領域に留まらず、国家により良く統治されることを要求する民衆政治の領域を指す。法の遵守と私的所有を前提とする市民社会に対して、チャタジーが政治社会の一例とするのは、カルカッタの線路沿いを「不法占拠」する難民や貧困層の人々である。彼らは、生業や居住形態そのものが「良き市民」どころか法の外にある人々であり、自らもその立場を認識したうえで権利を主張する。さらに（不平等な現状において自分たちに与えられていない）権利を主張するにあたって、政治社会においては、時に「違法」な実践を含む、さまざまな策略、抵抗、領有を用いた集団間の調停が展開されている。政治社会を形成する諸集団は、独立後のインドにおいて選挙民主主義が拡大して票田の重要性が増し、開発主義にもとづく資源分配が浸透していく一九八〇年代に、政策の対象としての人口集団として力をつけていった。こうしてチャタジーは、自律的な個人ではなく被統治者である民衆による共同体にもとづく政治社会こそが、インドのような非西洋世界の民主主義のあり方を示していると論じるのである(10)［Chatterjee 1997, 2004］。

三　市民社会と政治社会の制度

チャタジーが概念化した政治社会は、近代国家制度との関係によって生まれ、維持されているものである。そこで本節では、今日の市民社会と政治社会を、国家や都市自治体の制度を通して検討する。具体的には、（1）政治社会を支える国家制度のひとつである独立インドの留保制度と、（2）市民社会を形成しようとする現代ムンバイの行政と市民のパートナーシップに焦点を当て、市民社会と政治社会の関係を探っていく。

1　留保制度と反対運動

まずは、インドにおけるアファーマティブ・アクションのひとつであり、「尊厳の再分配（redistribution of dignity）」を通して個人の権利よりも集団間の平等の実現を目指した政策のひとつとして、留保制度を取り上げる［Kaviraj 2003］。

インド憲法では、社会的に「後進」とされる集団の状況を改善し、不平等を是正するための「過渡的な」優遇措置として、高等教育入学、公的雇用、国会と州議席数における留保制度（reservation, quota-system）が定められている。憲法には、「指定カースト（SC）」（「不可触民」／「ダリト」）と「指定トライブ（ST）」が優遇政策の対象となることが明記されており、人口比に即した留保枠が定められている。しかし、憲法に「社会的・教育的後進階層」と表記される「その他の後進諸階級（Other Backward Classes, OBC）」が何を意味するのかについては、解釈が分かれてきた。カースト主義を否定するインド憲法の基本的な立場に沿って、一九五〇年代以降、政府の委員会を通してカーストを基準としない後進性の指標が模索されてきた。しかし、有効な代替案が得られないまま、一九八〇年に提出された「第二次後進諸階級委員会」（マンダル委員会）の報告書は、総人口の約五二パーセントが属する三七四三の宗教／カースト集団をOBCと認定した［De Zwart 2005; 孝中 二〇〇五］。

一九九〇年に政府がOBCへの公務員職留保制度導入を発表したさいは、激しい反留保運動が展開された。さらには北インドを中心にデモや暴動が起こり、大学生を中心とした若者による「抗議」の焼身自殺（self-immolation）に代表される衝撃的なニュースが全国に広がった。[11] 大手英字全国紙[12]は、読者層である、立場が不安定化した上位カーストの不満を代弁する形で、運動初期から反留保を明確に打ち出した議論を展開した。そこでは、憲法で否定したカーストを公的に追認することになる、低カースト内の有力者のみが利益を得る、能力主義にもとづく（merit-based）公正な評価を脅かすものになる、といった主張が展開され、都市のミドルクラスを中心に世論を形成した[13]［押川 一九九四、cf. Kumar 1992］。この時に形成された反留保と能力主義を訴える都市ミドルクラスの主張、そしてそれを批判する左派知識人という構図は、今日の市民運動を取り巻く言説にも強く表れている。第三章で論じる反腐敗運動をめぐる論争は、反留保運動において現れた対立関係が再浮上したものだといえる。

最終的に、一九九二年に最高裁がカーストにもとづく留保の合憲性を認めたことを受け、一九九三年にOBCに留保枠を割り当てる制度が実施された。指定カースト、指定トライブと合わせた全留保枠は五〇パーセント以下とされ、OBCには公的雇用において二七パーセントの留保が実施されることとなった［孝中 二〇〇五］。二〇〇六年にOBCの高等教育機関への入学留保（二七パーセント）を定める留保法が制定され［浅野 二〇〇九］、その後も民間の雇用に留保を拡大させようとする議論が起こるなど［佐藤 二〇〇六］、その都度激しい論争と反対運動を引き起こしながらも留保枠は拡大傾向にある。

留保をめぐる衝突は、再分配政策によって対象集団を実体化し、集団間の不平等や社会の断片化を促進させる「承認のジレンマ」を浮き彫りにした。フランク・デ・ツワルトによると、不平等の是正に取り組む政策上の選択肢には、「適合」、「否認」、「置換」という三つの型がある。「適合」とは、多文化主義や「承認の政治」を体現する政策であり、アメリカ合衆国のように、一般的に認知されているマイノリティ集団を政府がリスト化し、人々が自らの「アイデンティティ」をそれらの集団に一致させる。それに対して「否認」は、フランスの共和主義の理念型に示されるように、特定の集団が利益を得るような再分配を認めない立場である。「置換」は二つの選択肢の妥協案である。すなわち、不利な条件に置かれた集団を対象とした再分配は行うものの、従来の不平等の原因として考えられる社会集団（カースト、民族、人種など）の差異やスティグマの固定化を避けるため、これらの民俗概念の代わりに新しいカテゴリーを導入する。インド政府によるOBCの設定は、カースト間の不平等を解消しようとして逆にカーストを実体化してしまうことを避けるため、「(低)カースト」を「(後進)階級」に「置換」しようとするものだった［De Zwart 2005］。

デ・ツワルトは、インドの留保制度は自由主義と再分配を統合しようとした一九五〇年代の時勢を反映した試みだとし、その後主流となった多文化主義的「適合」に流れこむ結果に終わったと分析する［De Zwart 2005］。たしかに、一九九〇年代初頭にカーストがなし崩し的にOBCの公的基準となって以来、OBCに含まれるカーストのリストは増え続け、高位のカーストを含めた諸カースト集団が自集団に有利となるOBC認定を求める政治的な抗争が広げられている。政府が推進しようとした「階級」の概念は、結局カースト概念を払拭することはなく、各カーストの利益集団化を促した。その一方で、カーストのヒエラルキカルなシステムは、より並列的な集団に変容していったともされる［三輪 二〇〇二］。

留保制度における「置換」は、すでに共有されている人々の集団的アイデンティティを承認する多文化主義とは異なる重層的な状況を生み出している。たとえばOBCは、新たなカースト・アイデンティティというよりは、留保制度に特有のカテゴリーとして実体化している。具体的には、学校や役所で書類に個人情報を記入するさい、留保制度の対象となるカースト以外は、個別のカースト名を申告しなくてもよいことになっている。筆者のムンバイの友人が、私立大学の期末試験のさいに提出を求められた書類には、以下の項目があった（二〇〇九年、言語：英語）。

（1）人種と宗教（Race and Religion）〔　　　　　〕

（2）カーストとコミュニティ（Caste and Community）〔　　　　　〕

＊ SC〔指定カースト〕やOBCに属す場合は明記すること

この書類では、カースト名の記入は必須ではないが、留保の対象となるSCやOBCという属性は明示しなければならないとされている。友人は、（1）に「インド人（Indian）」と記入し、（2）には何も記入しなかった。彼女は、とくに宗教心が強いわけでもないので自分のことをヒンドゥーと呼ぶのもしっくりこないし、カースト主義に反対なのでカーストを明記する意味はないと思っているからだと説明してくれた。さらに冗談めかして「私はバラモンだからカースト名を記入しても何の得もないしね」とつけ加えた。なお、彼女は、カースト記入を求められた場合は、無記入、もしくは「オープン」（SCやOBCではないという意味）と記入することにしているが、カースト名の記入を再度求められるなど問題になったことはないと言う[14]。

留保制度は、公式的にはあくまで最終的にカーストの消滅を目指すなかで、暫定的な措置として今も続けられている。インド国家が「尊厳の再分配」を目指した留保制度は、特定のカースト集団を再構築するとともに、OBCなど留保制度に特有のカテゴリーも作り出してきた。これらのカテゴリーは、「被統治者」としての権利を要求する「政治社会」の基盤の一部を形作ってきた。理念的にはカーストによる不平等をなくし、アファーマティブ・アクションを通じて平等な市民を作ることを目的とした留保制度が、実践のうえでは政治社会を形作る一因となったのである[15]。

2　都市自治体における「パラレル構造」？

ここでは、市民社会と政治社会の概念的な区分が、どのように現在の都市自治体（municipality）のシステムに組み込まれているのかを確認したうえで、両者のつながりを検討する。これまでみてきたように、チャタジーは、政治社会の特徴を説明するにあたって、西洋と非西洋の差異を強調してきた。それに加えて、あくまでブルジョア市民社会に対立するものとして、政治社会の構成員を、農民、職人、都市のインフォーマル・セクターの労働者など貧者に限定している［Chatterjee 2008: 53］。市民社会と政治社会の対立を、「ミドルクラス」と「貧困層」、「エリート」と「サバルタン」の対立に当てはめるチャタジーの分類は、インド研究者のあいだで広く受け入れられているのみならず、都市自治体における政策にも現れている。

その一例として、近年のインド都市自治体における官民協働をみてみよう。第一章（三―2）で概要を述べたように、近年のデリーやムンバイの都市自治体は、行政と市民のパートナーシップ事業を進めている。これは、地域の課題に市民が取り組むことによって「良き統治」を目指すという、ポスト福祉国家時代の西欧的な発想にもとづいたものであり、国内外の評価も高い[16]。しかし、デリーの「パートナーシップ政策（Bhagidari Scheme）」を調査したガートナーによると、こうした事業は、選挙民主主義の領域とはパラレルな、ミドルクラスの住宅所有者団体に有利な市民の領域を作り出し、政治参加における「ジェントリフィケーション」を進めるものである。パートナーシップ事業からみえてくるのは、市民社会と政治社会が、単に既存の階級を記述するためのカテゴリーではなく、インド国家が今日に至るまで、形を変えながら作り続け、維持し続けている枠組みだということだ［Ghertner 2011a］。

ムンバイ市においても、住民参加を促す「招かれた空間」が、政治社会と市民社会に対応する政治領域と行政領域のそれぞれに作られ、「パラレル構造」を示していると指摘されている。政治領域においては、一九九二年の地方分権化と留保制度による女性や低カースト への割り当て議席拡大に加え、「区委員会[17]（ward committee）」が設置された。他方、行政領域においては、一九九〇年代半ばに「先進的地域管理（ALM）」が設置された［Baud and Nainan 2008; Singh 2012］。

政治領域においては、留保制度によって各選挙区で選出される市議会議員の属性が多様化し、地方分権化で権限が増した。区委員会では、市議会議員、NGOのメンバー、行政官の話し合いがもたれる。この区委員会は、各区を代表する議員を通して、非公式的にスラム住民の要求にこたえてきた。具体的には、水道や電気など基礎的なインフラを提供したり、警察の取り締まりや「グンダー」（ヤクザ者）による嫌がらせからスラム住民を保護してきたことが報告されている。議員選出には女性や低カーストへの留保枠があり、議員に任命されるNGOメンバーは実質的には政党員であることから、区委員会は「票田」である「低所得者層」のチャンネルとして理解される［Baud and Nainan 2008; Singh 2012］。すなわち、ムンバイ市の政治領域における「招かれた空間」は、サバルタンがより良き統治とサービスを要求する政治社会の一部を形成している。

ところが、近年の新しいミドルクラス市民の運動実践に目を向けると、そこにも、被統治者が集団や関係性の論理で要求を行う政治社会的な特徴が指摘できる。以下でみていくように、政治社会は、サバルタンなどの階級的分類に留まらず、市民社会とは異なる原理やモラルが前提とされている領域だと考えられる。

ムンバイのミドルクラスは、政治社会を汚職やポピュリズム、非効率性と結びつけ、自分たちの声は反映されないと主張する。ムンバイ市の行政領域における「招かれた空間」としてのALMは、こうしたミドルクラスの不満にこたえる窓口という機能を持つ。ガートナーの論じたデリーの事例と同様に、ALMの活動も、選挙で選ばれた議員を飛ばしてミドルクラスが都市行政と直接交渉することを制度的に認めるものであり、地方分権化で目指された多様な人々の声を政治に反映させるという理念に反すると批判されている［Singh 2012］。同様にチャタジーも、この傾向に批判的なコメントを寄せている。すなわち、市民社会を形成するミドルクラスはすでに有利な立場にあるにもかかわらず、彼らの不満にこたえて（ALMのような）新しい制度が作られている。こうして新しく加えられたチャンネルを介して、ミドルクラスは、官僚と話をつけたり、メディアや司法制度に訴えるという、さらに便利な手段を獲得しているという［Chatterjee 2008］。

以上をまとめると、現地の理念や議論においても、制度や実践においても、共同体／人口集団と選挙民主主義を軸とする政治社会は、市民社会の対抗軸として捉えられてきた。しかし、パートナーシップ事業が示すように、この市民社会は、行政が新しい政策として作り上げているものでもある。こうして行政が設定した市民社会の領域に限定的に「招かれ」た「ミドルクラス」は、新自由主義的な統治の対象となっている。さらに、チャタジーらの批判がすでに示しているように、そこで市民が行っていることは、集団によるコネと交渉を用いた政治社会的な実践なのである。市民社会の領域を作ろうという行政や住民の動きがある一方で、市民社会の実践には政治社会が入り込んでいる。そして、政治社会において貧困層が隙間だらけの官僚制に向き合うなかで汚職や人間関係を駆使して生存を図っているように、次章以降で検討する市民社会の事例からは、国家がミドルクラスに与えたこのチャンネルも隙間だらけであることがわかる。すなわち、両者は先行研究が示したようにパラレルなのではなく、部分的につながっている。この状況を理解するために、次節では、インドにおいて政治社会的なモラルがどのように形を変えながら拡張してきたのかを検討していこう。

四　政治社会と生モラル秩序

政治社会という概念は、市民社会概念には収まりきらない近代インドの現状を捉えるためにチャタジーが提出したものであった。その一方で、政治社会概念で表されている関係や実践には、これまで人類学においてカースト・ヒエラルキーとして描かれてきた原理やモラルが反映されている。本節では、チャタジーの議論を過去の関係性にまで引き延ばして検討する。すなわち、植民地期のパトロン・クライアント関係や、それ以前の統治体制である「生モラル秩序」との関係に位置づけることで、政治社会の文脈を明らかにしていく。

1　政治社会とパトロン・クライアント関係

西欧近代的な個人の権利にもとづいた市民社会に対して、政治社会は共同体の論理で要求を行う。こうしたインドの政治社会の理解には、インドにおいて変容を続けてきたパトロン・クライアント（ジャジマーニー *jajmānī*）関係の文脈が重要となる。この関係は、農村における職人や奉仕カースト（カミーン *kamīn*：大工、床屋、楽師、清掃、バラモンなど）とパトロン・カースト（ジャジマーン *jajmān*：農業、地主などの「支配／供儀カースト」）のあいだで交わされる、カースト世帯ごとの世襲的権利にもとづく特定の仕事（奉仕）の提供と、慣習的に決められた一定の報酬供給のやり取りを指す。たとえば低位の奉仕カーストが、高位カーストの世帯へ奉仕（洗濯など）を行うことで、それに見合った配分（米など）を受けるものである［田辺 二〇一〇、山崎他 二〇一二］。

独立後のインドの都市部では、こうした農村部の関係から派生して、地域の有力者が貧困層の面倒を見るという新しいタイプのパトロン・クライアント関係が登場し、その後の政治社会につながっていった。チャタジーは、政治社会が伝統的なパトロン・クライアント関係と一見似ていると思われるだろうと予測したうえで、その違いを強調する。なぜなら、チャタジーのいう政治社会には、近代国家的な統治に特有のカテゴリーである「人口集団」という単位が前提となるからである。カーストを基盤としたジャジマーニー関係と比べると、人口集団を基盤とした政治社会では、スラム居住者や難民など市民権を持たない人々が、ゼロから集団を形成することで統治主体に政策の単位として認めさせて、配分を要求する。ただし、こうした寄せ集めの人口集団に所属する人々は、自らの属す集団を共同体や親族のメタファーで説明してきた。ここで重要になるのは、伝統的な共同体の構造を糧とする想像力が、自律と平等な権利という近代国家と市民社会における解放のレトリックと結びついている点である(18)［Chatterjee 1998: 282, 2004: 55-57］。すなわち、従来のパトロン・クライアント関係は、市民社会的な論理を一部取り込むことにより、政治社会を形作ることになった。

2　パトロン・クライアント関係と生モラル秩序

チャタジーは、政治社会とパトロン・クライアント関係を比較し、その差異を論じている。しかしそこから読み取れるのは、政治社会における要求の政治は近代国家の下で突如として現れたものではなく、「伝統的」なパトロン・クライアント関係という文脈が新しい制度のもとで組み替えられてきたということである。ここではさらに文脈を掘り下げ、植民地期に形成／理論化されたパトロン・クライアント関係と、サブスタンス＝コードのやり取りからなる「生モラル秩序」との関連をみていきたい。

インド農村部のカースト社会を対象とした人類学研究においては、「身体、人格、親族、カースト、食物、土地、地域共同体、王権」のすべてが「サブスタンス＝コード（substance-code）」のやり取りによってつながり、形作られていくことが論じられてきた［田辺 二〇一〇：二五七、Bayly 1998; Marriott 1976］。序論でみたように、こうした議論の重要な参照点であるマリオットは、西洋における「自然」と「法」に対応する「サブスタンス（物質）」と「コード（行動規範）」が、インドでは相互に分けられない「サブスタンス＝コード」であるとし、サブスタンス＝コードのやり取りによって形成される人間を「分人（dividual）」と呼んだ［Marriott 1976］。

同様に、アパドゥライとキャロル・ブリッケンリッジも、やりとりのネットワークに注目する。彼らが示すのは、南インドの寺院における主権者としての神格[19]を中心とした儀礼的、モラル的かつ経済的な再分配のプロセスである。神格は、人々や団体に供物や奉仕を要求し、それらを受け取った後、王国、信者、供物や奉仕の提供者に配分する。配分される「残り物（プラサーダ）」は、神格からの「恩恵」でもあり、受け取る人の「取り分」でもある。この「取り分」には、食事など供物の配分に加えて、神格に奉仕を行う権利や儀礼への参加者を決める権利も含まれる。そして、これらの権利の源泉は神格にある。さらに、やりとりのネクサスの中心としての神格と、神格に対して周辺に位置する複数の奉仕者は、それぞれが自律的で特別な関係で結ばれる。この局面において、奉仕者同士は、ヒエラルキカルではなく、同じ神格へ奉仕するという共通点で結ばれ、それぞれの役割が異なるために相互依存的な関係を築いているという[20]［Appadurai and Breckenridge 1976; cf. 石井 二〇一七］。

こうした奉仕と配分の関係を、田辺はオリッサの事例から「生モラル秩序」として論じている。王権が地域社会に浸透した近世のインド、オリッサ社会には、各世帯が軍事、行政、宗教、生産などの職分に従事し、取り分を受けるという「職分権体制」があった。ここでは、サブスタンス＝コードのやり取りから「身体－人格」[21]が作られる生命過程と社会政治的モラルが不可分であった。人は自らの職分に応じた土地を享受し、その土地の食物を食べ、身体を生成するとともに、共同体や王国のなかの位置づけを得る。そこにおいては、「国家および地域社会の再生産に必要な職分を果たす世帯に対して、地域の生産物全体から取り分を受ける権利」が与えられた［田辺 二〇一〇：六二］。ヒエラルキーという観点からみると、生モラル秩序ではカースト（職分）によって取り分が序列化されており、指定カーストや指定トライブの世帯は周縁化されていた。しかし田辺は、神への奉仕／供儀としての局面においては、存在の平等性が確保されていたと論じている[22]［田辺二〇一〇］。

ところが、田辺によると、生モラル秩序は植民地化によって「政治経済領域」と「社会文化領域」に分断された。その一例は、世帯、共同体、王権、神を結びつけた職分権体制に代わって、土地私有制によって支配カーストを中心とするパトロン・クライアント（ジャジマーニー）関係が形成されたことである。ここにおいて、先述したように、奉仕カーストは個別の雇い主としてのパトロン・カーストに向けて奉仕することになった。こうして、共同体／神への供儀としての奉仕は、生モラル秩序から切り離され、世帯間の交換という「政治経済領域」へと還元されていった。その一方で、植民地政府によるバラモン重用によって儀礼的なカースト・ヒエラルキーが強化されたため、供儀的な社会原理は「伝統的」な「社会文化領域」に限定されていった［田辺二〇一〇：六二、一五九］。

しかし、植民地期やそれ以降においても、生モラル秩序の原理は完全に失われたわけではない。ジャジマーニーに引き継がれた関係性は、その後、カースト世帯間の慣習的なやり取りのみならず、政府や有力者が貧者の面倒をみるといった温情主義的なパトロン・クライアント関係にも拡張していった。さらには、以下にみていくように、近代国家における諸制度も、生モラル秩序における「奉仕」や「配分」とアナロジカルにつながっている。

3　配分のアナロジー

ここでのアナロジーの捉え方は、ストラザーンの議論に依拠している。ストラザーンは、親族関係を事例として、「自然」と「文化」がどのようなアナロジーによってつながっているのかを論じる［Strathern 1992: 86］。たとえばイギリス人のアイデンティティは、時間や義務のように上から下へ、すなわち親から子へ流れるものだとされる。今日、生物学的で「自然」な関係の根拠となるのは「遺伝（inheritance）」であるが、遺伝学はそもそも

「遺産（inheritance）」という「社会」的な用語を借用してきた。こうしたアナロジーによって、財産や地位が親から子へ相続されるのと同じように、遺伝子の流れが捉えられてきたのだという［Strathern 1992: 53-55; モル 二〇一六：四六―四七、サブテクスト］。普段当たり前すぎて見過ごされているアナロジーは、これまでの枠組みでは対応が難しくなるような局面において表ざたになる。たとえばストラザーンは、生殖医療技術の発展によって生じた親権をめぐる裁判を事例として、新しい親子関係を画定するために用いられたアナロジーを分析している(23)［Strathern 2005］。

インドにおいて異なる領域をつなぐアナロジーが表ざたになった局面として、世俗的な近代主義によるインド国家の発展を目指した初代首相ジャワーハルラール・ネルー（国民会議派、一九四七～六四年在職）のエピソードが挙げられる。一九五〇年代、建設中の巨大コンクリートダムについて、ネルーは、「今日、もっとも偉大な寺院、モスク、グルドワーラー〔シク寺院〕は、人間が人類全体の利益のために働く（man works for the good of mankind）場所である。このバークラー・ナーンガル〔ダム〕よりすばらしい場所がありうるだろうか」と述べた［Khilnani 1997: 61］。

コープマンは、ネルーのこのコメントをグルの献血運動に結びつけている。グル教団が率いる献血運動では、寺院へ寄付をするよりも献血をする方が人類や社会の役に立つのだと語られる。しかしこの説明は、献血はグルと神への信愛に支えられた帰依として行うべきであるという論理と相反するものではなく、互いに支え合っている。ネルーの発言は、現世放棄を社会奉仕に転換した宗教改革の論理と同様に、寺院を人類のために役立つ場所に置き換えている。特定の宗教施設の上位に国家事業であるダムを位置づけることで、ネルーが掲げた「多様性のなかの統一（Unity in Diversity）」という理念が表明されているといえよう。ただしそれと同時に、ダムが寺院とのアナロジーでつなげられることにより、近代の神格化（ダムの寺院化）も生じているのである［Copeman 2012: 83–84］。

独立インド国家は、開発主義の下に再分配を拡大していった。ネルーの娘、インディラー・ガーンディー政権期以降（一九六六年〜）では、「票田」としての民衆の支持を得るために、貧困対策の名の下に大規模な国家資源の再分配が行われた。これにより、選挙の票が食料や補助金と交換されるという構図のもと、民衆の政治参加と資源獲得競争が激化した。田辺が「ポスト植民地期」と呼ぶこの時期には、獲得した資源の横領などの腐敗も進んだ。政府の開発予算は、英語で「パーセンテージ（取り分）」と呼ばれる賄賂として役人に流れ、派閥集団の宴会などに消えていった。政治的支持の確保のためにばらまかれた国家資源は、地域の有力者の下に流れていった。田辺はこれを、「政治経済領域」が「生モラル」から切り離されたポスト植民地期に特有の状況であるとし、村人たちは、大きい魚が小さい魚を食べる「魚の論理」が支配する現実においては仕方がないことだと嘆きながら受け入れていたという［田辺二〇一〇］。

これに対して、田辺が「ポスト・ポスト植民地期」と呼ぶ、経済自由化と地方分権化が進んだ一九九〇年代半ば以降は、「モラル社会」の可能性が見られるという。この時期、低カーストの成員は、カースト間の協働や、共同体や神のために行う「奉仕」や「義務」と「取り分（*bhāga*）」の生モラル的な意義、ひいては各人が「奉仕」を通じて神に接近できるという「存在の平等性」を強調し始めた。また、低カーストは、国家資源の分配について語るさいも、「取り分」という分業・分配体制の用語を用いる。とはいえ、一八世紀の職分権体制では、職分によって「取り分」が異なることが当然だったのに対して、現在は資源が平等に分配されるべきという意味で「取り分」が用いられているという。さらに、留保枠の付与についても、「政府／王権（*sarakāra*）」が職分を与えてくれたのだから、それに対して「奉仕」を行うという言葉遣いがされる。田辺は、低カーストの言葉遣いに見られるカースト解釈が、職分権体制にもとづくものから、多元的な集団が政治に平等に参加する権利を主張するためのものへと変化してきたと論じる［田辺二〇一〇：四〇九―四八四］。

加えて、コープマンも、献血が留保制度とのアナロジーで捉えられているという事例を挙げている。献血活動を行う人々は、血液提供者（ドナー）には「マイノリティ・コミュニティ」として、無料の医療保険などの特権や、職業の留保枠が与えられるべきだとしばしば口にするのだという。あるムンバイのドナーは「私は何度も献血したのだから、職のパーセンテージ（取り分）が与えられるべきだ。もっと承認が必要だ。政府にきちんと評価されていない」と語った（強調引用者）。コープマンはこれを、「共同体」化した「ドナー人口」が国家からの「棚から牡丹餅」式の配分を他の共同体と競争で奪い合う、ドナーの「カースト化（*jati-ization*）」だとし、献血活動で今日も力を持っているネルー式の普遍主義的な国家統合のアイデアに相反する動きとして位置づけている[24][Copeman 2012: 201]。

ここまで検討してきた再文脈化の流れを整理しておこう。生モラル秩序においては、人は主権者／神を中心としたサブスタンス＝コードのやり取りのネットワークに位置づけられていた。そこでは、供物や奉仕は中心に集められてヒエラルキカルに配分された。と同時に、神と個人の関係という局面では平等性が確保されていた。このネットワークの一部は、植民地期にパトロン・クライアント関係に変容した。パトロン・クライアント的な交換の論理は、独立後のインド国家政策に対する人々の理解にも引き継がれている。それは、政治社会において、有権者が投票する見返りとして政党から補助金が給付されるという論理や、留保枠を与えてくれた政府に奉仕するという語りや、献血をしたのだから職業の留保枠が与えられるべきという主張などに現れている。すでにみたように、パトロン・クライアント関係は、近代国家と市民社会における解放のレトリックの一部を取り込んで、政治社会に拡張した。しかし、政治社会において理解され、運用されている民主主義や平等性は、神へ奉仕を行い適切な取り分を受け取るという生モラル的な関係性ともアナロジカルにつながっているのである[25]。

五　市民社会と政治社会のつながり

本章は、西洋近代において、市民社会が、二項対立をベースにしながら、その時々の権力の諸関係のなかで形を変えながら生み出されてきた過程を振り返った。そのうえで、そうした関係のひとつとして、植民地主義に向き合うサバルタン研究の学者たちが、研究対象の検討のなかで、また自らが巻き込まれている学術的権力関係のなかで、市民社会のカウンター・ポジションとしての政治社会概念を作り上げてきたことを明らかにした。

政治社会は、自律した市民ではなく、人口集団単位で権利を要求する統治される人々の領域を指し示している。その領域を可能にした制度のひとつが、独立後のインドにおける開発主義的再分配政策であった。たとえば留保制度は、カーストを否定して、公職や議席数における集団間の平等を促進させることを目指したが、実際の運用上はカースト概念を用いることになり、カースト集団の実体化につながっていった。このように、インドの再分配政策には、アイデンティティの政治を促進し、集団間の対立や緊張関係、そして利権誘導と腐敗を広めた側面がある。

これに対して、反留保運動に代表されるような市民社会は、個人をベースとした能力主義や効率性、透明さなど、市場交換の論理を前面に出すことで、政治社会における関係性を問題化してきた。交換の論理を用いることで、市民社会は、政治社会において「魚の論理」として諦められていた「腐敗」を批判するのである。チャタジーに代表されるように、共同体的な価値とつながりを基盤とする政治社会は、サバルタンの政治として称揚されてきた。しかし、そこでの権力関係や腐敗は、田辺も指摘するように、当のサバルタンにとっても不利益となってきた。したがって、政治社会に市民社会のオルタナティブとしての規範性を付与することには注意しなければならない。こうした観点から、本章では、西洋的な市民社会の代わりに非西洋における政治社会を提案したサバルタン研究とは異なり、市民社会と政治社会のつながりに焦点を当てた。

最後に、田辺の理論を改めて整理しながら、本書の方向性を再提示しておこう。田辺の議論は、(1)近代西欧的/植民地主義的な市民社会の「解放の政治」、(2)ポスト植民地主義的な政治社会の「要求の政治」の段階を経て、(3)ポスト・ポスト植民地期のインドにおいては、「関係の政治」を展開するモラル社会が生起しているというものである。モラル社会においては、植民地化される前の生モラル秩序にみられるような「在来の文化的エートス」と、市民社会や政治社会で目指されている「近代的政治理念」の双方を満たすことが目指されており、そこにヴァナキュラー・デモクラシーの可能性を見出すことができるという[田辺二〇一〇:四八一]。

本書は一方で、市民社会と政治社会における異なるモラルの相互関係と交渉過程そのものが、現代インドにおける人々の政治的関心だという田辺の議論に依拠している。他方で、チャタジーと同様に田辺の議論においても、市民社会は近代西欧的な政治理念として据え置かれている。それに対して本書では、インドの市民社会に影響を与えている複数のモラルに焦点をあてる。市民社会的な解放のモラルが政治社会に部分的に組み込まれてきたように、市民社会という概念や実践そのものも、政治社会との関係のなかで変化しているからである。本章で検討したように、市民社会の理念が目指された制度であっても、その運用においては政治社会の論理や実践が入り込む。そしてその政治社会には、パトロン・クライアント関係や生モラル秩序につながる諸関係が組み込まれていた。以降の章で検討していくように、政治社会におけるこれらの関係性は、政治社会のカウンター・ポジションとしての今日の市民社会にも拡張されていく。

そのうえで本書では、市民社会と政治社会における異質なモラルが共在していることにより、その矛盾によって多元性が可視化されること、そして両者のずれから「あいだ」の領域が姿を現すことの可能性を考えていきたい。本章では、「市民社会」という概念が互いに矛盾する複数の規範性を有していることを指摘した。そうした矛盾した立場が、どのように、互いを排除するのではなく、異質でありながらも連動していくことができるのだろうか？　この問いに取り組むため、次章からは、ムンバイにおける市民をめぐる運動の具体的な事例から、市民社会と政治社会がそれぞれどのように互いを差異化し、参照し、拡張しながら動いているのかをみていこう。

第三章　腐敗と反腐敗――市民的な価値の運動

前章では、市民社会と政治社会の関係を論じるための一例として、政治社会の基盤のひとつである留保制度に焦点を当て、反留保運動について検討した。留保に反対する運動は、政治社会における人口集団／共同体をベースとした配分の論理に異を唱え、個人をベースとした能力主義や公正さを主張するものでもあった。反留保運動から数十年後のインドでは、政治社会への反発という点で類似した市民運動が生起した。「第二のガーンディー」と呼ばれた社会活動家アンナー・ハザーレー（Anna Hazare）が率いた「反腐敗運動（anti-corruption movement）」である。この運動は、都市のミドルクラスを中心とした市民社会の運動として注目を集めた。

本章では、政治的汚職や不正な癒着などの日常的な腐敗のあり方、反腐敗を掲げた市民運動、そして反腐敗運動に対する知識人の批判に焦点を当てる。そのうえで、反腐敗運動の展開とミドルクラスの人々が語る「価値」について検討する。以上を通して、運動が腐敗の対極にある「自由」を希求しながら、再度腐敗と愛着のつながりのなかに文脈化されていったことを論じる。本章で用いる「自由」には、個人の自己責任により市場での活動を促進させる「（新）自由主義」が想定している自由と、A・K・ラーマーヌジャンが論じた「文脈自由」

［Ramanujan 1989］が重ね合わせられている。反腐敗運動のように、今日のインドで企業家的な個人／市民が「自由」を目指す運動では、経済効率という側面のみでは捉えられない、関係性からの離脱と個への希求という側面が重要な駆動力となっているからである。本章では、反腐敗運動への批判のなかで示されたミドルクラスの「二重の自己」という枠組みを参照しながら、現代インドにおける個人／市民の形象を探っていく。

一　日常のなかの腐敗

まずは、人々が日常的に経験している官僚制度の腐敗に焦点を当て、そこから浮かび上がる国家と政治社会のイメージを掴んでおこう。チャタジーは、西洋における〈国家と市民社会〉に対応するような枠組みとして、インドの〈国家と政治社会〉を示してきた。しかし、こうした政治社会概念には、問題提起がなされている。近年の暴力的なヒンドゥー・ナショナリズムの高まりから、トーマス・ハンセンは、実体としての国家、すなわち「資源を供給し、公式な承認を与えることでコミュニティのアイデンティティを保証する」能力のあるインド国家という概念が揺らいでいると指摘する。そして、拡大した政治社会が官僚制と国家の領域に進出し、政治社会と国家は分けられないものとなっているのではないかと問う［Hansen 2001: 233］。またアキル・グプターは、国家や市民社会といった確立したカテゴリーから出発して、政治社会のような第三のカテゴリーを提示するのではなく、人々の日々のやり取りや言説のなかから国家が立ち現れる様相を探究するべきだという［Gupta 2012: 78］。こうした観点から、本節では「腐敗」に注目する。それは、人々が日常生活において国家や行政とかかわり、なんらかの社会性を想像していく過程において、腐敗が避けては通れない問題だからである。

グプターは、人々が腐敗を経験し、それについて語るなかで、国家の認識が形作られていくという。一日の終わりに村の男たちが集まると、決まって腐敗と国家の話になる。そのためグプターは、腐敗を国家組織の機能不全とするのではなく、腐敗の言説によって国家そのものが構成されるメカニズムとしてみることを提案する［Gupta 2012: 76–78］。なお彼は、インドの腐敗について書くことは第三世界の国民国家についてのステレオタイプを強めるだけなのではないかという指摘を想定したうえで、腐敗を発展途上の現象とするのではなく、チャクラバルティ［2008］を引きながら、西洋特有の概念の普遍性を逆に問うためのものだと念を押している［Gupta 2012: 79］。

1　腐敗の語り方

腐敗を通して（機能しているとされる）近代国家概念を問い直すという論点に関連して、腐敗について語るさいに想定される議論として、それを非道徳的な行いだとするのは西洋的な枠組みにもとづいた観察者の視点で、現地では助け合いや生存戦略、抵抗などの異なるモラルや意義があるという点が挙げられるだろう［e.g, Scott 1969］。たしかにムンバイにおいても、具体的なやり取りについては、「腐敗」ではなく「チャーイ・パーニー（*chāi-pānī*）」（直訳すると「お茶と水」）や「ハフター（*haftā*）」（週）等の言葉が使われる。「チャーイ・パーニー」は、「お茶やお菓子のためのちょっとした何か」という意味で、下位の役人が書類手続きのさいに市民に金銭を要求することから、サービス業にかかわる労働者がチップを要求することまで広く使われる。「ハフター」は、「週ごとの支払い」（実際には週ごととは限らない）という意味で、おもに違法スラムや露天商が警察や行政への支払いを行う、より制度化されたシステムといえる。たとえばムンバイの露天商は、支払いの重複を防ぐためにハフターのやり取りをノートに記録・管理している［Anjaria 2011］。これらの行為は、視点によって、贈与のようだったり、市場交換のようだったりもする。これに対して、「腐敗（corruption, *bhrashtachar*）」という言葉は、ダルマ（*dharma*）に反する邪悪な、堕落した行為という意味で、常に批判されるべきものを指す抽象概念である［Gupta 2012: 304］。「腐敗」という視点から眺めたときには、「チャーイ・パーニー」や「ハフター」の関係性に埋め込まれた意味は覆い隠される。本章で焦点をあてるのは、ひとまず、現地でこのような「腐敗」という概念で捉えられている事象とする。

2　官僚的統治の綻び

人々が経験する腐敗は、官僚的な実践によって媒介されている。前章で触れたように、欧州においては、新自由主義の蔓延と福祉国家の縮小が問題化している。それに対して「いまだかつて福祉国家であったことのない」［Gupta 2012: 273］インドは、そもそも福祉国家的なイデオロギーではなく、開発主義的なイデオロギーにもとづく人材への投資として、大規模な貧困対策プロジェクトを実施してきた。新自由主義に伴う福祉予算の削減というシナリオもインドには当てはまらず、経済自由化後、インド政府は増えた歳入を用いてさらに貧困層向けの配分や事業を拡大している。こうして国家政策の中心課題とされているにもかかわらず、年間数百万の人々が貧困によって命を失い続けていることは、ある種当然視されている。グプターはそれを、官僚的実践がシステマティックに恣意的な結果をもたらすからであるという。その現場で想像されているものは、合理的で官僚的な統治の様式が、異なる領域にも浸透し、スムーズに自己統治につながる社会とは大きく異なる［Gupta 2012］。

一例として、グプターの描く農村部における「開発キャンプ」(1)の様子をみてみよう。ある暑い四月の朝、地区の開発事務所を訪れた男性が、翌週そこで開催されるはずである貧困層向けの年金支給のキャンプについて問い合わせた。行政官もスタッフもそのキャンプについて覚えがなかったが、この問い合わせを受けて事務所内を探し、通知文書を見つけ出した。事務所では慌てて準備をし、なんとかキャンプの体裁は整えたものの、情報が行き届いていないなか、噂を聞きつけて自力で会場までたどり着くことができた農民たちのみが審査の対象となった。年金を受け取る資格のひとつは六〇歳以上であることであった。しかし、この年齢基準は周知されていなかったし、そもそも農民たちは自身の正確な年齢を把握していないことが多い。そんななか、年齢の審査は集まった人々の自己申告と、当日業務にあたった医師の見た目での推測によってなされた。必要書類についても、たとえば写真の添付が必要なのかどうか、明確なガイドラインはなく、担当医師や行政官のその場その場の判断で決められた。農民たちの生死にもかかわる決定は、偶発性と恣意性に委ねられていたのである［Gupta 2012: 8–14］。

このように、官僚的な統治テクノロジーの綻びは常態化している。他にも、たとえば開発プロジェクトは統計的な計測と分類を通して人口を把握しようと試みるが、データの質は重視されておらず、実用性は不明瞭である［Gupta 2012: 42–32, 263］。また、貧困層に補助金を直接給付するのではなく、労働の対価を与えるという「新自由主義的な」福祉プロジェクトの事例にも、プロジェクト側の意図とは異なり、監視が自己規律化につながっていかないという綻びが見られる。このプロジェクトでは、地域の女性や子供に物資や教育・医療サービスを提供するセンターのスタッフとして貧困女性が雇われるが、しばしば彼女たちが勤務しないためにセンターは長期間閉まったままである。あるスタッフは、すでに他地域に引っ越しており、年に数日帰省した時だけセンターを開けている。この事実は、担当行政官による「抜き打ち偵察」等によって確認されているが、注意をしても事態は改善されない。さらに、福祉政策の一環であるこのプロジェクトでは、十分な記された証拠がないと、この女性を解雇できない。結果、証拠書類を集めてファイルを分厚くするという官僚的形式が重視されているがゆえに、この貧困女性は見逃されている(2)［Gupta 2012: 251–261］。

貧困層が経験的に把握する国家は、こうした官僚制の断片をつなぎ合わせたものである。そして、その断片は、しばしば腐敗にまみれている。国家的プロジェクトに浸透している腐敗の実践として、次の事例をみてみよう。

3　腐敗の実践

住宅供給プログラムの受益者として選ばれた指定カーストのスリパルは、さまざまな困難に会うことになる。まず、政府の村落開発員がスリパルを町につれていき、「手数料」として二〇〇ルピーを払わせて写真を撮って銀行口座を開かせた。それに加えて、建築資材を受け取るための運送費と、開発員への五〇〇ルピーという高額な「支払い」が請求された。一九九〇年代初頭、月収約五三〇ルピー以下の貧困層を対象としたプログラムにおいてである。現金がなかったスリパルは、開発員に建築資材から必要経費を取るように言い、一〇〇〇ルピー相当が差し引かれたレンガを受け取った。さらに、ドアと窓のための資材は提供されなかった。その後、スリパルは村の有力者と開発員を高位である地方レベルの公的機関に訴え、村を追われるなどの抗争の末、一定の勝利を収めるのだが、いまだにドアのない新しい家には住んでおらず、開発員からはお金を払わないと知り合いの伝手を通して刑務所に入れると脅され続けていた［Gupta 2012: 86–88］。スリパルの事例は、ひとつのまとまりとしてではなく、村落開発員や地方行政官など多層的な存在として国家が経験されていること、また、ケアの提供の現場に暴力が併存していることを示している。

この事例からも垣間見えるように、貧困層と下級行政官やＮＧＯスタッフ[3]らとのやり取りは、まさに政治社会的なコネと交渉が支配する領域である。国家がそうした言説や実践に内在し、そこから模られていくものだとしたら、国家と政治社会のそれぞれの領域を規定したうえで対立させる図式は成り立たないだろう。人々は、政治的な抗争の領域で、財力やコネや経験を駆使して要求を行わなければ、国家から配分を受け取ることができない。こうした状況は、階級や階層、農村部と都市部の違いによって深刻度の差はあれども、広く人々に経験されているものである。「非政治」を掲げるインドの都市における市民社会は、ここでみてきたような国家／政治社会的な腐敗とつながりの世界への反発として生起したのである。

二　反腐敗運動

グプターは、「今日の腐敗の言説において、『市民社会』とは、ガーンディー主義的社会改革者、アンナー・ハザーレーの取り巻きである、おもに都市のミドルクラスからなる集団」を指すと述べている［Gupta 2012: 107］。腐敗の言説から国家が立ち上がるとしたら、相互作用のなかで現れる形象としての市民社会も、まさに腐敗、そして政治社会の言説から立ち現れている。ここからは、二〇一一年にアンナー・ハザーレーと「市民社会[4]」が率いた「反腐敗運動」について詳しくみていこう。

1　アンナー・ハザーレー

反腐敗運動は、近年続けざまに発覚した政府の大型汚職スキャンダルを糾弾し、政治家や官僚の腐敗に対する調査から起訴に至るまで強力な権限を持つオンブズマン（行政機関監視）制度を設ける法案（Jan Lokpal Bill）の成立を要求した。「ガーンディー主義者」のハザーレーはこの運動を「第二の独立闘争」と呼び、首都デリーで彼の戦術である「死に至る断食」を行った。四月に五日間、八月に一三日間にわたって行われた断食では、群衆[5]が詰めかける広場のステージ上で、M・K・ガーンディーの顔写真の大判プリントを背景に、「ガーンディー帽[6]」と白いクルター・シャツを身に纏ったハザーレーが白いクッションにもたれかかる姿が連日テレビに映し出された。

「アンナー」とはマラーティー語で兄や年上の男性に対する尊称である。反腐敗運動のアイコンとして持ち上げられた彼は、二〇一一年四月にデリーで断食を行うまで、全国的にはほぼ無名だった［Ashutosh 2012］。非妻帯を貫く七〇代のハザーレーは、初等教育（七年生まで）を受けたのち、インド軍に所属し、早期退職後に出身地であるマハーラーシュトラ州の農村を拠点に社会活動を行ってきた。

アンナー・ハザーレーを掲げて反腐敗運動を支えたのは、「チーム・アンナー」と呼ばれた活動家集団（中心メンバーは、元官僚のアルヴィンド・ケージリーワール（Arvind Kejriwal）、弁護士のブーシャン親子（Shanti and Prashant Bhushan）、元警察官のキラン・ベディー（Kiran Bedi）など）[7]であり、これまで政治に無関心だとされた都市のミドルクラスが「市民社会」の名のもとに立ち上がったとして注目を浴びた。人々は、「私はアンナーです」と書かれた揃いのガーンディー帽を被って街に繰り出し、シュプレヒコールを叫び、デモやキャンドル・マーチを行った。

ハザーレーの主張は、腐敗した「政治」と「政治家」への強い敵意と、それに対峙される自らと市民社会の「非政治」性と「高潔さ」に支えられていた。運動が提示した法案では、市民社会で構成されるオンブズマンのメンバーは、「非の打ちどころのないインテグリティ」を備えた人であるべきとされた［Patel 2011（*Mumbai Mirror*）］。さらにハザーレーは、インド人民党や民族奉仕団などヒンドゥー・ナショナリストとの関係が国民会議派の政治家やジャーナリストなどによってしばしば指摘されていたが、当人たちは無関係だと主張していた［e.g., Ashutosh 2012］。

2　運動のいち風景

ハザーレーがデリーで断食と座り込みを行っている期間は、複数の都市や町で同時にデモや座り込みが実施された。また、それらの会場に直接出向かなくとも、さまざまな形で断食（特定の食品目を抜く、あるいは食事の回数を減らすことも含む）に参加して、ハザーレーや運動との連帯を示す人々がいた。

ここでは、私が当時滞在していたナヴィー・ムンバイの町での運動の風景を紹介する[8]。ハザーレーが二度目の断食を始めた八月下旬、町の中心の交差点沿いに地元のスラムに拠点を置く団体が会場を設置した。「愛国歌」

を編集した音楽がスピーカーで流され、誰でも任意の時間座り込みや寝泊まりができるよう、ハザーレーのステージと似た白い布カバーのマットレスとクッション（二五組ほど）が用意された。「ミドルクラス」の運動としての注目とは異なり、実際に会場に常時滞在していたのはスラム在住の無職あるいは休職中の日雇い労働者の男性三、四人であり、それに加えて学生のデモ集団や会社帰りの人々が数分から数時間会場に立ち寄っていった。通常時の座り込みの人数は、数人から数十人という規模であった。夕方になると、近所のシク寺院の人々がご飯と豆カレーの「プラサーダ」（神様のお下がり）を人々に無料で提供した。

ちょうど雨期が終わりに近づき、数々の祭礼が始まる季節だった。二〇一一年は八月一日にラマダーンが始まり、一五日が独立記念日で、その週辺りから翌月のガネーシャ祭に向けて神像がドラム隊の行進と共に各フラットや自治会のテントに運び込まれはじめた。二二日がクリシュナ神の生誕日に当たり、若い男性グループが組体操のようにピラミッドを作ってロープに吊られた壺を壊す「ダヒ・ハンディー」というイベントで町は盛り上がる。「ダヒ・ハンディー」のグループが座り込み会場の前を通るたびにピラミッドを組むなど、反腐敗運動は、祝祭的な興奮のなかで行われた。

座り込みの会場やデモ行進では、他のさまざまな社会運動と同様に、「愛国的」なフレーズが連呼され、デモの終わりなどの節目には国歌が斉唱された。会場に用意されたマイクを誰かが握って、「革命万歳（*Inquilāb Zindābād*）」、「母なる大地に敬服す（*Vande Mātaram*）」、「母なるバーラトに勝利を（*Bhārat Mātā ki Jay*）」といった決まり文句の前半を呼びかけると、後半を人々が唱和する。(9) 他にも以下に示すようなハザーレーを支持する韻を踏んだフレーズ（おもにヒンディー語）が使われた。

アンナー・ハザーレー前へ進め！　私たちがついている
私たちの心は乾いている、アンナー・ハザーレーの腹は減っている

きらきら光る、アンナー・ハザーレー・スーパースター（英語「きらきら星」の歌詞で）
何見てるんだ？　何見てるんだ？　集まってこい、集まってこい
秘密の秘密の話だが、警察も味方についている
政府（*sarkār*）は我らを恐れてる。政治家（*netā*）はみんな泥棒だ
国の政治家（*netā*）は何してる？　アンナー・ハザーレーは何してる？
ここのリーダー（*netā*）は誰だ？　私たちだ、私たちだ
ここの主人（*sarkār*）は誰だ？　私たちだ、私たちだ[10]

座り込み会場にしばしば足を運んでいたある男性は、一五年間ドバイやマレーシアで働いてきたが、インドの経済発展をみて、自分のビジネスをするために数年前にムンバイに帰ってきた。そのさい、自分の荷物を国内に持ち込むだけなのに、関税の他に一〇万ルピー近くもの賄賂を取られたという。デリーの関税で足止めを食らったために娘の誕生日会に行けなかった。ムンバイで事務所を立ち上げるさいも、手続きのたびに賄賂を要求された。政府の窓口で一〇〇〇ルピーの手数料で三カ月かかると言われた仕事が、五〇〇〇ルピーを払うと三日でできた。

運転免許証、公的証明書、進学など、あらゆる場面で腐敗に遭遇した経験は、運動の動機を説明する人々に共通した経験だった。さらに同じ男性は、「スイス銀行にある政府のブラック・マネーが返ってきたら、この先一〇年か二〇年はインド人全員が税金を支払う必要がなくなる」と語ったが、この説についてもチラシが配られるなどして流通し、人々の話題となっていた。

隣町のスラムに住む三〇代後半の男性は、工事現場などでの仕事を休んで、座り込み会場の運営を手伝っている。自身はマラーティー語で一〇年生まで学校に通ったが、英語はできない。子供には英語で教育を受けてほし

いので、私立学校に通わせたい。法案が通れば腐敗がなくなり、学校に入れるのに賄賂や寄付を払わなくてもよくなる。子供のために運動に参加していると話した。ハザーレーと法案の「強さ」がこの運動への信頼につながっているようだった。「アンナー・ハザーレーはパキスタンとも戦った軍人で、とても強い」、「(政府の法案に比べて)アンナーの反腐敗法案は、最高に強い」と彼と仲間たちは説明した。

政府が一定の要求を受け入れてアンナー・ハザーレーが断食を止めた八月二八日、祝賀パレードをするという連絡を受けて会場に行ったものの、雨でパレードは取りやめになり、会場を撤収して座り込みも終了となった。

自らのビジネスを妨げるインドの腐敗に苛立つ海外帰りの男性の事例は、次にみる左派知識人の批判対象となる典型的な反腐敗の語りだといえる。その一方で、子供に教育を受けさせたいというスラムの男性の語りは、この運動が、さまざまなレベルでの腐敗によって日々の生活が困難となっている多様な階級/階層の人々を引きつけたことを物語っている。前述したように、反腐敗運動は、複数の大規模なヒンドゥー都市祭礼と一体化した。さらには、自らが賄賂を払わされた具体的な経験、実際の政治汚職スキャンダル、スイス銀行のうわさなどが、すべて腐敗というひとつの平面に混ぜ合わされた運動であった。そこでの人々の熱意と真剣さ、束の間であっても醸し出される一体感には圧倒的なものがあった。

北インドの田舎町でこの運動を観察した南アジア研究者の石坂晋哉も、人々が腐敗とは金輪際決別するという強い思いを運動に託し、そして運動によって社会が変わる可能性を堅く信じていたように見えたことが強烈な印象だったという。さらに、ハザーレーは権力の中心にいる政治家や官僚の腐敗を追及したが、人々はこの運動によって、社会の隅々まで浸透して誰もが巻き込まれてきた腐敗を一掃したいという願望を抱いていたと述べている[石坂 二〇一五]。こうした観点から、自分たちが作り出している現実への批判にも拡張していったと考えられる反腐敗運動の側面については、後半で立ち戻って議論する。その前に、運動に寄せられた批判について検討しておきたい。

3　反腐敗運動への批判

反腐敗運動は、都市のミドルクラスの運動として限定的に特徴づけられ、ジャーナリストや法律家、社会科学者を含む左派知識人の批判にさらされた。彼らが問題視したのは、オンブズマンにあまりにも強力な権限を与える法案内容の稚拙さに加えて、選挙で選ばれていない「市民社会」が断食などの「脅し」を使って法案を通そうとする運動手法が選挙や議会制民主主義の否定につながるという点や、「腐敗」をシングル・イシューとして取り上げることで不平等の構造を無視しているという点などであった［e.g., Patel 2011 (*Mumbai Mirror*)；佐藤 二〇一一］。またハザーレーという人物についても、農村での灌漑整備や植林等の運動は評価を受けていたものの、彼の地元での活動は、飲酒をした者を寺院の柱に縛りつけて鞭打ちにしたり、選挙を廃止したりと、バラモン主義と権威主義にもとづいていたとも報告されている［Sharma 2011］。村落運動の指導者が都市のエリートで占められるなか、ハザーレーは実際に農村出身で低学歴という周辺的存在であり［Nandy 2012］、あくまで「村の長老」だった［Guha 2011 (*The Telegraph*)］。「チーム・アンナー」のメンバー、キラン・ベディーによる「アンナーはインド、インドはアンナー」という発言は、当然ながら非常事態宣言を出して民主主義を停止させたインディラー・ガーンディーの強権政治（当時の国民会議派総裁によるスローガン「インディラーはインド、インドはインディラー」）を連想させた。

知識人による危機感を伴う批判は、ハザーレーやオンブズマン法案に限られたものではない。反腐敗を掲げる「市民社会」の語り口そのものが問題とされるのは、他に手段のない下層の人々の生存に不可欠な行為を「腐敗」として否定するからである。さらに反腐敗運動は、国家的再分配である留保制度に対する反発の顕在化とも捉えられていた。作家で活動家のアルンダティ・ロイは、高級紙『ヒンドゥー (*The Hindu*)』に「私はアンナーになりたくない (I'd rather not be Anna)」という意見記事を掲載した。彼女は、運動の熱心な支持者でありスポンサーでもある多国籍企業、メディア、NGOが、当の反腐敗法案の監視の外に置かれていることを指摘し、すさまじく不平等な社会において、取引の形態として腐敗行為にかかわらざるをえない人々への共感を示す。

> 想像してほしい。たとえば、ショッピングモールが立ち並び、路上での商売は禁止されている都市で、露天商が地元の巡査と市の役人に少額の賄賂を渡す。法律を破って、彼女の商品を、高価なモールを利用できない人々に売るために。これがそんなに酷いことだろうか？ 将来的には、彼女はロークパール〔オンブズマン法〕の代理人にも賄賂を払わないといけなくなるのだろうか？
>
> 〔Roy 2011（*The Hindu*）〕

あらゆる腐敗の否定と効率主義の称揚は、インドの知識人に反留保、そして反サバルタン／貧困層という立場を連想させる。ロイも、反腐敗運動とOBC（その他の後進諸階級）への留保枠拡大時の反留保（能力主義推進）運動の類似性、そして「チーム・アンナー」の成員と反留保運動の一環である「平等のための若者（Youth for Equality）」とのかかわりを指摘している。

チャタジーもこうした左派知識人を代表する主張を行っている。学者、作家、ジャーナリストらが運営する批評ブログ『カーフィラー[11]（*Kafila*）』上で、チャタジーは、反腐敗運動を強く批判して、「反腐敗＝反政治」という記事を掲載した。彼は、「腐敗」が普遍的な悪としてあまりに無批判に受け入れられている状況に困惑を隠さない。そして、まさに運動に熱狂しているミドルクラスこそが、これまで腐敗の恩恵を一番受けてきた人々なのであり、誰もが賄賂を払ったことがあるのみならず、受け取ったこともあるはずだと指摘する。しかしハザーレーのポピュリスト的動員は、「腐敗」と「政治」を同一視することで、「人民（the people）」対「人民の敵（enemy of the people）」という単純化された構図を作り出すことに成功したという［Chatterjee 2011］。

こうした主張に対して、長年労働組合運動にかかわってきた政治学者のアディティヤ・ニガムは反論を提示している。彼は、チャタジーの記事を、自らが傾倒してきたサバルタン研究と政治社会概念の限界として、失望を込めて受け取った。チャタジーが表明する反腐敗運動への不快感は、政治社会の理念が、現実のポピュリズムを前に崩れ落ちてしまったことを示唆しているという。ニガムにとって、サバルタン研究の功績は、「政治的なもの」の外側に位置すると見なされていた農民を政治的主体とみなしたことにあった。ではなぜ、ハザーレーの運動に集まる人々を、単にポピュリスト運動に扇動された大衆と見なすのか。ニガムは、政治社会は結局、国家的管理の対象である「人口」にしか適用されない概念だったのかと問う。そうならば、チャタジーがかつて市民社会概念を捨て去ったように、政治社会概念も過去のものとするべきだという［Nigam 2011b］。

ニガムの記事へのコメントとして、チャタジーは再反論を行っている。チャタジーは、ポピュリスト運動すべてを否定するわけではないとしながらも、ハザーレーの運動はインドにこれまでなかった現象であり、同様のポピュリスト運動は米国のティーパーティー運動しか思いつかないという――すなわち、国を築いてきた真面目で誠実な市民であると自負する白人ミドルクラスが、「怠惰な黒人」や「不正直な外国人」に迎合するホワイトハウスを非難する運動と同じ類のものだとする。ひいては、もっとも警戒すべきなのは、「社会的地位と疑う余地のないインテグリティ」を持つ人々が政府を動かすべきだという市民社会の主張において、マイノリティ、指定カースト、後進階級の代表を保証する留保制度が、政治的パトロネージと腐敗の名の下に真っ先に否定されるであろうことだと述べる。チャタジーは「批判的左派」として、批判的であり続ける権利と義務を放棄してはならないと主張している［Chatterjee in Nigam 2011b］。

反腐敗運動への批判は、階級／階層にもとづく市民社会と政治社会の区分を前提としたうえで、政治社会側を代表して行われた。ロイやチャタジーが政治的にコミットした発言を行っているのに対して、ニガムは、政治社会という枠組みの有効性を問うている。他方、これまでみてきたように、市民社会と政治社会の区分は、知識人の分析枠組みであるのみならず、今日のインドの行政制度や市民活動も形作っている。したがって、人々がこの枠組みをどのように分節化し、どこまで例外を認め、独自の論理で運用しているのかを検討する必要がある。そのために、まず、アパドゥライによるミドルクラスの二重性についての説明をみておこう。

4 ミドルクラスの「二重性」

アパドゥライも、チャタジーらの論考への反応という形で『カーフィラー』に寄稿している。彼はまず、「腐敗」とは公的な領域に私的な領域を持ち込むことを非難する近代西洋（とくに米国）の社会科学的カテゴリーだと説明する。そして、（自分を含めた）ミドルクラスのインド人には、公と私、あるいは「近代西洋的、非政治的で市民的な自己」と「カーストや親族関係に埋め込まれたローカルな生身の自己」の「二重の自己（two selves）」があるとする。彼によると、その対立が噴出したのが、反腐敗運動であった。運動では、自らの内なる敵が外部の「政治家」に投影されたものの、その核心はミドルクラスのインド人の二重の自己の戦いなのだという［Appadurai 2011］。

ハザーレーの運動は、「いかなる腐敗も一切許さない」という指針を掲げ、大きな支持を得た。そして、運動に熱狂した人々は、本当に変革したい、革命は可能だという希望を持っていたように思われた。しかし、チャタジーが指摘するように、彼ら自身も腐敗に埋め込まれている。この矛盾を説明するために、アパドゥライは、自らの実感にもとづいて、人々は「二重の自己」を抱えて生きていると述べたのである。これは、序論で見たミドルクラスの自分勝手さや二面性への批判とも共通する、インドにおける一般性と説得力を持った分析である[12]。しかし、この二重性を、個人の内面としての自己が二つに分断されていると論じるのでは不十分である。二重に見えるのは、人が外部との関係性のなかで成り立っているからである。反腐敗運動が、内的な「二重の自己」の一方を外部の敵に社会的に投影したものだという分析は、統合されたひとつの人格があるという前提にもとづいている。

この統合された人格という枠組みを、ストラザーンの議論から再考してみたい。社会学的な語彙を用いてペルソナの使い分けを捉えることは、欧米のミドルクラスの思考において一般化している。そこでは、個人としての人格は、さまざまな役割ごとにペルソナを変えながら、多様な役割のネットワークの管理者となる。このつながりを維持できていれば、人格は統合されているとされる［ストラザーン 二〇一五：一〇四（2004: 23）］。ミドルクラスの「二重の自己」という言葉には、人格が統合に失敗し、分断されているという響きがある。しかし、個人としての人格が、統合と分断のどちらかに二者択一的に画定されるという前提は、多元主義的な数の感覚が人格化されたものである。したがって、ストラザーンがサイボーグやフェミニスト人類学者のイメージを用いて論じたように、またインド民族社会学の分人論が示したように、部分的つながりに注目すると、この運動を別様に捉えなおすことができるだろう。

反腐敗運動は、関係性とのつながりとそこからの離脱を求めながら、狭間で折り合いをつけるための探求へと展開していった。腐敗をめぐる運動においては、市民社会は政治社会と混ざり合いながらも、常にそこから区別されるべきカウンター・ポジションとして立ち現れてくる。次節以降では、腐敗をめぐる市民社会と政治社会のあいだの運動、そして「個人的価値」をめぐる運動の絡み合いを記述していく。

三　運動の展開

反腐敗運動は、市民活動家にさまざまなインスピレーションを与え、付随する運動を生み出していった。そこから派生した運動の一例が、ムンバイにおける「市民候補者」の選挙運動「ムンバイ２２７」である。以下では、「ムンバイ２２７」において市民としての「自己」がいかなるものとして想定され、その実現が目指されたのかを考察する。

1 非政治的で企業家的な「市民候補者」

二〇一一年当時、新聞やテレビなどの主要メディアの報道は、チーム・アンナーと市民社会の反腐敗運動を全面的に支持していた。これは、先述したように、市民社会を良きものとする普段からの報道姿勢とも一致している。こうしたメディアの機運と運動のポピュリズム的熱狂に便乗して、二〇一一年の秋、「ムンバイ227」が作られ、翌年二月のムンバイの市議会議員選挙に向けたキャンペーンが展開された。ムンバイ227は、政党に属さない、したがってクリーンで「非政治的（apolitical）」な「市民候補者（citizen candidate）」を支援する団体のひとつである。ムンバイ227が支援する「市民候補者」は、人材育成企業G社が「心理計測」にもとづいて選び、トレーニングを行うものとされた。「市民候補者」とは、政党が擁立する「政治的」な候補者とは異なり、一般市民が選ぶ、一般市民である候補者という意味である。と同時に、ムンバイ227は、適切な「市民候補者」を選別的に育成する活動も行っていた。この点からは、「すでに市民である候補者」というのみならず、理想的な市民を作り出そうとする運動だともいえる。

ムンバイ227は、メディアや戸別訪問の場で、「反腐敗」を掲げて人々を説得した。そして、自分たちは腐敗とは対極にある、正直さや高潔さを意味する高い「インテグリティ（integrity）」（第五章を参照）を有した市民の代表を送り出すのだと訴えた。さらに、キャンペーンの主要なキーワードのひとつが、「非政治的」であることだった。集会の演説やメディアの取材において、この活動は「完全に新しい、完全に非政治的で、完全に正直な」ものだと強調された。ここでの「非政治的」という言葉の使用は、腐敗がはびこる「政党」や「政治家」との対極に自らを位置づける戦略であり、政治社会に属さない市民社会のイメージを形作るためのものであった。「非政治的」な人材を支援するため、候補者選考のための申請書には、本人の過去と現在の政治活動のみならず、家族、親族の政治活動についての質問が設けられており、政治活動の度合いや長さによって評価点がつけられた。[13]

内部の評価規定では、これまで一切政治にかかわっていない人はプラス二点、過去にかかわっていた人はプラス一点、現在かかわっている人は不採用とされていた。また、かかわり方についても、政党員ならマイナス一点であるのにたいして、リーダー格ならマイナス三点とされた。

G社は選考以外にもさまざまな候補者支援を行っていた。ムンバイ227のウェブサイトには、「候補者キット」としてG社が作成した資料がダウンロードできるようになっていた。そこには、投票を呼びかける戸別訪問時に使えるパンフレットや会話見本の原稿も含まれていた。さらにG社は、最終面接に受かった候補者に対して、半日間のトレーニングを実施した。候補者等への後日の聞き取りによると、トレーニングの場では、服装や話し方についての指導や、富裕層やスラム住民など「異なる集団」に話しかけることを想定したロールプレイが行われたという[14]。また、選挙にかかわる公的な文書では州の公用語であるマラーティー語が必要となるが、候補者は英語話者が中心でマラーティー語の読み書きができない人が多かったため、「申請書記入セッション」も開催された。これらのトレーニングには、現代インドの企業文化としての、ソフト・スキルの向上や自己啓発の影響が見受けられる。ここでは、従来の世襲制の政治とは異なり、市民候補者やリーダーとしての個人の素質が重視されている。また、能力は訓練によって高めることができるという理念が示されている。

企業家や専門家であるムンバイ227の事務局が練り上げた理念は、政治社会に対抗する市民社会の「自由」を表すものとして理解できる。そこでは、政治社会における温情主義や縁故主義、官僚主義が腐敗の温床として批判され、個人の能力と企業家精神が称揚された。「政治家」は常に政党の歯車であり、上の命令に従わなければならないので、自発的な行動ができない。それに対して、「企業家」は自らの判断で奔放な改革ができるという論理である[15]。これは、経済自由化以降、インドのミドルクラスを魅了している、個人の自発性と自己責任を重んじる新自由主義的言説と共通している[16][e.g., Mankekar 2011]。反腐敗運動は、「自由」を信頼し、追求するという点で、企業家的な価値と結びついたのである。

2　腐敗と「個人的価値」

ここからは、ミドルクラスの「二重の自己」のなかでも、「個人／市民」の枠組みに収まらないもう一方の「自己」について、事例を通して検討していく。「二重の自己」と自分のなかの「政治家」との戦いとは、単にアパドゥライのレトリックではなく、人々に共通する語り口から導き出されたものである。ただし、人々は、自分のなかの「政治家」と「市民」を二つに分断しているのではなく、その両者は外部の何とどのようにつながるのかによって見え方を変え、時には重なり合い、時には矛盾するものとして分節化されている。そうした日常的感覚の一例として、G社の心理計測アセスメント講座での一場面から、反腐敗運動に参与した人物が、後日腐敗をどのように語っていたのかをみてみよう。

この講座は、ムンバイ227の一員として市民候補者の人選を行ったベンチャー企業のG社が定期的に開催しているものである。ムンバイ郊外にあるG社は、企業の採用プロセスの代行や人事トレーニングを専門としている。なおこの事例は、ムンバイ227の候補者選考時のものではなく、反腐敗運動の二年後に、G社の一般人向け「心理計測アセスメント」を行う資格を得るための講座に私が参加した時のエピソードである（第一章三、3―2を参照）。講座で「腐敗」がトピックに上った時、私は、運動に参与していた講師（G社社長、五二歳、男性）は当然腐敗を糾弾すべきものとして扱うと思った。しかし、議論は意外な方向に展開していった。

心理計測講座の事例——腐敗と価値についての議論　この時は、「ブロック測量（blockage survey）」と呼ばれる心理テストについて講師が説明していた。このテストでは、成功するマネージャーの一一の適性（competences）がモデル化されている。講師は各適性を順番に説明していった。第二の適性は、「明確な個人的価値（clear personal values）」であった。G社が作成した配布資料には、「伝統的な価値が崩壊したため、個人の信念や価値は混乱をきたしている。**したがって、今日のマネージャーは個人的価値を明確にしなければならない**」と書かれていた[17]。以下は、録音された講師と受講生の発言から、関連する箇所を切りとり適宜要約した（二〇一三年九月一六日）。

講師 「明確な個人的価値」とは、生き方の指針であり、根本的な領域です。今日、私たちは、腐敗した人々が成功を収め、正直な人が成功しないような世界に生きています。私たち一人一人が、価値を問う問題に直面しています。私も腐敗するべきなのか、不正直になるべきなのか。実績は良くなくても、自慢ばかりして注目を集めているような人もいます。そこで価値が問題となるのです。私は私のままでいるべきなのか。一方、組織も価値にもとづいて運営されていますね。それぞれの組織が、ミッション・ステートメントとかヴァリュー・ステートメントを表明しています。

タージ・ホテルがテロに襲われたとき〔二〇〇八年一一月のムンバイ同時多発テロ〕、マネージャーとその家族もホテルにいました。その時、彼は家族を顧みず、宿泊客の保護に回ったのです。そして、家族は殺されました。これも価値です。無私の奉仕（selfless service）です。そして、タージでは誰もが、この価値にしたがって働いているのです！　それがタージ・ホテル・グループの評判を作っています。奉仕という価値が、従業員の精神に叩き込まれているのです。だから、家族と顧客のどちらかを選ばなければいけないという状況で、彼は顧客を選んだのです。こうした価値から、文化が作られます。

私たちが日々の決断を下すとき、それは価値にもとづいています。私に長年一緒に働いている部下がいるとしましょう。彼のことは家族のことも含めてよく知っている。でも、なぜか最近彼のパフォーマンスは良くない。ここで、価値が明確ではないと、〔彼を解雇するという〕決断が下せない。明確さとは、役職（chair）が決断しているということです。私が決断しているのではない、だれでもこの立場にある人は同じ決断を下す。それが必要とされているからです。私と役職の違い、この明確さこそが価値です。一方で彼を解雇しても、もう一方、組織の外では、彼を助けたり、推薦したり、支えたりする。この二つは別のことです。これが価値です。

男性受講者1　それは、組織の価値なのですか、それとも自分自身の（your own）……？

講師　個人的な価値です、明確な個人的価値。うん、いい質問ですね。個人的な価値は組織の価値とシンクロしていないといけないのです。たとえばあなたが人事部長だったとする。だとすると絶対に、政府の役人に対して、賄賂を渡したり、贈り物をしたりしないといけない状況になったことがあるでしょう。あなたの価値は、腐敗はいけないという。それでも、やらなければならない。ここで個人の価値と組織の価値の問題が現れるのです。

男性受講者1　そのジレンマをどうしたらいいのですか？

講師　〔声を張り上げて〕だから、「明確さ」が大事なのです。あなたがやっているんじゃない、立場がやっているんです。システムです。システムに従っているんです。隣の人も、反対隣りの人も同じことをやっている。あなたは、たまたまその時その立場にあった。だからあなたを通して物事が起こっているだけで、あなたが個人的に腐敗しているということにはならない。

女性受講者1　個人的には（personally）やりたくなくても、仕事を何とかするためにはやらないといけない……。

男性受講者2　やっぱりそれは、組織の価値ではないんですか？

講師　いや、これも個人的な価値なのです。私は個人的には腐敗していない。もしあなたが役人に賄賂を渡したら、あなたは個人的に腐敗していることになりますか？　いいえ、なりません。組織のために、その時に求められていることをしているのだから。

女性受講者2　でも、もし何かが起きたときは……。

講師　組織が認めている。

女性受講者2　でも〔問題になるのは〕あなたで、その役職ではないでしょう？

講師　いや、役職でしょう。

女性受講者2　でも、個人的には、私は……。

講師　あなたが責められることは決してない。訴訟は組織に対して起こるのだから。

女性受講者2　政治家の話みたいですね。立場上、仕方がないとかなんとか……。

講師　いや、政治家は個人的にやっているんだ。政治家がインド政府の代わりに賄賂を受け取るか？　彼らは個人のレベル（personal level）でやっているんだ。

〔しばらく議論は続き、最終的に講師は、以下のように程度の問題ということで話をまとめた〕

講師　売り物の食品に殺虫剤が含まれていることを知っていて売る場合、人の命がかかっている。五ルピーの商品を五〇ルピーで売る場合、それも私にとって正しいことではないが、でも私は仕事を辞めないでしょう。命にかかわる問題ではないからです。切実さが違うし、文脈が違う。もし牢屋に行かなければならないようなことになるなら、私は「ノー」というかもしれない。だから、リーダーとして、私たちは明確でないといけません。もしあなたが辞めたとしても、他の人があなたの立場を引き継いで、結局同じことをするでしょう！　なぜなら会社がその決断をすでにしているからです。ここで私たちは、さまざまな価値について、それが良いとか悪いとか決めつけようとしているのではありません。ただ、価値という問題について議論しているのです。このように、非常に扱いが困難な問題です。だからこそ、議論が盛り上がったのでしょう。

以上が、第二の適性、「明確な個人的価値」でした。

ここで解説されている「ブロック測量」と「一一の適性」は、イギリスを拠点にビジネス・コンサルタントとして活動し、多数の自己啓発本を執筆しているマイク・ウッドコックとデイヴ・フランシスの著作にもとづいている。彼らは、「技術的な問題」に対置される「価値の問題」、つまり何が正しいのかという道徳的問題について、常に自問して、必ずしも社会的に適切ではなくても、自分に正直な答えを持っておくことが大事だという。「個人的価値」とは、幼少期からの自己形成の過程で作られるとされる。「企業的価値」と「個人的価値」の対立については深く論じられていないが、そうした対立も「個人的価値」を明確化するのに役立つという。このように、原著では一貫して個人的な、自分自身の内側にある「価値」に注意を向けることが強調されている［Woodcock and Francis 1982: 43–55］。

こうして西洋的な境界づけられた個人／自己について語る原著に対して、G社講師は、「個人的価値」という言葉は使いながらも、「腐敗」や「奉仕」（第五章）を事例として持ち込み、独自の主張を展開している(18)。すなわち、「個人的価値」と「組織の価値」をシンクロさせながらも、文脈によって分けて考えるということこそが「明確な個人的価値」なのだという。腐敗にかかわることがあっても、それは組織／システム内の立場が要求することなのであって、個人の責任は倫理上問われない。立場によって求められる規範やモラルが違うことを理解することが肝心だと主張されている。ただし、「政治家」は賄賂を「個人レベル」で受け取るので、彼らは腐敗していることになる。腐敗を良いことと認めるわけではない。しかし、組織のなかで仕事／奉仕する人間にとっては、仕方がないことである。

反腐敗運動は、腐敗のすべてをシステムから取り除くという理想を掲げたが、運動に参与した人々は自分たちがその一部であることはわかっている。腐敗は、社会関係のなかに埋め込まれていて、その立場に置かれたら誰でもやらなくてはならないことだからである。かつ、この講師の言葉でいえば、それは「個人的価値」と切り離されるものではなく、シンクロしていなければならない。しかも、関係性のなかで生きて、働いている限り、そこにコミットし、自己を抑えて組織に「奉仕」すること（selfless service）が「個人的価値」とされる。したがって、賄賂を渡すかどうかという局面に置かれたとき、単に自分自身の心がけで渡さないということはできないのだ。

アパドゥライは、反腐敗運動について、「二重の自己」の片割れである自らの内なる敵を、外部の「政治家」に投影した戦いだと説明した。事例から見えてくるように、片割れは簡単に切り離せるものではないし、二重であることが常に問題化するわけでもない。外部との関係性によって規定される立場上の役割としての側面と、「個人的価値」の側面は、状況によって区別され、その時々で片方がもう片方を覆い隠すものの、そのつながりは保たれる（シンクロされる）のである。とはいえ反腐敗運動においては、腐敗を許さず「自由」を求める個人と、奉仕や腐敗を通して他者との行為のやりとりによってつながる分人の緊張関係が表出したことは確かである。そうした状況において、講師は、「政治家」とは異なる「企業家」としての人のイメージを説明することにより、関係性に埋め込まれながら「個人的価値」を追求するための指針を示したのである。

以下では、同様にミドルクラスの二重性とそのあいだに留まることを絶妙に表現し、多くの読者の支持を得ている作家チェータン・バガトの作品に注目して、そこで描かれる腐敗と反腐敗の運動を検討する。

四　価値の分断と接合

1　チェータン・バガトと「若いインド」の価値

序論で紹介したチェータン・バガトは、二〇〇四年に三〇歳でデビューして以来、小説八作品とエッセイ二編を出版し（二〇一八年一〇月現在）、「新しいミドルクラス」の「英語文学」の担い手として注目を集めている。

インドの英語文学については「古いミドルクラス」の伝統があり、一九九〇年代以降はポストコロニアル文学の文脈で海外の文壇で高い評価を得ている。[19] そうした文学とは異なり、バガトの本は国内読者向けであり、一〇代後半から二〇代前半の冴えない男性主人公による一人称の斜に構えた語り口を特徴とし、飲酒やソフトドラッグ、セックスなどの話題も扱っていることから「(低俗な) 若い男性向け文学 (lad lit)」とも分類される［Viswamohan 2013］。バガトの本は、書店のみならずスーパーマーケット等での低価格での販売により、二〇一四年までに出版された六つの小説で計七〇〇万部以上を売り上げている［Dhaliwal 2014 (*The Guardian*); McCrum 2010 (*The Guardian*)］。入学競争率が極めて高いインド工科大学 (IIT) で過ごした自らの体験にもとづいた最初の小説『5点台の誰か――IITでしてはいけないこと！』(*Five Point Someone: What Not To Do at IIT!*)［2004］は、二〇〇九年に大ヒットした映画『三人のバカ (*3 idiots*)』(日本でも『きっと、うまくいく』として公開) に着想を与えており、他にもバガトの小説にもとづいたボリウッド映画が成功を収めている。

人気の反面、「バガトを『嫌う』ことはファッショナブル」でもある［Viswamohan 2013: 27］。私の高学歴のインドの知人たちにもバガトの作品をまっとうな文学とみなさない人は多く、英語すらまともに書けていないと見下す発言も珍しくない。しかし、それでも「暇つぶしに」とか「息抜きに」という言い訳と共に、彼／彼女らもバガトの本を結構読んでいる。

バガト自身も、自らの作品やメディアでの取材において、英語表現について自覚的に発言している。彼は、英語を第一言語とせず、英語で本を読むのが初めてだという読者層をもターゲットにしており、小説ではヒンディー語の文法で思考して英語で話す「リアルな」インド英語を使用しているという[20]［Dhaliwal 2014 (*The Guardian*)］。さらにバガトは、このように娯楽性が高い小説をインドの多くのミドルクラスが理解できる言葉で書くのは、社会変革を目指すためだと、執筆活動の意図についても語っている。近年は大学でモチベーションを高める講演を行ったり、新聞でコラムを執筆したりと活動の幅を広げているバガトは、自らのノン・フィクションの文章をまとめた著作、『若いインドが求めるもの』（*What Young India Wants*）［Bhagat 2012］で、「腐敗（corruption）」と「価値（values）」について以下のように述べている。

> 腐敗、そしてそれを取り除くためのあらゆることが、僕のミューズになった。アンナー〔・ハザーレー〕の運動が始まった時、僕は自分の文章とソーシャル・ネットワークを通して、できるだけ若者を動員しようとした。モラル的側面は言うまでもないが、腐敗を減らさなければ、僕たちは決して豊かな国（rich country）にはなれない。〔……〕インド人が理解しなければならないのは、腐敗は単に政治家に始まり政治家に終わるものではないということだ。僕たち自身にも責任がある。僕らの歪んだ価値が、こんなにも多くの汚職を許している。不正は、ある程度なら、オーケーだと考えている。こういう価値は良くない。〔……〕卓越、イノベーション、企業家精神、インテグリティに価値を置く社会はうまくいく。インドを豊かにするためには、卓越と正直さに一番の価値を置くべきだ。社会のコアを再設定する必要がある。そのコアは、僕たちの価値だ。
>
> ［Bhagat 2012: xxi–xxii, 段落省略］
>
> もちろん社会は変えられる。ゆっくりだとしても。サティー〔寡婦殉死〕が行われていた時代もあったが、それは間違いだと自分たちで気づいたから、もうやられていない。〔……〕腐敗した社会の一員である僕たちは、みんながどこか腐敗している。課題を写すことから、列車の切符を買うときに子供の年齢をごまかすことまで――みんなが間違ったことをしてきたか、間違ったことを生活の一部として受け入れてきた。新しい価値を見極めて、社会に広めなければならない。
>
> ［Bhagat 2012: 10］

コラムやエッセイにおいて、バガトは、経済成長を妨げる汚職や不正という意味での腐敗をなくすことで、効率的に正直に仕事をし、お金を稼いでみんなで幸せになろうとストレートに呼びかける。こうした自由主義的な立場から、政治家を選ぶさいも宗教やカーストなどの「コミュニティ」ではなく、携帯電話を選ぶように、価値とサービス、パフォーマンスで選ぶよう提案する［2012: 22–23］。高等教育については、IITなどの国立エリート校は受入学生数が少なすぎ、熾烈な競争が営利偏重の予備校乱立や学生の自殺などの深刻な問題を引き起こしていること、そしてそれを補うべき私立大学には腐敗がはびこりレベルが低いことを指摘する。大学経営は非営利原則とされているので、現状では私立大学を運営して利益を出すためには不正を働く以外方法がない。そのため、「ワールド・クラス」の企業やアカデミクスは教育産業に手を出さず、酒造王、サリー製造業者、菓子屋がブラック・マネーで大学経営を行っている。次世代に「ワールド・クラス」の教育を提供するためには、営利目的の大学経営を認め、一流IT企業のインフォシスや複合企業リライアンスの参入を促すべきだとする［2012: 125–126］。こうした変革を可能にするために、まず価値を変えていかなければならないという主張である。

こうしたバガトの主張は、市場の能力主義や効率主義を称揚し、国家や政治社会による再分配を否定しているという、知識人の批判に一見当てはまるものでもある。しかし、外部への偏見にもとづく内輪のつながりや不透明な再分配、そしてあらゆる側面で賄賂や不正がはびこる現状に対する異議申し立ては看過できない。さらに、チャタジーらは、市民社会の運動が自らの腐敗を棚に上げて「政治」批判に終始していると指摘するが、バガトらの問題意識は「みんながどこか腐敗している」ことを前提としたうえで、そこからの脱却を目指すことである。

2 『革命2020』

バガトの小説においても、過剰な競争主義と詰め込み教育にもとづく大学システムや（『5点台の誰か』）、コミュニティ間の偏見と暴力（『三つの州』、『僕の人生の三つの過ち』［2008］）などの社会問題がテーマとして取り上げられている。しかし、コラムの主張とはニュアンスが異なり、小説で描かれるのは、ドロドロした偏見や腐敗に埋め込まれたミドルクラスの人々の矛盾した姿と、彼らへの著者の共感的な態度である。「ラッド文学」としてのバガトの小説をマーケティング戦略に焦点を当てて分析した文学研究者のアーイシャー・ヴィシュワモーハンによると、バガトの主人公たちは、表面上はグローバルな野心を持ちながら、そのコアではありがちな不安と不適合に悩まされている。だから、読者は「最後に勝つ負け犬」に自分を同一化する。こうした感情的なつながりをもとに、ふつうのミドルクラスの若者に、「捉えどころのないインディアン・ドリーム」を求めて手に入れるよう励ます能力によって、バガトは広く大衆の支持を集めているという［Vishwamohan 2013: 27］。

ただし、バガトの小説の語り口や物語の筋は、「最後に勝つ負け犬」である一人の青年の成長物語として素直に理解することが難しい。それは、これまで論じてきた現代インドにおけるミドルクラスの独自の二重性とそのつながり方によるものだと考えられる。つまり、「個人」や「自己」の成長、そして「自由」を目指しながらも、その枠組みに収まらない関係性が同時に重視され、人格に畳み込まれていくからである。以下では、反腐敗運動が盛り上がった二〇一一年一〇月に出版された『革命２０２０――愛。腐敗。野望』(*Revolution 2020: Love. Corruption. Ambition*)をみていこう。『革命２０２０』は、他のいくつかの小説と同様に、バガトが出会った若者が自らの体験を作家に告白するという設定のプロローグから始まる。バガトは、(本作の語り手となる)ゴーパールが経営する大学で講演を行う。その夜、ゴーパールはバガトを自宅に招き、酔いつぶれて病院に運ばれる。そして病室で彼の半生が語られる。

ヴァーラーナシーに住むゴーパールは、母親を病気で亡くし、公立学校教師の父親に育てられた。幼馴染のラーガヴはＩＩＴ出身でエンジニアの父親を持ち、自身も国立工科大学統一試験(AIEEEとIIT JEE)で高得点を取り地元の名門大学に進むが、社会変革を目指して新聞記者になる。この男友達二人一組の成長と、行政長官の美しい娘アールティーをめぐる三角関係が物語の中心である。

ゴーパールが大学入試に失敗したさい、工科大学に行くことだけが人生の成功と信じる父親は、なけなしの財産をはたいた上に借金をして彼を他州の有名な予備校に送った。しかし、翌年もゴーパールが試験に受からなかったと知ると、もともと病気だった父親は失望のなか死んでしまう。その後ゴーパールは、腐敗した州議会議員シュクラーと知り合い、彼の策略にのって私立大学を設立することになる。シュクラー一派と共に、親族と係争中だった土地の入手から、土地利用制限の変更、教員の確保、校舎建設まで、敵を脅迫し、賄賂をばらまき、あらゆる不正を働くことで大学経営は軌道に乗る。

他方、ラーガヴとアールティーは、ゴーパールが予備校に行っているあいだに付き合い始めていた。しかし、ラーガヴが記者の仕事に熱中しているあいだに、アールティーはゴーパールとも恋愛関係を持ち始める。さらに、ラーガヴはシュクラーの汚職を報じたため、シュクラーとゴーパールの圧力により新聞社を解雇される。それにも挫けず個人で『革命２０２０』という新聞を作り始めるも、その事務所もシュクラーの手下に襲われて、ジャーナリストとしての道を閉ざされてしまう。

その後シュクラーは所属政党に見放され、汚職事件の責任を取らされ刑務所行きとなる。シュクラーの後任として、党はアールティー一家に目をつける。アールティーの祖父は州首相を務めたこともある同党の政治家だったのである。しかし、アールティーの父親もアールティーも立候補する意思はなかったので、アールティーの夫（一族の義理の息子）になる人物が後任に相応しいという話になる。ゴーパールは、ずっと劣等感を持っていたラーガヴから、女と仕事を奪い、大学経営によって金持ちになり、アールティーの夫として政治権力も手に入れる寸前まで来る。

しかし、ボロボロになったラーガヴの事務所を訪ねたゴーパールは、そこで貧しい農民父子に出会う。そして彼らに過去の自分を重ねて、今の自分は「いい人（good person）」だろうかと自答し、ひとり泣きじゃくる。直後にゴーパールは、奇妙な作戦で自らを貶めてアールティーに嫌われるよう仕向け、新聞社に再びラーガヴを雇わせ、身を引く。そして後任探しの話を承知の上でアールティーと結婚したラーガヴが、次期議員の席が約束された候補者として選挙を戦う場面で物語は終わる。

以上を話し終わった後、エピローグで、ゴーパールはバガトに「私はやっぱりいい人ではないですよね」［Bhagat 2011: 294］、「チェータンさん、胸に手を当てて、答えてください。私はいい人ですか?」［295］と繰り返し尋ねる。そして「革命はきっと起こる」「大学が大きくなったら、システムを直すようやってみます。封筒を渡し続けるのには嫌気がさした」「そのためには、誰もが犠牲を払わないといけない」と話す。「いい人か」という問いに対面では即答できなかったバガトだが、最後にゴーパールに電話をかけて「あなたはいい人だよ」［296］と告げる場面で小説は終わる。

ここでは、反腐敗運動と語り口を共有し、政治家の不正を暴き理想を追い求めていたラーガヴが、結局は運動が批判してきたはずの縁故主義を利用して政治家を目指すという、一見矛盾した展開が描かれている。この筋からは、理想を目指しても結局は無駄だというシニシズムが表現されているのかという思いがよぎる。しかし、有力一家の婿になるという手段を使ったとしても、一貫して好人物のヒーローであったラーガヴが政治家になることは、意外にも否定的には描かれない。むしろ、小説の終わりには、ラーガヴのその理想と権力が結びついたときに、「革命」は起こるかもしれないという、漠然とした希望が示されている。そして、汚職や暴力にまみれ腐敗したゴーパールは、最後に「いい人」として許されている。今も「封筒」を渡し続けながら、「いい人」でありたいと葛藤するゴーパールは、自らは「愛」を手放すという犠牲を払うことで、ラーガヴが起こしてくれるかもしれない「革命」に期待を託しているのである。

ヴィシュワモーハンが指摘したように、バガトの主人公たちは「捉えどころのないインディアン・ドリーム」を追い求める［Vishwamohan 2013］。それは、本章における「自由」とも言い換えられるだろう。それに加えて重要な点は、彼らは「自由」を希求しながらも、結局勝ったのか負けたのかはよくわからない再文脈化が行われる点である。バガトの作品群において、ラーガヴのように「革命」を目指す登場人物は、「野望」を達成しようとしながら、部分的には従来的なつながりの世界に再び埋没していく。これは、『二つの州』で、異なるコミュニティ出身の彼女とその家族に対する、自身の両親や親族の激しい偏見をなくすのではなく、双方を騙し騙し操作しながら結婚まで持ち込むクリシュや、『5点台の誰か』でカンニングや仲間内の力関係を利用しながら大学のシステムに刃向うハリたちにも共通している。バガトの小説には、腐敗のなかで生きる（著者を含めた）ミドルクラスの人々の、親密でありながら汚いつながりの世界からの脱却と、そうした世界への深い愛着の両方が表現されているのである。

五　二重性の再編

アンナー・ハザーレーと「非政治的」な市民社会で構成された「チーム・アンナー」の反腐敗運動は、翌年には分裂し、複数の人物が本流の政党政治の世界に参入していった。主要人物の一人だったアルヴィンド・ケージリーワールは、ハザーレーから離れて「普通の人党（Aam Aadmi Party, 庶民党）」を結成し、現在デリー首都圏の首相を務めている（二〇一八年八月現在、二〇一五年二月より二期目）。同じくメンバーの一人で、二〇一一年末には交通費の不正請求が問題化したキラン・ベディーは、二〇一五年には国政与党でヒンドゥー右派のインド人民党候補者としてデリー首都圏選挙に出馬し、普通の人党に敗退した。またムンバイ227も、選挙では一人も当選者を出せず、メンバーはそれぞれ別の政党での活動や社会活動、仕事に戻っていった。反腐敗運動の物語は、バガトの小説がすでに示していた道筋をたどったようにもみえる。ベディーの経費の問題について、ある活動家は自分のためではなくNGOのためにしたことだと理解を示したし、デリーの人々はケージリワールの政党に期待を託した。運動の後には、運動が掲げた腐敗と反腐敗、政治と非政治の明確な二分法が一度消滅し、心理計測の講師が試みたように、新しい説明が求められている。

本章では、市民をめぐる運動のひとつとして、反腐敗運動を、腐敗と反腐敗をめぐる論争から振り返り、ミドルクラスの価値の断絶と接合を考察した。官僚的実践を介して、腐敗は人々の生活に浸透し、特定の政治的つながりを喚起させるものとなっている。そうした背景のもと、反腐敗運動は熱狂的な支持を得た。それは、「私はアンナー」そして「インドはアンナー、アンナーはインド」という掛け声とともに、断食やチャンティングなどの行動を介して、自己と英雄的指導者、国家の一体化を目指す運動でもあった。この運動は、都市部のミドルクラスの市民運動の特徴である、能力主義や効率主義を称揚する自由主義的なイデオロギーとも結びついた。左派知識人は、この運動に、反サバルタン、反留保、反民主主義の主張を読み取り、激しく批判した。

しかし、この運動に共感した人々にとって、反腐敗は、反貧困層や反留保に直結するものではなく、階級やカーストを超えた普遍的な価値を持つものだと見なされた。そして、運動が派生していくにつれて、自らが埋め込まれている腐敗からの脱却が一番の焦点となり、批判対象となっていった。日常生活において、ミドルクラスの人々は、腐敗を行わざるをえない組織や関係性のなかの立場と、個人の内面のつながりを多重に分節化している。ハザーレーの反腐敗運動においては、「腐敗」は関係性のなかから切り離された悪として概念化された。それは、つながりの世界から脱却し、個人／市民としての自由な活動を求める動きでもあった。しかし、「腐敗」した自分を「政治家」として外部に位置づけたとしても、自己が二重に分断されるわけではない。「自由」の探求には、一方では、バガトの小説のラーガヴやアンナー・ハザーレーのような「腐敗」の外部に位置する英雄的で超越的な人物が、システムを根底から変えて「革命」を起こすことが必要だった。同時に、他方では、ゴーパールや心理計測の講師のように、「反腐敗」を求めながらも「腐敗」の内部に留まり続けるための指針を提示する存在も必要とされるのである。反腐敗運動は、腐敗と反腐敗の混ざり合いを可視化し、把握する形象を作り上げたといえるだろう。

ミドルクラスの「二重性」とされる葛藤は、西洋近代における公と私の枠組みが、インドにおいて翻訳され再編されていく過程で繰り返し浮かび上がってくる問題でもある。次章では、都市空間における「ウチとソト」という枠組みから、この問題を探究していく。

第四章　ウチとソト——複数のウチの変容と拡張

「要するに、ボンベイの市民の運動は多かれ少なかれゴミから生まれたようなものだね」。ムンバイの活動家が語るように、ゴミ問題と公共空間の美化は市民が長年取り組んできた重要課題のひとつである。ムンバイ・ミラー紙が実施した「汚れとの戦い（Fight the Filth）」キャンペーンも、こうしたインド都市部の市民運動の特徴を表している。これに対して、都市の美化に関する先行研究は、グローバルに流通する新自由主義と市民の価値が結びつき、ミドルクラスが公共空間を私有化・分断化することにより、貧困層の排除を強めていることを問題化してきた。格差が激しいインドの都市部において、こうした批判が重要であることは間違いない。ただし以下でみていくように、今日のインドの市民運動を捉えるためには、この説明では不十分である。そこで本章では、西洋的な、あるいはグローバルな「公と私」のみならず、インドにおける「ウチとソト」という空間枠組みに焦点を当て、両者の接続とずれを記述する。そうすることで、ローカルな空間規範にもとづく清浄さが、市民であることとどのように関連し、自己と他者の境界を再編しているのかを考察する。

前章では、腐敗をめぐる論争から、西洋近代的な「公と私」という区分と、それとは緊張関係にあるローカルな価値や社会関係を検討した。その一方で、アパドゥライが現代インドのミドルクラスは「公と私」、「西洋とインド」、「市民性とローカルな関係性」に対応する「二重の自己」を有していると分析したように、欧米的な「公と私」の区分とインド的な文脈を対比させてインドを理解する思考法は、研究者の理論に留まらず、一般的にも共有されている。本章で注目する「ウチとソト」も、西洋的な「公と私」との比較や差異化のなかで練り上げられてきた。

「ウチとソト」は、インド、ベンガルのミドルクラス・ヒンドゥーにとってのローカルな空間区分である「ガル／バーハル（*ghar/bāhar*, 家／外）」を起源とする。植民地期のナショナリスト・エリートは、「ウチとソト」に「精神的に優れたインドの伝統」と「物質的に進んだ西洋の近代」（inner/outer, inside/outside）という規範的な価値を重ね合わせた［Chakrabarty 1992; Chatterjee 1989; Kaviraj 1997; 常田 二〇一一］。そして、この空間性と精神性を兼ね合わせた「ウチとソト」の枠組みにもとづいた言説と実践が、今日、広くインドの人々の空間認識と市民活動にも影響を与えている［Ghertner 2012］。このように「ウチとソト」は、ローカルな空間認識（ガル／バーハル）からローカルな学術的分析枠組み（innter/outer, inside/outside）となり、その分析枠組みが建築様式や市民運動に用いられるなかで現実を作りかえてもいる。したがって本章では、現地における経験的なものと分析的なものの領域横断的な運動を描くことを試みる。

一　ウチとソト

1　公共空間の私有化？

公共空間は、排他的で均質的な共同体と対置されることで、多様な人々に開かれた場として理念化されてきた。しかし現代社会では、グローバル化によって公共空間の私有化と分断化が進み、人々は他者との交渉を回避するようになったと指摘されている。なかでもマルクス主義的な都市地理学は、世界的な新自由主義の浸透による公共空間の危機を論じてきた。たとえば北米の都市部において、ミドルクラスの白人がセキュリティを名目として人種化・階級化されたゲイテッド・コミュニティに閉じこもっていく現象は、私的所有による都市的な公共空間の分断として、また他者を恐れて自己を隔離することによる公共性の喪失として批判されている［e.g. Low 2001; デイヴィス 二〇〇八、ハーヴェイ 二〇一三、齋藤 二〇〇五、cf. アレント 一九九四］。

こうした議論においては、異質なものが出会う場であり、自由で政治的な討議の場としての「市民的公共性」が失われてきたことが問題化されている。ハーバーマスによると、市民的公共性は、近代西欧において家庭で読書をする市民が国家権力の外部にある公共空間（カフェや結社など）で批判的な議論をすることで形成された。ところが福祉国家の拡大により人々の生活が管理されるようになり、後期資本主義の進展にともない画一的で受動的な大衆消費社会が拡大したことにより、政治的なものへの関心を失った人々は私生活に閉じこもるようになり、市民的公共性は崩壊したとされる［ハーバーマス 一九九四］。このような転換を経た公共空間には規律的な権力が作用するようになり、そこでは討議する公衆ではなく公益のために規則を守って正しくふるまう主体となることが要求される。さらに現代社会は、第五章で論じるように、生権力の作用が従来の空間的な囲い（学校や病院など）を超えてグローバルに広がった管理社会として特徴づけられている［ドゥルーズ 二〇〇七、ネグリ、ハート 二〇〇三］。以上のような、「誰にでも開かれた」公共空間がグローバル化や新自由主義によって損なわれてきたという批判は、インドの文脈にも当てはめられている。

インドの都市部の市民運動も、その他の新興国の研究と同様に、グローバル化の政治経済とポストコロニアル研究の観点から論じられてきた。そこでは、「グローバル」（グローバル資本による支配）と「ローカル」（非西洋社会のサバルタンの抵抗）の枠組みをもとに、グローバルがローカルを取り込むか、ローカルがグローバルを飼いならすかという構図が背景とされてきた［Ong 2011］。都市の美化運動についても、公共空間の私有化批判というグローバルな議論を前提に、所有者であるミドルクラスの市民が公共空間の管理を強め、非所有者であるサバルタン（たとえば自らが所有しない土地を「不法」に占拠する露天商やスラム住民）を排除していると批判されてきた。たしかにビーチに住む貧者を追い出して市民のために美化する事例［Fernandes 2006］や、住宅所有者組合が「公益」を掲げてスラムを撤去するよう司法に訴える事例［Chatterjee 2004; Ghertner 2012］は、新自由主義時代の公共性の喪失と特徴を共有している。

しかし実際の市民運動からは、グローバルな強者とローカルな弱者のせめぎあいでは捉えきれないものが見えてくる。また、そもそも公共性を侵食するとされるグローバルな「新自由主義」には、あらゆるものを均一化していくのみならず、国家内部で複数の権力や管理体制を多様に配分することで、それらが隙間を作りながら併存することを可能にするという側面もある［Ong 2006; see also Anjaria and McFarlane 2011］。インドの場合でも、新自由主義的な文脈から市民参加が要請される市民社会的な領域と、植民地的／近代国家的権力による人口の統治をめぐる政治社会的な領域が重なり合ったりずれたりしながら新しい空間を作り出している。他方、ローカルに位置する「インド的な」思考や実践もまた、自らの流動的で開かれたプロセスのなかに外部を取り込みながら変化を続けるという特徴がある［Anjaria 2012; Daniel 1984; Ramanujan1989］。したがって本章では、ひとつのグローバルが複数のローカルを包含するのではなく、人々がグローバルとローカルの文脈をシフトしながら、概念や実践を関係的に再編し続ける様相に目を向ける［cf. Strathern 1995］。以下ではまず、「公と私」と接触するなかで、完全にローカルで伝統的な概念でも完全に植民地的な構築物でもない「ウチとソト」がインドにおいてリアリティを得てきた過程を考察する。

2 「公と私」との接触と「変遷の語り」

第一章でも言及した作家のメーターは『マキシマム・シティ』（*Maximum City: Bombay Lost & Found*）［2004］で、公共空間の汚さとインド人の市民意識の欠如について述べている。

郵　便　は　が　き

料金受取人払郵便

網島郵便局
承　認
2960

差出有効期間
平成32年3月
31日まで
（切手不要）

223-8790

神奈川県横浜市港北区新吉田東
1-77-17

水　声　社　行

御氏名（ふりがな）	性別 男・女	年齢 歳
御住所（郵便番号）		
御職業	（御専攻）	
御購読の新聞・雑誌等		
御買上書店名	書店	県市区　町

読　者　カ　ー　ド

この度は小社刊行書籍をお買い求めいただきありがとうございました。この読者カードは、小社刊行の関係書籍のご案内等の資料として活用させていただきますので、よろしくお願い致します。

お求めの本のタイトル

お求めの動機

1. 新聞・雑誌等の広告をみて（掲載紙誌名　　　　　　　　　　）
2. 書評を読んで（掲載紙誌名　　　　　　　　　　）
3. 書店で実物をみて　　　　4. 人にすすめられて
5. ダイレクトメールを読んで　　　　6. その他（　　　　　　　　　　）

本書についてのご感想（内容、造本等）、今後の小社刊行物についての
ご希望、編集部へのご意見、その他

小社の本はお近くの書店でご注文下さい。お近くに書店がない場合は、以下の要領で直接小社にお申し込み下さい。

◎

直接購入は前金制です。電話かFaxで在庫の有無と荷造送料をご確認の上、本の定価と送料の合計額を郵便振替で小社にお送り下さい。また、代金引換郵便でのご注文も、承っております（代引き手数料は小社負担）。

TEL：03（3818）6040　FAX：03（3818）2437

インド人には、たとえばスカンジナビア人のような市民意識（civic sense）がない。人々がきれいに保つ空間の境界線は、「自分のもの」と呼ぶ空間の終わりに引かれる。私の住む建物のそれぞれのフラットの中は、一点のシミもないほどきれいだ。室内は毎日、あるいは一日二回、掃かれてモップをかけられる。公共空間――ホール、階段、ロビー、コンパウンド――は、ビンロウジを吐いたシミで汚れている。地面は、生ごみ、ビニール袋、人間や動物から出た汚物の固まりで覆われている。これはボンベイ中で、金持ちのエリアでも貧乏人のエリアでも同様だ。

この市民意識の欠乏は、イギリス人からヒンドゥー・ナショナリストのＲＳＳ[1]まで誰もが注目してきたことで、いわば、インド人の国民的欠陥である。　［Mehta 2004: 138］

インドの都市において、「家の内側」は丹念に掃除されるものの[2]、「家の外」である公共空間にはゴミや汚物があふれていることは、旅行記や小説、新聞記事などで繰り返し記述されてきた。現在の都市のミドルクラスやメディアの言説においても、公共空間の汚さは「市民意識の欠如」として問題化されている［Chakrabarty 1992; Reddy 2013］。これに対して、サバルタン研究に代表されるインドの、おもにベンガル人の論者たちは、西洋の「公と私」とは異なるインドの「ウチとソト」を用いたオルタナティブな説明を模索してきた。

チャタジーは、植民地期のナショナリストたちが、政治的言説、小説、劇などを通して、インドの文化的領域を「精神と物質（spiritual/material）」に該当する「ウチとソト（inner/outer）」に二分していったと論じる。エリート・ナショナリストは、ソトにあたる物質的（科学技術や近代国家機構の）領域では西洋に劣っていても、ウチの精神世界においてはインドの方が優れていると主張した。この「ウチとソト」は、社会空間を二分する「ガル／バーハル（*ghar/bāhar*）」、すなわち「家と世界」の概念に重ね合わされたものであった[3]。「世界」は実質的な利益の追求がなされる男性の領域なのに対して、「家」は外部から守られなければならない精神的な自己のアイデンティティであるとされ、女性にその価値を表象する役割が担わされた。こうした「家／世界」、「精神／物質」、「女性的／男性的」という二項対立を構築することで、ナショナリストたちは、ウチなる精神の領域は植民地化されていないという言説を生み出すことができたという。ただしチャタジー自身は、この言説は結局植民地主義的な本質化の枠組みに絡み取られたものであったと指摘している［Chatterjee 1989］。

イギリス植民地支配によってもたらされた「公と私」の概念が、すでにあったベンガル人エリートの概念とどのように影響を与え合い新しい布置を形成したのかを議論するなかで、カヴィラージも「ウチとソト」に注目する。カヴィラージは、このベンガルの二項対立を明示したラビンドラナート・タゴールの小説『ゴレ・バイレ』（*Ghare Baire*）が『家と世界』（*The Home and the World*）と英訳されたことに触れつつ、「ゴレ／バイレ」の概念は、文字通り「家の内側／外側（inside the house/the outside）」として理解されるべきだという［Kaviraj 1997: 93］。彼によると、この「ウチとソト」は「公と私」の規範を部分的に取り入れながら保たれていった。たとえば核家族を基盤とする「私的な（private）」生活の概念は受け入れられなかったものの、家父長制にもとづくより大きな世帯単位でのウチとソトの区分は強化された。こうしたなかで、ベンガルのミドルクラスのあいだでは、ウチは掃除が行き届いて清潔なだけでなく、清浄で吉祥な空間で、「安定的でパターン化された関係性にもとづく安全な領域」として確立していった。反対にストリートに代表されるソトは、とくにカルカッタのような植民地都市においては、不適切なカースト間の接触の可能性が高く［Kaviraj 1997］、「人々の健康と安定を脅かすサブスタンスが行き来する」危険な場所とされた［Chakrabarty 1992: 542］。

イギリス式の公共空間として作られた公園も、このローカルなソトの領域に位置づけられることで、独自の変化を遂げていく。カヴィラージは、カルカッタの公園が一九六〇年代までに「下層化」、あるいは「民主化」していったと論じる。このころ、露天商や住む場所のない貧民で賑わうようになった公園は、「汚物（filth）」にまみれていた。カヴィラージは、この「汚物と無秩序」が公園にミドルクラスを寄せつけないための「象徴的なバリア」として働き、貧者による空間のコントロールを可能にしたとする。さらには、この「貧困の文化」を貧者による抵抗とみなし、インド固有の民主主義や近代を考えるために重要だと主張する(4)［Kaviraj 1997］。

こうした諸概念のマッピングを示すことで、カヴィラージは、インドにもグローバルな「公と私」の概念が普及していくという「変遷の語り」を植民地的なものとして批判する。そして、いずれは「カルカッタはロンドンになり、ベンガル人の富裕層と貧困層は公と私の原則を正しく『理解する』」という図式は誤りであり、代わりに「我々の近代がとりつつある輪郭と形式」に目を向けるべきだと結論づける［Kaviraj 1997: 113］。

これらの研究は、西洋／グローバルとは異なるインド／ローカルの枠組みを強調することで、「近代」や「公共空間」といった概念を相対化する役割を果たしてきた。そのうえで、「ウチとソト」という枠組みは、「インド的なもの」として参照され続けることで、学術的な領域から日常的な領域へと再度移行し、現代インドの他地域においてもリアリティを維持していると考えられる。先に引用したメーターによるボンベイの記述でも、ウチであるフラットのなかはきれいに保たれるものの、ソトは汚物にまみれているという図式が示されている。同時に、ソトは公共空間と重ねられてもいるので、その汚さが「市民意識の欠如」として問題視されるのである。

ここであらためて注意を促したいのは、西洋の文化的枠組みである「公と私」に対して、インドには「ウチとソト」という独自の文化的枠組みが伝統的にあったわけではないということである。またカヴィラージは、「変遷の語り」は普遍的進歩を前提とした社会科学者の幻想だとして批判し、「我々の近代」は別にあると主張する。そこには、社会科学的枠組みとは無関係に存在する実体的な人々の営みが想定されているようにみえる。実際には、これまで議論してきたように、西洋の概念とインドの概念、また社会科学の概念と日常実践の概念は、互いに接触するなかで形成されている。したがって、人々がこれらの概念を参照枠としながら、新たな文脈を作り出している過程に注目する必要がある。アンジャリアは、インドのストリートの「文化的」研究に共感しつつも、インドのストリートに実体的な「異文化」があるとみなすのではなく、ストリートを形成している流動的な「差異」に目を向けるべきだという。その差異とは、「生きられた経験」と「都市的で近代的な規範」の乖離である［Anjaria 2012］。「近代」、「西洋」、「公共性」などの規範は、常にある差異の参照枠として、インドの人々の日常に組み込まれている。この差異が、「変遷の語り」を生み出す基盤ともなっているのである。私が調査で知り合った市民活動家たちもまた、よりよい状態を目指す「変遷の語り」にもとづいて運動を展開していた。すなわち、「変遷の語り」は否定されるべきものではなく、カヴィラージのいう「我々の近代」の一部を構成するものとして検討されるべきである。

3 「自分のもの・自己」としてのウチ

現代の市民運動においても参照されている「ウチとソト」のもうひとつの重要な側面に、所有と自己に関するものがある。先の引用でメーターは「人々がきれいに保つ空間の境界線は『自分のもの』と呼ぶ空間の終わりに引かれる」［Mehta 2004］と述べていた。カヴィラージもまた、「ウチとソト」のもう一組の意味を、「自分のもの・自己／自分のもの以外・自己以外（ベンガル語で *āpan/par*、英語では mine, self/not-mine, not-self）」［Kaviraj 1997: 93］として説明する。ここにおいて、ソトは「自分のものではない場所」であり、「単なるウチの反対側、概念的に重要でない場所」［Kaviraj 1997: 98; Chakrabarty 1992］とされる。さらに「ウチとソト」の区分は、自己と自己以外、家の中と外、村落の中と外のように、状況ごとに変化する。そこにおける「ウチ＝自己」としての人格は、ソトとのさまざまな物質や環境との関係によって作り続けられる存在である［cf. Daniel 1984］。

私が調査中に興味をひかれた鉄道の放送にも、こうした「自分のもの」を中心とした「ウチとソト」の感覚が示されている。いつも騒がしいムンバイのローカル鉄道の駅構内では、マナー向上のために次のようなアナウンスが流れている。

駅はあなたの財産です[5]（the station is your property）。駅と車両をきれいに保てるよう、ご協力お願いします。包み紙などをプラットフォームや電車内に捨てないでください。

インドではゴミは家まで持ち帰らず、外で捨てて帰ることが当然とされる。電車では飲食をすることが一般的で、かつ包み紙や残り物は椅子の下に捨てるか、自分のいる空間をよりきれいに保ちたい人ならすぐに窓から外に捨てる。こうした現状のなか、このアナウンスは、公共空間である駅や電車を「自分の所有物[6]（property）」とみなすように訴え、だからこそマナーを守ろうと促している。この論理は、類似する東京メトロのキャンペーンにみられたものとは対照的である。たとえば、二〇〇八年から二〇〇九年のキャンペーンでは、電車で飲食や化粧、電話をする人のイラストに「家でやろう」というメッセージがつけられていた[7]。ここには、公共空間についての異なる認識が現れている。日本では、電車はソトである公共空間なのだから、ウチの感覚で振る舞うことは非難の対象となる。ところがインドでは、電車でも「家のようにしよう」と呼びかけられているのである。

こうした言い回しは、市民活動家によってしばしば用いられる。たとえば私が参加したある市民ワークショップで、講師は次のように話した。「バスのシートに穴が開いていて、そこに指を突っ込んでスポンジを掘り出して、それを丸めて遊んだりしたことがありますか？　私は子供の頃やったことがあります。なぜそうするのか？それは、『これは政府のものだ、自分のものじゃない（*yeh to sarkār kā hai, merā nahīṃ*）』と思っているからです。それをあなたのものだと思わなければなりません[8]（You should think it's yours）」。

市民運動の実践においても、「自分のもの」と「それ以外」という枠組みを参照することで、公共空間への取り組みが行われている。「サーフ・アーンガン（Saaf Aangan）」（きれいな中庭）は、二〇〇六年に市民団体とムンバイ市（BMC）が共同で打ち出した新しいコンセプトである。アーンガンは、ここでは「建物／施設に隣接し、溝や歩道を含む公共空間」と定義されている。サーフ・アーンガンを維持していないとみなされた施設の所有者や従業員は、BMC職員である「不快行為取締官（Nuisance Detective）」や契約職員の「美化司令官（Clean-up Marshals）」と呼ばれるスタッフに一〇〇〇ルピー（約一六〇〇円）までの高額な罰金を科される。二〇一一年時、活動家のSさんは、こうしたスタッフと共に地区を見回りし、住民や商人への指導、罰金の徴収を行っていた(9)。

ここでは、「アーンガン」という建築様式の比喩を使うことで、自分の家を中心としたウチの延長として公共空間を捉えることが目指されている。Sさんは、サーフ・アーンガンのコンセプトを「商店主や露天商が店の前の道路を『自分のもの』として扱うように頼む」ことだと私に説明した。通りがかりの人が捨てたゴミでも、歩道にチャーイの露店があったとすれば、清掃活動はその店舗の責任となる。露店商は、行政官や市民メンバーに歩道が汚いことで叱られた場合、その場をやり過ごすため、笑顔を作って言われた通りにゴミを集める。あるパーン（ビンロウジや石灰、香料等を混ぜた嗜好品）売りは、最初に注意されたさい、歩道を掃いたゴミを車道沿いの溝に落とした。しかし、さらに注意を受けたため、溝に捨てたゴミを二枚の板で挟んですくい上げ、店舗横のゴミ箱へ入れた。つまり、最初の行為では露天商は溝をアーンガンのソトだと理解していたのであり、どこまでがアーンガンなのかについて共通理解は得られていなかった。ある商人は苛立ちを露わにして、「あなたは誰なんですか？　この道は『あなたのもの』ですか？『あなたの父親のもの』ですか？」と言い返した。その問いに対するSさんの返答は「『わたしのもの』ではない。でも『あなたのもの』ですか？」というものだった。

市民活動家が目指す公共空間の喚起は両義的である。キャンペーンにおいて、活動家は暫定的にアーンガンを露店商のウチとみなし、清潔に保つのは彼らの責任だとする。その一方で、活動家もそれを部分的に彼ら自身のウチとみなしているからこそ、清潔さに気を配り、きれいに保たせようとしている。しかしながら、言い争いの事例が露呈したように、突き詰めるとアーンガンは誰かのものとしての正統なウチには（まだ）なっていない。これらのエピソードが示しているのは、行政や市民団体が公共空間をソトではなくウチとみなすよう人々に呼びかけることで、所有の主体を規定しなおし、空間区分の再設定を行おうとしていることである。さらにここからは、自己を中心として流動的、重層的に境界づけられる範囲としてウチが捉えられていることが伺える。

4 公共空間のウチ化

こうしてみると、住宅所有者である都市のミドルクラスが公共空間の美化という名目で非所有者である貧困層の排除を強めているという、公共空間の私有化と他者排除を批判するグローバルな議論と、インドの市民活動の論理がうまくかみ合わないことがわかる。インドの都市において、市民としてのミドルクラスは、単に「私的な」領域に引きこもることはできない。その背景には、「私的」という概念とウチという概念の差異がある。そこで再び「公と私」と「ウチとソト」の関連性を参照して、この運動を捉え直してみたい。

デリーでは、住宅所有者組合の活動によって、過去一〇年ほどの間に一〇〇万人以上の「スラム」居住者が強制撤去させられた。デリーのミドルクラスによるこれらの活動を研究するガートナーは、カヴィラージらの「ウチとソト」の空間論を援用しながら、「私的なもの（the private）」とウチの関係を検討する。インドのミドルクラスにとってのウチは、親族やカースト集団を含む緩やかな安全圏であった。しかし、西洋的な「私的」領域の概念と合わさることによって、ウチの範囲は、排他的な私的所有や法的権利に規定される領域に限定されることになった。さらに、他方では都市の「下層化」が進んだことで、貧困層は誰の「私的」領域でもないソトとしての公共空間に、露店やスラムという形で生活や居住の場を拡大してきた。これにより、自らの安全で安定的なウチの領域が縮小したミドルクラスは、ウチの範囲を、私的所有の領域である住宅から、近隣エリア、ひいては都市全体まで徐々に広げようとしている。つまり、ガートナーによると、近年の都市ミドルクラスの市民活動は、従来のソトの領域に新しいウチ、すなわち「市民の領域」としての公共空間を拡大しようとするものである。こうした立場から、ミドルクラスの活動家は「ウチ＝市民的公共空間」としての路上や空き地、公園を不法占拠から「取り戻そう（reclaim）」と訴えるのだという［Ghertner 2012］。

ガートナーの議論からは、「ウチとソト」と「公と私」の重なり合いが特定の効果を生み出していることが読み取れる。彼によると、緩やかでより流動的な枠組みであったウチは、一方で「私的なもの」の概念と組み合わされることで部分的に固定化され、狭い範囲を示すものとなった。そうしたなか、他方で以前あったはずのウチなる領域と公共空間という概念を結びつけ、それを「取り戻す」ことを目指すのが、市民活動家の論理である。このように、現代のインドの都市部における「公共空間の私有化」は、もともとすべての人々に開かれた公共空間たるものが存在し、それが新自由主義的潮流のなかで私有化されていくというモデルで説明できるものではなく、むしろ、自分の住む家を中心としたウチの領域がさまざまに変化してきた過程のなかに位置づけて考える必要がある。

二　ボンベイ・フラットの歴史

「ウチとソト」は、自己と周囲の環境に応じて変化する流動的な枠組みである。このことは、二〇世紀初頭のボンベイにおいて、「ウチとソト」が、物理的な住宅構造においても人々の認識においても、数十年の間にさまざまに変化していったことからも明らかである。植民地化が進む当時のグローバルな状況下で、七つの島々を埋め立てながら建設されたボンベイには、西洋風の居住形態として集合住宅（フラット）が登場した。この接触領域において、移民たちは新たな空間の線引きを行っていった。その過程では、インド的なウチが西洋的な「私的所有」へ縮小するという一方向的な運動のみならず、それまでソトの領域にあったものを含みこみながらウチが拡大していく動きもみられる。本節では、ボンベイにおけるフラットの物理的な構造の変化と新たなコミュニティとしての住宅協同組合（cooperative housing society, CHS）に焦点を当て、その動態を示す。

歴史家のニキル・ラーオは、ムンバイにおける「ミドルクラス」――ここでは「高カースト の下位中産階級（higher-caste, lower-middle class）」――のライフスタイルやアイデンティティは、フラットという住宅形態と密接に関連していると論じる。ここでいうフラットとは、一九二〇年代から三〇年代のボンベイにおいて出現した「独立型（self-contained）」のフラットのことであり、それは各住居に室内トイレが備わっていることを意味する。この時期、ラーオが焦点を当てる南インド系の事務職クラスの移民は、労働者向けの貸間（tenement, *chawl*）からフラットに移り住むなかで、「ミドルクラス」としての新たな「コミュニティ」を形成していった。

「ウチとソト」の変容という本章の視点からは、ボンベイの集合住宅におけるトイレの位置が重要となる。複数の契機を経て、トイレはソトからウチへと移動していく。一九一〇年代、ボンベイに初めて登場した集合住宅はヨーロッパ人向けのものであった。ボンベイ経済が急成長するなかで、一九一九年に設立された植民地政府の「ボンベイ開発局（Bombay Development Directorate）」は、「産業住宅計画（Industrial Housing Scheme）」の下に、インド人労働者向けにチョール（*chawl*）と呼ばれるワンルーム型の貸間集合住宅の建設を開始した[(10)]。当時のインドの一般的な住宅では、農村でも都市でも、トイレにあたる設備は居住空間の外に設けられていた。開発局によるチョールのデザインがヨーロッパ人向けの集合住宅と異なった点は、経費面と衛生面を理由に、洗い場（*nahānī*）――低い仕切りで囲まれた蛇口のある空間で、洗濯、食器洗い、風呂、時にはトイレにも使われたとされる――が部屋ごとではなく、各階や棟で共有されたことであった。しかし、チョールは、単身労働者には家賃が高すぎ、家族で住むミドルクラスの居住形態には適さなかったため、開発局の計画通りに住宅を供給することは叶わず、第二次世界大戦後まで半数が空き部屋であったという［Rao 2013: 109–111］。

これを受けて一部のチョールはミドルクラス向けに形を変え、徐々にチョールとは明確に区別される「独立型フラット」の概念が確立されていった。とはいえ、しばらくトイレの位置は定まらず、さらにウチ側への移動が続くことになる。一九三〇年代初頭には、トイレは各部屋の専有ではあるものの、ベランダに設置されることが適切だとされた。その後、水洗トイレと下水設備が普及し始めた一九四〇年代までには、完全に室内に備えつけられることが一般的となった。これには、インフラストラクチャーの整備のみならず、飲食や睡眠を行う同じ屋根の下で「不浄」とされる排泄行為を行うことが、高カーストのミドルクラスに受け入れられる必要があった［cf. デュモン 二〇〇一］。当時、M・K・ガーンディーに代表される社会改革の機運を受け、フラットを設計し普及に努めた土木技師は、「保守的で宗教的な偏見」である「不浄」の意識を捨て、「近代的な衛生問題」の観点からトイレを捉えるように啓蒙活動も行っていた。トイレの微妙な位置づけは、フラット内部にも引き継がれた。一九二〇年代にボンベイに住み始めたバラモン男性の話では、フラットに二つの入り口があることが一般的だった。ひとつは居間や寝室への入口で、もうひとつはサーバントが使う勝手口である。勝手口からは、掃除人が居住空間を通らずに直接トイレに向かうことができた［Rao 2013: 122–132］。

こうして一定の留保をつけつつも、従来ソトにあるべきとされたトイレがフラット内に移動されフラット単位のウチの境界線が形成される一方で、都市の集合住宅ならではの曖昧な「ウチとソト」の中間領域も形成されていく。たとえばフラットのソトではあるものの、建物のウチ側である踊り場や階段の下などには、掃除人などのサーバントが家族単位で居住することも一般的であった。先に引用したメーターも公共空間のひとつとして挙げていたように、フラットの建物を低い塀で囲んだエリアである「コンパウンド」も、そうした中間領域のひとつである。小さな子供は道ではなくコンパウンドの中で遊ぶように言われ、露天商から野菜を買う女性はコンパウンドの中までは家着のワンピース「マキシ」で降りてくることができた［Rao 2013: 163–164］。

さらに、フラットの建設とそこへの居住を可能にし、都市的な文脈での「コミュニティ」の再構築を可能にしたものに、協同組合があった。一九一〇年代、植民地政府は、低金利での融資などを通して、都市の協同組合活動を推進した。住宅協同組合においては、各メンバーが分担金を負担し、その資本を担保に融資を受けて土地を買い、建物を建てる。植民地期のインドの協同組合の特徴として、おもにカーストを意味する「コミュニティ」

単位でのメンバーシップの制限が認められていたことが挙げられる。[11] 当初の協同組合には南インドのバラモンを中心として厳密なジャーティによる制限が設けられていたが［cf. Conlon 1977］、次第に「コミュニティ」の定義が拡大され、「ゾロアスター教徒」（パールシーとイーラーニーを統合したカテゴリー）[12]や、「カトリック」（東インド人、ゴア人、マンガロール人の統合）、より曖昧な「南インド人」などのように「メタ・カースト」が形成されていった。このように一方ではカーストや宗教、地域のそれぞれから統合的なカテゴリーが作られ、他方ではスラムに住む南インドからの移民労働者はフラットに住む「南インド人」のカテゴリーには入らないというように居住環境や階級によるコミュニティの線引きも明確化されていった［Rao: 171–197］。フラットの所有を可能にしたのは、このカースト、出身地、階級という重層的な枠組みで緩やかにつながった新しい「コミュニティ」であり、ここに住宅という所有物を「共有」するという観点から新しいウチの領域が現れたといえる。

チョールからフラットへ移った人々は、不浄のトイレを内包するという意味で従来のソトを入れ込んだ、清潔で近代的で自己完結的なミドルクラスの居住空間としてのウチの領域を手にした。フラットに住む人々がしばしば語るように、トイレを共有するチョールにあった流動的である種親密な空間は、フラットごとに閉じられた空間になった。その一方で、フラットでの生活は「コンパウンド」という「ウチとソト」中間的な領域で囲まれており、共同出資を行う新たなコミュニティとしてのウチである住宅協同組合の存在に支えられたものであった。

三　ウチの拡張？

ボンベイ／ムンバイという都市におけるフラット居住の特徴を踏まえたうえで、現代ムンバイのフラットを中心とした市民活動に視点を戻そう。第一章で示したように、「先進的地域管理（ALM）」は、都市自治体のリソース不足を補うという目的を持って、市民と行政のパートナーシップの観念をもとに構想された。そしてＡＬＭ

のパンフレットの表紙には、「都市をあなたの家（home/*ghar*）として捉えよう」と書かれていた（七五頁、図1-3）。本節では、ALMという枠組みで市行政との対話の場に招かれた市民活動の、ウチの拡張という側面に焦点を当てていく。

1 「招かれた空間」としてのウチ

フラット居住者の組織を単位に構成されたALMの「招かれた空間」は、誰にでも開かれた公的領域ではない。これは、ムンバイ市が、市の問題にボランタリーに取り組んでもらうことを期待して、事業の対象とした「ミドルクラス」のフラット住民に向けて作った空間である。ALMの月例会議は、「政治社会」において数で勝負できるスラム住民などに比べて自分たちの声が届いていないと不満を抱くミドルクラスに、選挙を通さずに担当部門行政官と直接知り合い、交渉する機会を与えた。ALMのメンバーは、この空間へのアクセス権を保つため、実際に要望が叶えられなかったり、効果が見えない活動にも積極的に参加していた。

A地区のパールシー女性Mさんは、一九九九年に市行政の指導でゴミの分別を開始し、自分のフラットのある建物の住民を説得して回り、ほぼ八〇パーセントの住民が分別するようになったという。しかし、住民が分別しても市の回収トラックは一種類しか来ず、分別したゴミをまた全部まとめて回収していった。それが続くうちに、フラットの住民たちは無意味な分別をしなくなってしまった。市の分別回収はまだ始まっていないが「今でもまだ分別を続けているのは私くらいよ」と、彼女は言う。このように、市行政に協力してもそもそものシステムが機能していない状況で、なぜ毎月ALM会議に通い、活動を続けられるのか。Mさんはインタビューでこのように説明した。

私が参加するのは、少なくともそれが唯一の開かれた機会だから。以前は私たちには行政官にアクセスする

図 4-1　ALM のある地区の街角（左）。昔ながらのボンベイ・フラット（右）。

機会は一切なかった。今は、少なくとも、定期的に参加すれば、わずかながらも、何人かの行政官とはいい関係を築くことができる。そして本当に、ときどきは、いい人たちもいて、できるときには助けてくれるのよ。（二〇一三年二月六日）

市行政は市民に向けてドアを開き、ALM会議というウチの領域に招き入れた。ALMの枠組みで人々が関与できるのは、この空間内部に限られている。これに対して市民のあいだでは活動領域が限られていることを嘆く声や行政を批判する意見もあった。その一方で、この特定の領域において行政官と個人的に知り合いになり、自分たちの問題について直接交渉できることが利点であった。そして、かろうじて開かれた機会が閉じて以前のようなアクセス不可能な状況になってしまわないために、Mさんは効果を感じられなくとも会議に出かけていくと語ったのだった。

このように限定的な公共空間であるALM会議や、そこで議題となる活動内容は、ALM参加者たちの日常空間も再編していく。ALM参加者たちは、与えられた領域での活動、すなわちフラットのコンパウンド、そこを囲む通り、最寄りの公園など、近隣の美化に心を砕いていた。こうした市民のウチへの関心は、ALMに課された活動領域がまずゴミ問題に焦点化されていることに加えて、行政から要求される形式にも一因がある。たとえば月例会議で何らかの問題を訴えると、市民には「証拠」を出すようにいわれる。証拠とは、情報を詳細に記載したレターと写真である。こうした証拠が提出できないと、虚偽の訴えをしたと行政側に非難されてしまうので、市民の活動は自分の目の届く範囲に集中していく。さらには、自分たちがゴミを分別しても行政が分別収集を行わなかったり、レターと写真を何度提出しても窓口をたらい回しにされたりすることが多いなか、活動家たちは（第五章で述べるように）自らの職分（カルマ）を果たすことや、満足を得る内面的な問題に焦点化していくことになる。こうした介入可能な問題を中心として、新たなウチが立ち現れてくる。

2 「私たちのエリア」としてのウチ

この地区のＡＬＭの中心人物の一人であるＳさんは、ＡＬＭの活動について私が質問したさいに、まず自身の住む建物のコンパウンドの変化について語った。先述したように、コンパウンドはフラットと建物を囲む「ウチとソト」の中間領域として位置づけられる。また同時に、先に引用したメーターの記述にもあるように、「汚い公共空間」として人々がまず思い浮かべる例のひとつでもある。ＡＬＭ事業について語るさい、まずコンパウンドが話題に上がったことは、この運動とここで想定されている公共空間の性質を示唆している。Ｓさんによると、以前コンパウンドの中には、各フラットのゴミを集めておくための一メートルほどの高さの壁で仕切られた一角があった。市のゴミ収集は週に二回なので、コンパウンド内に積まれた生ごみには牛やカラス、ハエがいつもたかっていた。そこでＳさんらは、まずこのゴミ捨て場を撤去し、週に二回のゴミ収集のタイミングに合わせてゴミを出すように、フラットの住民に手紙を配って訴えた。さらには、住人が他の日にゴミを捨てないように、朝と昼に見張りに立った。しかし特定の時間のみにゴミを出すことは住民には受け入れられず、結果的にはフラット所有者組合の経費で、建物ごとに蓋付きの大きなゴミ箱を設置することになった。

Ｓさんのフラットのリビングで話を聞いていると、彼は「ここはちょっと空気がよどんでいないか？　外の空気を吸いに行こう」と提案し、二人で建物の向かいにあるこぢんまりとした公園のベンチに移動して会話を続けることになった。彼がまるで自分の庭のように案内してくれたのは、市が管理する小さな公園で、午前七時から一一時、午後四時から九時の開園時間以外は鍵がかかっている。夕方の公園では、近隣のフラット住民と思われる中年女性二人組が園内をぐるぐる回ってウォーキングしていた。Sさんによると、最近まで公園の壁はコンクリートのむき出しで汚く暗い感じだったが、彼と妻が市に要請して白いペンキを塗ってもらったので、明るくなったという。

さらにSさんは、道路工事が家の周辺で行われるのを聞きつけると、仕事がきちんとされているか確認するため現場に出向く。ある日、彼は午前中いっぱいと夜の一〇時から一時まで、道路工事の現場を見張っていたという。朝歩いていたら工事をしていたのでその場で労働者を見張り、夜の時間帯を聞いて夜も見張りを行った。普通、道路はすぐ穴が開いてだめになるが、自分の家の前の道は、自分がいつも見張っているために何年経ってもきれいだ。水はけがよくなるように、道の真ん中を盛り上げるように傾斜をつけなければならない。それに、アスファルトとブロック道路のつなぎ目は型崩れを防ぐためにセメントをはめなければならない。市のエンジニアは契約労働者に指示を出すとどこかに行ってしまうので、自分が確認しなければならない、と彼は説明した。

別の女性メンバーVさんは、露天商問題に力を入れている。彼女らの住むエリアは露店活動が禁止されている住宅地なので、そもそも露天商はめったに来ない。しかし、彼女は「露天商が一歩でも私たちのエリアに入ったら苦情を言う」。「一家族住み始めたら一〇家族住み始める」のだから、大事なのは露天商や路上生活者を一人も入れさせないことだという。ある日の区役所での月例会議で、歩道に住み着いている家族がいることを別の市民が話題にすると、Vさんはおなじみの「一家族住み始めたら〜」というフレーズで加勢した。しかし、それに対する行政官の回答は、「私たちはゴミやモノなら持ち上げて片づけられるが、人に同じことはできない」というものであった。Vさんや他の市民は、「じゃあ警察に言えばいいんですか?」「モノを売りはじめたら対応してくれるんでしょうね?」とさらに続けたが、行政官には取り合ってもらえず、次の発言者へと会議が進められた。

ALMの参加者は、それぞれ自分の住むフラットのコンパウンドや、建物の前の道路や公園を、きれいに保つべき「自分のもの」であるウチの延長として管理していく。そのうえで、月例会議や内部会議でメンバー同士集まって情報交換をし、行政官と話し合うことで、特定の空間がウチの延長である「私たちのエリア」として認識されていく。しかし、このプロセスはスムーズに進んではいない。活動家たちがウチに取り込もうとする路上には、そこで商売や生活を行っている人々がいるからであり、上の行政官の回答が示すように、彼らを簡単に動かすことはできない。誰のものでもないソトの領域は、そこで生活する人々にとってはウチになりうるからである。ゲイテッド・コミュニティの住民は、監視の行き届く空間を作るため他者との交渉を避けて私的領域に自己を隔離してきたとされるが［齋藤 二〇〇五］、同じような動機でウチの領域を広げようとするALMの活動家たちは、むしろ自らの空間秩序のソトにおける市行政や露天商といった他者との交渉に取り組まざるをえないのである。

四 ソトとの交渉

ALMの活動の事例が示すように、ソトとの交渉に乗り出す市民運動は、ウチの論理で都市全体を支配するという都市の「ウチ化」に成功しているわけではない。ただし、ガートナーが論じたように、インドの都市部において、ウチと公共空間は独自の形で結びついている。以下ではまず、この結びつきを支えている「市民意識の欠如」という語り口をみていこう。

1 「市民意識の欠如」と美化キャンペーン

植民地期以降脈々と語られてきた「市民意識の欠如（lack of civic sense）」による公共空間の汚さは、今日もしばしば市民たちの会話で嘆かれており、新聞の投書欄や市民団体のメーリング・リスト上にもよく登場する。タイムズ・オブ・インディアが自社で行った「生活の質調査[13]」報告をみると、「市民意識と清潔さ」がいかに強く結びついた概念であるかがわかる。実際、その質問票上では都市の「市民意識と清潔さ（civic sense and cleanliness）」は一項目としてその点数が問われ、結果が集計されているのだ。ムンバイは、この項目で五段階中二・二という結果であった。この調査記事もまた、次のように市民意識の欠如を強調するところから始まる。「ＢＭＣ［ムンバイ市］と大多数のムンバイ人の落ち度をひとつ挙げるなら、それは市民意識の欠如だ。ゴミ、唾、その他の汚物がこの都市を汚している」［Sen 2011（*The Times of India*）］。

さらにこの記事は、Clean Sweep ForumというＮＧＯの代表の言葉を引用して、市民意識についてのもうひとつの興味深い側面を提示している。「市民意識は、当局が大衆に情報を流し込んで、自分たちが大きな目標の一部であると感じさせたときに生じるものです。これが今はできていません。西洋では、行政が十分な住民参加を保証しているのです」［Sen 2011（*The Times of India*）］。市民意識を形成するために、すなわち都市を清潔に美しくするために、情報を流し込んで「大衆」を教育すること、あるいは「意識を広める[14]（creating awareness）」ことは、インドの市民運動において重要な目標となっている。

図 4-2 「汚れとの戦い」キャンペーンの一記事。スラムを訪問する学生の様子（*Mumbai Mirror*, 2011 年 7 月 2 日, 8 頁）。

第一章で概要を述べたムンバイ・ミラー紙の美化キャンペーン、「汚れとの戦い（Fight the Filth）」においても、「ワールド・クラス」都市に相応しいムンバイを作るため、「市民意識を広める」ことが目指された。ミラー紙のキャンペーンの開始記事では、記者がゴミを捨てることを注意したら「心理的障害を患っているのか」と言い返されたというエピソードが紹介されていた。ここから、「市民意識」の有無による、ゴミを捨てない人／捨てる人の区分は、市民／非市民、我々／彼らの区分であるのみならず、正常／異常という自己の内面としての心理状態の分断として捉えられていることがわかる。ここには、市民活動で生成している新しい自己としてのウチの一側面が現れている。

ミラー紙は、ウチ側にいるはずの読者／市民に参加を呼びかけたが、具体的に誰が呼びかけられているのかは明確ではなかった。このキャンペーンは「市民イニシアチブ」と謳われたが、見出しでは括弧のなかに控えめに「(あなたも参加できます)(and you can be a part of it)」と付け足されたのみだった。また、計画内容を記したページの最後にも、「キャンペーン中は、地域住民のみなさまの参加も歓迎します」と書かれていた。これらの言い回しからは、読者はキャンペーンの主体でなく、「お客さん」として参加を許されていると読むことができる。

実際、この「あなた」という呼びかけに応じて個人的に運動に参加した読者はほとんどおらず、活動は学生の奉仕団体が担っていった。市民の参加は、新聞社へのEメールやFacebookのキャンペーン・ページへのコメントで、活動への支持を表明することにほぼ限られていた。新聞社に寄せられたメッセージはしばしば紙面を飾り、その多くがキャンペーンの意図と努力を称賛し、「市民意識の欠如がもっとも深刻な問題であり、したがって意識を広めることが解決策である」という設定に同意を示していた。しかしその一方で、「うちの近所の道路も汚れているから、ここもキャンペーンに加えてきれいにしてほしい」、「ゴミを散らかす元凶は露天商。やつらを殴ってやりたい」、「本来は行政の仕事なのに、学生に汚い掃除をさせるのはかわいそう」など、市民のイニシアチブで地域の美化活動を進めていこうというミラーの姿勢とは相いれないような内容も散見された。こうした「読者の声」からは、主導権を握るべき市民が誰で、どういう存在なのかということに同意が得られていないことがわかる。

他方、何が「市民でない」のかについては、キャンペーン当初から明確に示されていた。キャンペーンの「ターゲット」は、スラムの住民、露天商、野菜市場の商人であり、彼らはキャンペーンを推し進める、あるいは共に問題に取り組んでいく市民とはみなされていなかった。市民が「ターゲット」を教育し、後述する「サーベイ」を通して「意識を広める」ことこそがキャンペーンの主眼なのである。ここで前提とされているのは、問題の根源は「ターゲット」の無知であり市民意識の欠如であるので、彼らが「気づき（awareness）」を得ることで問題が解決するというものである。活動の現場では、露天商のなかでも、とくにパーン売り（パーン・ワーラー）が学生たちの標的となった。これは、顧客が噛み煙草のプラスチックの包装を店の周りにポイ捨てするからだと説明された。ドライブは時にパーン・ワーラー探しのゲームのようになり、学生たちはパーン・ワーラーを見つけると指を指し、「ターゲット！」と叫んで近づいて行った。また、学生たちのなかには、遊び半分で実際にはない高額の罰金をほのめかし、露天商を警告するものもいた。

毎回の活動を報告する紙面では、「学生がスラムの住人や露天商にゴミを散らかすことの健康被害について教育する。学生の話を聞いて、人々は衛生問題の大切さを理解する。彼らは行動に気をつけるようになり、都市はきれいになる」というシナリオが繰り返された。そこには、編集部によって整えられた学生の感想文が添えられ、彼ら自身の意識化が強調された。そして、状況の改善には、こうして多くの市民が意識を持つことが不可欠だと再確認された。

実際には、スラムにはトイレやゴミ収集など基本的な設備や行政サービスが欠如しているため、当然ながら「ターゲット」の意識改革のみでは状況を改善することは不可能である。「汚れとの戦い」や同様のキャンペーンで掲げられた理想は、「市民意識」を持つ個人からなるウチとしての「市民的公共空間」を拡大することで、行政がすべて面倒をみなくとも市民が主体的に衛生的な生活を送ることであった。しかし、人々の参加状況や「読者の声」からは、そうした試みが狙い通りには進んでいないことがわかる。

2　露天商とストリート・フード

美化キャンペーンなどのイベント時以外において、ムンバイ・ミラーのようなメディアは、市民と「ターゲット」の関係をどのように描いているのだろうか。「汚れとの戦い」キャンペーンの数カ月前に、ミラー紙は露店にまつわる一連のニュースを報道した。この事件は、ムンバイ郊外のターネーで、パーニー・プーリー[15]というストリート・フードを売る露天商がスープやスパイスを入れる食器に小用を足しているらしき場面を、一九歳の女子学生が自宅のベランダからビデオに捉えたところから始まった。「バイヤー[16]（*bhaiyā*）」、すなわち出稼ぎの北インド人だと想定されたこの露天商は、地元住民に暴行を受けたうえで警察に突き出され、一二〇〇ルピーの罰金を払わされた。このニュースに続いて、当該地域の複数の露店が、まずは土着主義ヒンドゥー右派政党のマハーラーシュトラ新生軍団（MNS）の活動家たちによって打ち壊され、続いてターネー市によって撤去されるというお馴染みの展開が報じられた［e.g., Moghul 2011（*Mumbai Mirror*）］。こうした市民による暴力的な自警主義（vigilantism）は、しばしば新聞で無批判に報じられているほか、映画などのポピュラー文化でも肯定的に描かれている[17]。一連の報道は、ストリート・フードの不潔な実態についての意識を広めて警鐘を鳴らすという趣旨で書かれてあり、この露天商に嫌悪感を抱いた多くの読者は、ミラー紙への投書やウェブサイトへのコメントで、女子学生を勇気ある市民ジャーナリストとして称えた。この物語でもまた、汚れと戦う市民が立たされる危険な日常が描写されたのである。

日々の生活において、ムンバイのミドルクラスは、ソトのサブスタンスであるさまざまな種類の「他者」や「汚物」と付き合う必要がある。「さまざまなコミュニティが出会う場所」［Chakrabarty 1992: 543］であり、「楽しみと危険が隣り合わせ」［544］でもあるソトは、都市生活において完全には避けられない。なかでも、英語メディアや活動家が、「目障り（eye-sore）」、「迷惑（nuisance）」、「脅威（menace）」の代表格として繰り返し槍玉に挙げるのが、露天商である。露天商は、公共空間を不法に占領して私的な商売を行い、路上で非衛生的な食物を提供し、ゴミを散らかす。さらに、市民の歩行を妨げ、景観を汚し、マラリアやデング熱などの感染症やテロ（露店のせいで公共空間が混雑しているのでテロリストが爆弾などを置きやすい）の要因ともなるといわれる。すなわち、路上で食べ物を扱うことにより、「ウチとソト」の境界侵犯を行う露天商は、さまざまなレベルの異なる危険で汚いものに重ね合わされて忌避されている。そして、露天商の存在こそが、ムンバイが「ワールド・クラス」都市になることを妨げているとする美学が作られている[18]［Rajagopal 2002］。

しかし、露天商を攻撃する英語メディアは、しばしばストリート・フード特集を組んだり、祭礼時の屋台をグルメとして取り上げたりと、ワクワクするような露店イメージも提供している。ニュース雑誌『アウト・ルック』のストリート・フード特集における以下の記事によると、ストリート・フードの両義的な魅力は「ストリートの一部を食べる」ことにあるという。それは、象徴的な意味ではなく、文字通り、ストリートのサブスタンスを体内に入れるという意味である。記事は、人はストリート・フード好きかストリート・フード嫌いかに分かれるという話題から始まり、次のように続く。

ストリート・フード嫌いは、何十回も繰り返し使われる油、ワダー[19]（*wada*）を揚げる手の汚い爪、パーウ[20]（*pav*）が包まれていたシミのついた新聞紙、チャトニーに使われる怪しげな水を見て、脳が不快だと感じるものを胃が受けつけられるのか不安に思う。〔……〕〔しかしストリート・フード好きは〕口をそろえて、「ストリートの一部が入っていないなら、ストリート・フードじゃない」という。〔……〕数マイクロ・ミリグラムのムンバイの道路の埃が入っていないバターター・ワダー[21]（*batata wada*）、水の出所を想像せずに食べるカルカッタの有名なプチュカー[22]（*phuchka*）、オート・リキシャの排気ガスが染みていないデリーのパラーンター[23]（*parantha*）は、ファンによると、単なるフードで、ストリート・フードではない。

［Koppikar 2011（*Outlook*）］

伝統的な高カーストのヒンドゥーのあいだでは、食物や料理人、配膳人の浄性が、サブスタンス＝コードとしてそれらを受け取り体内に取り込む人の身体‐人格を形成するため、浄性を侵されることのない家庭料理（ウチの食物）を食べることが重要であり、外食（ソトの食物）は避けられる傾向にあった。現在は高カーストのあいだでもレストランでの食事は一般化し、この浄／不浄の感覚は、一般的に衛生／不衛生という、より「科学的」な言葉で言い換えて説明されるが、食べ物を扱う露天商を特別に危険視する状況は根強い。ここでは浄／不浄が衛生／不衛生に切り替わったということではなく、両者が組み合わされた結果、レストランは問題を逃れたものの、露天商にはソトとしての重層的な意味づけが付与されている。そして、むしろソトの危険な魅力を持つ存在だからこそ、ストリート・フードが階層を越えた多くの人々に愛されていることも事実である。市民活動家は、自らが代表しているはずのミドルクラスが、露天商から買い物をする自分勝手で無責任な行為をすることにも頭を悩ませている［Anjaria 2009］。こうして境界侵犯を行う露天商は、都市の魅力であるという言説が浸透している一方で、美化キャンペーンにおいては容易な「ターゲット」とされているのである。キャンペーンが喚起するソトのイメージを確認したところで、つぎに活動の現場をみていこう。

3　キャンペーンの形式

メディアが展開する美化キャンペーンは「単なるパフォーマンスだ」、「タマーシャー[24]（見世物）だ」というコメントは、現地の市民活動家からもしばしば聞かれた。たしかに「汚れとの戦い」のようなキャンペーンは、決まったシナリオに沿って定期的に催されている。ただし、そうしたパフォーマンスは現実と切り離された虚構ではない。そこでは、日常生活におけるさまざまな枠組みがより形式的に上演《パフォーム》＝遂行される。そのため、美化キャ

図 4-3　ある日のドライブの現場――スラムに隣接した空き地がゴミ捨て場になっている。

ンペーンの現場では、複数の空間枠組みにもとづいた形式と、ウチとソトのずれを含んだ交渉が可視化されていた。具体的には、「自分のもの・自己／それ以外」という所有主体にもとづく「ウチとソト」の空間区分の変更、ゴミが落ちていない家の中としてのきれいなウチの拡大、空間としてのウチの美化活動にかかわることによる自己としてのウチの浄化など、異なる枠組みにもとづいた実践が同時に遂行されていた。

ゴミ集めと植樹　キャンペーンは「ドライブ」と呼ばれる現地での活動からなっていた。最初に参加したドライブでは、私がプロジェクト・サイトに到着すると、すでにスラムに隣接した空き地に幾十もの山のように広がったゴミの横に人だかりができていた。ミラーの記者二名、ムンバイ市の行政官が二、三名、お揃いの黒のポロシャツを着た「ロータラクト（Rotaract）」（大学に支部があるロータリー・クラブの青年部）の学生が二〇名程、そしてスラムの子供たちが通う政府系の小学校に派遣された「ティーチ・フォー・インディア（Teach for India）」（都市の若者を教員としてスラムや農村に派遣するＮＧＯ）の若い教師数名と小学校低学年の児童たちが数十名、それにスラム住民が集まってきて、口々に議論をしていた[25]。その横で、市の清掃員たちは黙々とゴミを清掃車に積み上げていた。スラムの住人たちは、「［ゴミの処理は］市の仕事で、自分たちの仕事ではない（*Municipality kā kām hai hamārā kām nahīṃ*）。そもそもここにはちゃんとした市のゴミ箱（*kacrā ḍabbā* 金属製の大型のもの）も置かれていないし、市のゴミ収集も来ない」、「ここにあるゴミは自分たちじゃなくて他の人たちが来て捨てた」と主張する。行政官は、「担当部署が違う」だとか、「以前ゴミ箱を置いたが、スラム住民が金属をスクラップして現金にするために盗んだ」とまくし立てる。記者が、「ゴミ箱の管理はスラムの住民の責任だということを明確にしたうえで、再度ゴミ箱を置いてみては」という意見を行政官に伝えながら、スラム住民には「もう一回置くなら、あなた方の責任（*āp logoṁ ki* responsibility）で管理してください」と訴える。ロータラクトの学生たちは、「地区全体ではなく、責任の所在が明確になるように、二、三の家ごとにひとつゴミ箱を置いたらいいのではないか」、「彼らだって貧しいなか生きているんだから、もう一度チャンスを与えるべきだ！」等の意見を述べている。行政官は、「保証してもいいが、一五日以内に必ずゴミ箱は盗まれる。ゴミ箱がいくらすると思っているんだ」と返している。ただし、みんなが一気にしゃべっているので、お互いにコミュニケーションが取れているようには見えず、私も誰の話を聞いたらいいのか分からないまま、状況を録音しながら断片的に聞こえてきた会話のメモを取った。

その横では、別のロータラクトのメンバーが、スラムの小学生に街をきれいにすることの大切さについての話を聞かせている。「お父さん、お母さん、おじさん、おばさん、友達、友達のお父さんお母さん……、みんなに伝えてくださいね！」続いて、NGOの若い教師たちが児童にスローガンを詠唱させ、何回か練習した後、ビデオ撮影を行う。「では、今からみんなでスローガンを練習しましょう！」（子供たちが全員でこぶしを振り上げて）「ムンバイを緑にしよう（We want Mumbai green）！」（次は腕を胸に水平に当てて）「ムンバイをきれいにすると誓おう（We pledge to keep it clean）！」子供たちは興奮して大声で叫んでいるものの、英語の発音は不明瞭で、何とか先生の言葉を真似て繰り返している様子だった。このパフォーマンスは周囲の注目を集めてはおらず、隣では相変わらずスラム住民や行政官たちの言い争いが続いている。

さまざまな活動が同時進行する混乱状態が一時間は経過したところで、ロータラクトのメンバーが薄いビニールの使い捨て手袋をはめて、空き地の奥の公園へと向かいはじめた。その後、教師が児童にも手袋とゴミ袋を配り、公園のゴミ集めが始まった。ゴミ捨て場のある空き地と違い、公園はもともとかなりきれいで、所々にビニール袋や噛みタバコのプラスチックの袋が落ちている程度だった。三〇分ほどでゴミ集めは終了し、その後すぐ植樹が開始された。苗木はデリー出身のR先生が知人を中心にファンドレイジングをして購入したもので、作業は雇われた庭師が行った。人々はしばらく作業を眺めて雑談していたが、徐々に解散していった。

スラムのゴミ箱問題についての議論の収拾はつかないまま、公園のゴミ集めと植樹をすることで、ともかくドライブは実行され、一区切りがつけられた。その他のドライブでも、歩道や空き地のゴミを撤去した後に、観葉植物の苗を植えることは、一般的な形式だった。ゴミがすでに捨てられている汚い場所に、人々は抵抗なくゴミを捨てるのであり、植樹をしてきれいにしたらゴミを捨てる人もいなくなる、というのが理由として説明された。しかし、それらの苗が継続的に手入れされることはまれであり、この公園でも、その日のうちにスラムの住人が所有するというヤギが苗を食べてしまっていた（二〇一一年七月二一日）。

この公園は、もともとミラー紙が設定した場所ではなく、R先生がミラーに連絡をしてドライブが実施された。児童たちに「お姉ちゃん（*dīdī*）」と呼ばれ慕われていた若い女性教師は、大学卒業後に出身地のデリーでビジネス・アナリストをした後、「ティーチ・フォー・インディア」の二年間のプログラムにフェローとして参加し、その一環でムンバイのスラムの小学校で英語で授業を行っている。なお、プログラム終了後、彼女はバンガロールの大学で教育学の修士課程に進んだ。R先生は、自分が小さい頃は外で自由に遊べたのに、児童たちの学校には校庭もなく、この公園に来ようにも、通り道である空き地はゴミでふさがっていたと話した。そこで、ミラーのキャンペーンを知ってEメールを送ったという。先生は以前、スラムの住人の家を一軒一軒回って衛生について話すという活動を行ったこともあるが、このドライブ後、結局スラム住民がゴミ捨て場をきれいに保つ責任を引き受けてくれなかったことを後日残念がっていた。

ドライブの場面からは、「ウチとソト」をめぐる複数のずれた枠組みが併存していることがわかる。一方はゴミ箱を中心としたスラムと行政の対立枠組みであり、他方は都市の美化というキャンペーンの枠組みである。ゴミ箱については、誰の責任でゴミ箱を管理するのか、所有の主体を基準としてどこまでをウチとするのかが焦点になっている。ここでは、行政側はゴミ箱を置かないことで、スラム住民が非市民としてソトに留まる事を主張している。スラム側も、「ゴミ収集は市の仕事」、「他の人がゴミを捨てている」という言葉から、ゴミ捨て場を自分たちのソトと認識することで折り合いをつけようとしていることがわかる。他方、美化キャンペーンの枠組みでは、子供たちが安全に遊べるきれいなウチを拡大するための公園の確保、さらには市民意識や衛生感覚を身につけた市民を育てるという自己の内面に焦点を当てたウチの生成が目指されていた。ゴミ集めと植樹という形式は、ゴミを扱ってはいるものの、むしろ新しい市民的自己としてのウチに作用するものであり、ソトとの交渉は平行線をたどっている。

キャンペーンの区切り

ドライブごとの区切りと同様に、キャンペーンの最後も独自の形式で締めくくられた。ドライブが下火になり、キャンペーンの記事が紙面から消えてから数週間後、ムンバイ・ミラーはキャンペーンの「修了証（certificate）」の授与と写真撮影のために、参加者をムンバイ中心部に集めた。この時までに、ほとんどの学生はこのキャンペーンから離れていた。ここで、改めて修了証が渡されて集合写真が撮られることは、公式な区切りとなり、生徒たちや新聞の読者にとって、キャンペーンの活動を具体化する役割を果たした。

九月五日、ミラーの一面に笑顔の学生たちの集合写真が大きく掲載され、キャンペーンの終わりが宣言された。記者はキャンペーンを、まだまだゴールは遠いものの「きれいなムンバイにむけた小さいけれども大事な一歩」だとまとめた。記事のトーンは一貫して学生たちの情熱を称賛するものであった。それは以下のようなエピソードにも示されている。学生たちは、露天商に「とても遠慮がちに、ゴミ箱を使うように、そして顧客にもゴミ箱を使わせるように」頼んだ。「露天商のひとりが言い返す。『誰のためにこんなことしてるんだ?（*kiske liye kar rahe ho yeh?*）』熱心な学生は躊躇せずこう返した。『バーラト（*Bharat*）[26]のために』」［Chandrasekharan 2011（*Mumbai Mirror*）］。最終的には、ミラーの記事においても、キャンペーンは当初目指されていたようなムンバイという都市のための個人の「市民活動」というよりも、ヒンドゥー・ネイションである母なる「バーラト」への奉仕として描かれた。奉仕については第五章で再度論じるが、ここで問題化されているウチの美化は、活動を行う人の内面、外部の環境、そして国家の接続によって可能になっている。

図 4-4　キャンペーンの修了を告げる記事（*Mumbai Mirror*, 2011 年 9 月 5 日，1 頁）。

図 4-5　筆者が授与されたキャンペーンの修了証。

さらに最終記事では、キャンペーン開始後初めて登場する二人の人物が紹介された。彼らはキャンペーンには参加していなかったものの、長年環境運動や市民運動を実施してきた活動家だからということで、キャンペーンを評価する権威が与えられていた。評価者の与えたコメントは、各フラットの住民組織がゴミ箱を置く、大学の食堂の生ごみをコンポストするなど、必ずしもキャンペーンに結びつかない読者への一般的な提言であった。たしかにキャンペーンの開始時には、フラット住民に向けてゴミの分別を普及させるなどの目標も示されていたものの、実際の活動ではミドルクラスは対象とならず、スラムや露天商、市場の商人が「ターゲット」となった。キャンペーンの締めくくりでまた、振り出しに戻って同じ提言が繰り返された。

キャンペーンの全体的な構成は、以下のようにまとめられる。キャンペーン開始時には、ミラーが市民としての読者に個人参加を呼びかけた。しかし、実際には社会奉仕団体がドライブを行い、ミラーも最後の記事ではその学生たちを国民的ヒーローとして称賛した。最後に、運動に参加しなかった市民活動の専門家を評価者として登場させ、さらなるキャンペーンの必要性を示唆することで、キャンペーンの締めくくりとした。

こうしたキャンペーンの流れに加えて、ドライブを支えるさまざまな形式が自己文脈化することにより、キャンペーンを駆動し循環させる美学を作り上げている［cf. Riles 2000］。事例で紹介したゴミ集めと植樹、さらには紙面で繰り返されるシナリオ、写真や修了証は、たんなる飾りではなく、それ自体がキャンペーンを形成している。実際に汚いものに触れなくても、手袋をはめることが清掃活動になり、写真が証拠になる。ヤギに食べられても植樹は繰り返しされたように、想定されていたはずの効果にかかわらず、形式は反復された。これらはとりとめのないドライブに適切な形を与えるものであり、こうした形式の説得力によって、キャンペーンの終盤には、多くの学生たちが「まだまだ努力は必要だが、前よりずっと良くなっている」という感想を述べるに至った。これらの形式は、新しい美的、精神的領域としてのウチを生み出している。それと同時に、形式の自己文脈化は、市民の論理としてのウチがソトの領域を支配し、すべてを「ウチ化」することを防いでもいる。形式の自己完結性が、「ウチとソト」にとって必要な部分的な切断と交渉を可能にしているのである。

4 「サーベイ」とソトへの介入

キャンペーンの形式のなかでも、ソトとの交渉にとってユニークで重要な位置を占めたのが、「サーベイ」である。「サーベイ」の表向きの目的は、「ターゲット」に「意識を広める」ことであった。「サーベイ」では、数人から十数人の学生のグループが露店やスラムの各住宅を訪問し、「ゴミ箱を使っていますか?」「ゴミはどこに捨てていますか?」などと聞いて歩く。「ターゲット」である人々が「ゴミ箱を使っている」と答えると、学生たちはお礼を言って、ゴミ箱を使い続けるように、また彼ら自身も他の人にそのことを伝えることで、意識を広めるように告げる。先に「ターゲット」探しに興じる学生について触れたが、スラム住人や露天商に注意することは大半の学生にとって不安で怖いことであり、だからこそ集団や行政の力が必要となった。そして、「サーベイ」でのやりとりは、たいてい短く、ぎこちなく、儀礼的なものとなった。政府やメディアによるさまざまな「サーベイ」に慣れているらしい「ターゲット」たちも、とくに気にすることなく学生たちの短い訪問を受け流しているように見えた。

「汚れとの戦い」キャンペーンにおける「サーベイ」には、質問票や特定の構造は用いられず、メモが取られたり録音されたりすることもなかった。ここでは、「サーベイ」を行うこと自体が「意識を広める」ことになるという自己文脈化する形式を持つため、目的は容易に「達成」された。このため、「サーベイ」を数回行うと「ターゲット」は姿を消してしまい、もうすることがなくなってしまう。ある野菜市場への二度目の訪問時に、ロータラクトの学生リーダーは「露天商は以前よりずっと高い意識を持っている(much more aware now)」とし、次は「ターゲット」を買い物客に移して「意識を広げる」必要があると語った。こうした一見表面的で効果を持たない「サーベイ」の実践を、どのように捉えることができるのだろうか。

「サーベイ」は、植民地主義的な人口統治にとって重要であり、人口集団を数えて分類することでインドの政治社会を作り上げる一端を担った技術でもあった。植民地時代の民族誌や人口統計などの数を用いた近代的統治実践を批判的に論じてきたアパドゥライも、ムンバイのスラム住民による「自己サーベイ(self-survey)」を「深い民主主義」の実践として評価している。これは、スラム住民と共に活動しているNGOや市民団体が、住民自身にスラムの人口調査を行う技術を教え、データを集める実践である。このデータは、スラムの人口をおおよそしか把握していない行政機関と交渉する手段ともなる。数えられないがゆえに適切に統治されず、不可視の市民(非市民)とされたスラム住民は、自らの正確な情報を用いてスラム撤去や再定住などの政策に備えることができる。フーコーになじみのある人にとっては、これがより巧妙な自己統治の一種だと不安になるかもしれないと前置きしたうえで、アパドゥライは数の力を使って自らを統治しようとする人々のあり方を「下からの統治性」であり「統治性に刃向かう統治性」であるとする[27][Appadurai 2001: 35; cf. 1996]。

統計的な統治は、行政にとって時間、資金、労力がかかるうえに、グプターが示したように、インドの官僚的な人口統計は、実際は不完全であてにならない[28]。これを逆手に取って、アパドゥライのムンバイの事例と同様に、ガートナーもデリーのスラム団体が自ら「対抗サーベイ(counter-survey)」を行っていることを報告している。「対抗サーベイ」は、スラム住民ならではの情報力を駆使して、行政の人口調査を妨害したり不備を指摘したりする政治的実践を生み出した。これはまさに、統治される人口集団としての自らの立場を利用した、政治社会における要求の政治の展開だといえる。

ところがガートナーは、デリー開発局のスラムに対する知識と統治の技術は、統計的なものから美学的なものへ変化したと論じている。序論で取り上げたように、近年用いられている新しい美学的な統治は、スラムがどう「見える」かを提示するだけですむため、より効率的な手段となった。そこでは、当局に派遣されたエンジニアが車に乗ったままスラムを視察する「フロントガラス・サーベイ(windshield survey)」や、スラムの汚さを捉えた写真や、「迷惑さ（nuisance）」という言説が、統計の代わりにスラムの違法性の証拠として用いられるようになった［Ghertner 2010, 2011b］。加えてガートナーは、デリー開発局による「スラム・サーベイ」における、調査者とスラム住民の対話に着目している。政府の調査者が繰り返しスラムの違法性や異常性、汚さ、迷惑さを語り、スラムが撤去されることで都市が美しくなると告げることで、その認識がスラム住民にも埋め込まれていった。「スラム・サーベイ」の効果は、スラム住民を「ワールド・クラス美学」に組み込み、再定住を望む主体を育てる「美学の訓練」にあるという［2011b］。

このように、「サーベイ」という形式は、それを使う主体や内実が大きく異なるさまざまな実践として増殖している。本節でみてきた「汚れとの戦い」の「サーベイ」も、統計的な手法がまったく使われていないという点では、ガートナーの事例と類似している。では「汚れとの戦い」のドライブも、スラム住民への「美学の訓練」に完全に取り込まれているのだろうか？「サーベイ」の形式化に着目すると、むしろここでは、統計的な統治から美学的な統治への移行が起きたというよりは、形式が独り歩きした結果、別の変化も生じていると考えられるのではないだろうか。グプターが、農村の開発プロジェクトで（ファイルを分厚くすることなど）官僚的な形式が重視されることはプロジェクト対象者の自己統治に結びつかないと論じたように、ここでも「サーベイ」という形式自体が自己文脈化することで、統治の対象がずれ、すきまが生じている[29]。

「汚れとの戦い」でも、「サーベイ」を行う側とスラム住民との対話と、そこから生まれる教導的効果が期待されていた。しかし、そこではソトの人々に対する「美学の訓練」は徹底されておらず、むしろソトとの交渉は不安定ながらも開かれたものであった。先述したキャンペーン締めくくりの記事では、評価者の一人である、環境保全を促進する非営利シンクタンクの研究者が、次のように「サーベイ」の重要さを再度指摘した。「スラム住人の人口統計学的データと生活様式を理解することが重要です。学生はサーベイを実施し、人々の生活様式を理解し、解決法を見出すためにスラム住民と共に働くべきです」［Chandrasekharan 2011（*Mumbai Mirror*）］。後日、私はこの評価者にコンタクトを取り、話を聞いた。彼は、「インドでの深刻な問題は、教育を受けた人と教育を受けていない人の溝が深く、交流がないことです」と語り、「サーベイを通じて、スラムの人々が何を感じているのか、彼らの意見は何かを学ぶことが大事なのです」と述べた。また、スラムや露天商ばかりが「ターゲット」になっていることについての意見を尋ねると、「そのとおり、バイアスはあります。でも重要なのは交流すること。ああしろ、こうしろ、と説教するような姿勢ではいけません。スラムの人々は、外の世界から遮断されているので、そういう交流を喜んで、たいていはとても協力的に接してくれます。彼らも話したがっているのです」と語った。

学生たちの「サーベイ」は、評価者が新聞に語ったような統計データを取るものではなかったし、後日私に話したような「スラム住民の声を聞く」という理想を実施できているものでもなかった。とはいえ、「サーベイ」が市民運動において異なる社会集団間の相互作用を確保するための適切な形式とされていることは重要である。また、限定的なものだったとしても、学生たちなりにソトの領域に属する人々との交渉が試みられた。たとえば、学生たちのあいだでは、「ターゲット」にどうやって敬意をもって話しかけることができるのか、ということがしばしば問題となった。ある日、社会奉仕クラブに新しく参加し始めた女子学生が、スラムでの「サーベイ」を行う前に他の学生にアドバイスを与えていた。「アンティ／アンクル（aunty/uncle）っていう言葉は使うのはよくないから、サー／マダム（sir/madam）を使おう。とにかく礼儀正しくしないと」。ここでは、近所のおじさんおばさんを、英語での親族名称を用いて「アンティ／アンクル」と呼ぶ日常的なウチの感覚ではなく、大学の奉仕活動という舞台でソトとやり取りするために「サー／マダム」を使うことが提案されている。すなわち、「サーベイ」を介した「ウチとソト」の新しい切断と接続が模索されているのである。こうして具体的な人々と接するなかで、距離を保ちながら新しい関係性の構築が試行錯誤されていた。

このように、キャンペーンにおける他者との相互作用は、実験的であり、つかみどころのないものであった。

「汚物」と結びついたソトの領域に属し、他者とみなされるスラム住民や露天商がすぐさま美化キャンペーンの「ターゲット」となったものの、「サーベイ」を行えば目標は達成された。キャンペーンの開始時に呼びかけられた市民が結局誰だか分らなかったように、他者としての「ターゲット」も、「ターゲットに意識を広める」という目的も、キャンペーンの終わりには一度消滅してしまった。しかし、外部の評価者が「サーベイ」の重要性を再び提唱することによって、次回のキャンペーンでも同じ形式が繰り返されることが示唆されている。こうして自己文脈化していく形式が、ソトへの特定の介入を行いながらも、同時に「ウチとソト」の区別を保つことで、常に完全には達成されないウチの美化を目指す運動を突き動かしている。

五　空間と人格の生成

本章は、ムンバイの新しい市民運動を、公共空間の私有化と分断化という側面から論じる先行研究から出発した。美化キャンペーンという運動形式は、都市空間のジェントリフィケーションという観点から問題化されてきた。すなわち、多様な他者との出会いとコミュニケーションの場であり、誰にでも開かれているべき公共空間が、資本化や私有化によって分断されて、人々が没交渉に陥ることが批判されてきた。しかし本章では、「誰にでも開かれているべき」という公共空間の理念を探究するかわりに、そうした近代西洋的な規範性を組み込んだ「公と私」という枠組みとインドにおける「ウチとソト」という枠組みとの相互作用に着目した。そのうえで、現地においてどのように新しい空間認識や建築様式や市民運動が生み出され、変化してきたのかを論じた。

インドのナショナリストや社会科学者は、「ウチとソト」という枠組みを形成し、それを駆使することで、植民地的な権力や「公と私」の枠組みに部分的に取り込まれながらも異なる実践を可能にしていった。ボンベイ・フラットの歴史は、これら諸概念の接触が都市空間に与えた物理的な影響を例示している。ヨーロッパの集合住宅の構造や近代的衛生観念などを介して、「公と私」はチョールやフラットのデザインに取り込まれていった。なかでもソトに属すべきものであったトイレがフラットではウチ側に入ったことは、建物の構造の変化による「ウチとソト」の変容を物語っている。

さらに、今日のミドルクラスのあいだで公共空間という言葉から「コンパウンド」がまっさきにイメージされることも、フラットという居住形態に依拠し、ウチを中心として段階的に公共空間が広がっていくことを示唆している。一九九〇年以降注目を集めている住宅所有者の市民活動は、植民地期以降のフラットを単位とした住宅協同組合などによるコミュニティの形成と、それに伴うウチの感覚の変容と関連している。ここでいうウチの感覚は、今日、ＡＬＭに見られるような「市民参加」の理念と実践によって、また形を変えつつある。ＡＬＭの実践からは、市行政とのあいだに築かれた新しいウチとしての公共空間の生成や、自宅からＡＬＭのエリアにつながるウチの領域の緩やかな拡大が示された。

「汚れとの戦い」キャンペーンでは、「ウチ＝市民的公共空間」を露天商やスラム住民の世界であるソトに広げることが目指された。そこでは、（新）自由主義的な統治の型と呼応するように、市民意識を身につけた読者／市民の自主的な運動への参加が要請された。しかし、実際にはそうした呼びかけに答える市民は少なく、（次章で詳述するような）「奉仕」の枠組みで人々は集団単位で運動に参与していった。

その一方で、市民が誰なのかは明確ではないまま、市民的な探求は繰り返されることになった。同様に、ゴミ集めや植樹、新聞記事のスタイルなどの運動の形式にもとづき、ウチのきれいさを拡大しようとする試みは、ソトの美化（たとえばスラムのゴミをなくすこと）という効果につながらず、ソトとはずれたまま、自己文脈化する形式として展開していった。そうしたなか、「サーベイ」という形式は、他者の領域であるソトとの区分を保ちながら交渉し、不均衡な形でも対話を続けるために用いられていた。

公共空間の喪失という文脈では、今日の都市空間において、私的な領域を超えた公的な事柄への関心が失われているると議論されてきたが、本章で論じたキャンペーンの形式にはソトへの介入が組み込まれている。この介入は、ソトの変容というよりも、活動家たちの市民的人格としてのウチの拡大と美的変容として作用している。ただし、そのウチ（自己）の生成のためにはソト（他者）との分断を介した接触が不可欠なのである。したがって、近代西洋的な公共空間という概念をウチという枠組みから再考するのと同時に、公共空間で活動する市民／個人という概念も、ウチ（自己）とソト（他者）との関係からなる人格として捉えなおす必要があるだろう。

第五章　個人と分人——インテグリティと関係性の可視化

これまでの章では、ミドルクラスの「二重の自己」や「自己／自分のもの」としてのウチという概念を通して、ムンバイの市民運動と市民的な自己とのかかわりに触れてきた。これは、「自分探し」や「自分磨き」のように、自己の内面を見つめなおすことを要請する現代社会の特徴といえるかもしれない。しかし、自己のありようが異なれば、「自分探し」も異なってくる。たとえば日本人のように旅に出るという形態をとったり、フィジー人のように祖霊や神々の出現を想起することにつながったりもするだろう(1)［春日 二〇〇八］。

前章で論じたように、ムンバイの市民運動においては、ウチとソトの区分が変容しながらも、両者の分断が維持されることで部分的なつながりが可能になっている。ウチとソトの交渉は、食物や家族、家や周囲の環境と、サブスタンス＝コードを交換し、混ぜ合わせることで生成される人にとっても不可欠である。本章は、市民活動によって変容しつつある市民としての人のあり方に焦点を当てる。ムンバイにおける市民運動の研究から見えてきたのは、「インテグリティ（integrity）」（正直さ、道徳的な規範、完全性、分けられなさ）を有した市民を目指す動きと、それとは矛盾する関係性に埋め込まれた人のあり方が、緊張をはらみながらも併存していることである。この状況を、本章では、個人と分人の関係として捉える。

本章はまず、グローバルに広がる管理社会における〈分人化〉と心理学化をめぐる議論を整理する。ポスト近代の管理社会においては、人間がデータやコードの断片としてコントロールされていく〈分人化〉が生じる一方で、個人化された自己の内面への関心が高まり、客体化された自己を調整する技術が人気を博している。この点を踏まえたうえで、グローバルな現象の影響を受けながらも、〈分人化〉と心理学化の一例としては説明しつくせないムンバイの市民活動家の事例に目を向け、インドにおける分人性の動的な側面を再考していく。

一 〈分人化〉と心理学化

1 管理社会の〈分人化〉

アントニオ・ネグリとマイケル・ハートは、近代の「規律社会」からポスト近代の「管理社会」への移行として、フーコーの議論を整理している。規律社会においては、家庭や学校、工場などの空間を基盤とした諸制度において主体が生成された。しかしポスト近代においては、諸制度の空間的な囲いが壊れ、内部の機能が全社会に広がった。ネグリとハートは、こうして権力の指令メカニズムが人々に浸透し内在化した社会を、すなわち生権力の領域としての社会を、管理社会だとする［ネグリ、ハート 二〇〇三］。

規律社会と管理社会では、人間のあり方にも変化が生じる。ジル・ドゥルーズによると、規律社会には「個人(individual)」と「群れ(mass)」という二つの極があった。そこでは署名(signature)が個人を示し、登録番号(numbers or places in register)が群れのなかの個人の位置を示す。こうして規律権力は、個人と群れの形成と統治を同時に行っていた。しかし、二〇世紀初頭に頂点に達した規律社会はその後危機を迎え、管理社会が現れる。管理社会においては、署名と登録番号が「コード(code)」に置き換えられ、「個人／群れ」の二項対立は消滅する。こうして「分割不可能だった個人(individus)は分割によってその性質を変化させる『分人』[2](dividuels)」

となり、群れはサンプルやデータになる［ドゥルーズ 二〇〇七：三六〇―三六一（1995: 179–180)］。ここには、コンピュータ時代における、個人に対立する新しい〈分人〉概念が提示されている。ドゥルーズによるこの指摘は、多様な議論を呼んできた。

ネグリとハートは、規律社会において資本（経済的人間の利益追求）と国家主権を媒介する装置であった市民社会もまた、現在は衰退しているという。管理社会において人々の主体性を生産し世界を組織化するのは、国民国家ではなく、多国籍企業やNGOなどのグローバル化した生政治的機械である。ここにおいて、規律社会における線引きされた（条理）空間に代わり、管理社会におけるネットワーク化された滑らかな（平滑）空間が現れる。彼らはこの管理社会的な生政治の段階を、グローバルな主権権力である〈帝国〉の時代だとする。そしてその出現を、〈帝国〉に抗する新しい主体性としての「マルチチュード」がデモクラシーを達成するための一過程として位置づけている[3]［ネグリ、ハート 二〇〇三、cf. ドゥルーズ、ガタリ 二〇一〇、田辺 二〇〇六］。

管理社会において、情報化・コンピュータ化が従来の空間区分を無効にする影響を大きく受けた身近な領域のひとつが、消費である。公共空間としての都市の「街路」は、「モール」として私有化、断片化されてきた。かつて、おしゃれをして出かける公共の舞台であった日本の都心は、「郊外化」あるいは「無印化」している［近森 二〇一三］。これは、「百貨店」から「ショッピングモール」への変化とも対応する。百貨店が「趣味の良さ」という価値体系を提示し客を「よき消費主体」として規律訓練するイデオロギー装置だったのに対して、モールはネットワークやデータベースとして作動している［田中 二〇一三］。そこでは、客は滞在時間や購入履歴にもとづくデータとして、また集合的なフローとして管理される［南後 二〇一三］。モールを歩く人は、他者とコミュニケーションをとらずに共在する身体感覚を身につけ、人間工学的に調整されたアフォーダンスに身を任せることで主客の区分を失う［近森 二〇一三］。「モール化」は、ショッピングモールという商業施設の形態にとどまらず、街路や街全体に広がる再開発、クレジットカードの履歴やインターネットでの購入や検索、レビュー機能などを通して、生活世界に浸透している。こうした状況を、公共空間の喪失として嘆くのではなく〈分人化〉という観点からみることで、主体的に消費する個人とは異なる身体感覚や他者との関係、そして人のあり方の生成変化を考察することが可能になるだろう(4)。

しかし、この〈分人化〉の流れは、公と私の区分を取り戻そうという反応も引き出している。デイヴィッド・ライアンは、ドゥルーズの管理社会を参照しながら、通信情報テクノロジーによって日常生活の細部まで絶えずモニタリングする新しい「監視社会」を批判的に論じている。監視社会においては、公私の枠組みが消滅し、生身の「個人」がデジタルな「個人データ」となることで身体が消失する。そして彼は、このディストピア的な状況のさらなる展開を回避するために、倫理的存在としての「個人を再-身体化する(5)(re-embodying persons)」こと、すなわち、生身の個人の対面的コミュニケーション、正義、他者への配慮にもとづく、共在的な関係性の構築を提案する［ライアン 二〇〇二］。ここでは、〈分人化〉に抗して、「個人」の倫理と公共性の再構築が目指されている。

情報技術がもたらした〈分人化〉は、グローバルに浸透しながらも、人のあり方についての異なる反応を誘発してきた。しかしその一方で、ポスト近代の特徴として一様に管理社会化が浸透しているという前提についての批判的な検討もなされている。オングは、ネグリとハートが論じる規律社会から管理社会への直線的な移行を批判し、実際には複数の統治技術が水平軸に並べられていると論じる。たとえばグローバルに活動する中国系の商人は、主権国家の権力からは自由でも民族的な統治に依存している。またトランスナショナルな生産ネットワークは、工場における昔ながらの監獄型の規律的監視に支えられている［Ong 2006］。

さらにいえば、工場における規律訓練が、常に何らかの「主体」を形成しているわけでもない。マレーシアでは、電子機器工場の仕事は女性に適しているとされ、機械に接続された女性労働者が細分化された作業を行う。そこでは「女性の指や目は電子的手段の拡張としてコード化され、女性の可能性や主体性は純粋なセクシュアリティに還元される」[Ong 1987: 623]。ストラザーンは、ダナ・ハラウェイによるサイボーグのイメージを用いて、社会関係の拡張について論じた。そこでは、異質なもの同士が、有機的な全体性の下にまとめ上げられることなく、部分的につながって互いを拡張するという共在可能性（compatibility）が示された。しかし彼女はすぐさま、オングの電子工場の事例を引いて、サイボーグが権力関係の拡張にもなることに注意を促している［ストラザーン 二〇一五］。サイボーグのアナロジーは、分人概念の両義性を示唆するものでもある。

本章では、オングによる水平軸における複数の統治技術という議論を人のカテゴリーにも当てはめて、個人から分人へという移行ではなく、両者が緊張をはらみながら併存しているという視点をとる。そのうえで、今日のインドの市民活動においては、グローバルな管理社会における〈分人性〉と、インド社会についての人類学的研究が示してきた分人性という、二つの分人モデルが絡み合うなかで、個人／市民の探求が行われていることを論じる。この探求の拠り所のひとつとなるのが、次にみていく「心理学化」の技術である。

2　新自由主義時代の心理学化

ムンバイ227が企業家的価値を重んじたように、経済自由化以降のインドのミドルクラスのあいだでは、個人の自己責任という新自由主義的な言説が魅力を持ち、企業のトレーニングが新しい企業家的主体を生み出してきたとされる［Mankekar 2011; cf. Ong 2006］。「自己啓発」を掲げるトレーニングは、自己を対象化し、その内面を可視化したうえで、調整・管理する技術を提供する。このような「自己のテクノロジー」への関心は、自助努力や自己責任を重視する政治経済状況に後押しされ、社会の心理学化と連動して興隆してきた(6)［牧野 二〇一二、森 二〇〇〇］。こうした現象の背景には、近代西洋の心理学的な人間観がある。心理学における人間主体の理解には、個人と個人（自己と他者）が分離しており、個人の「社会的な状況」と個人の内部に備わる「性格（personality）」が分離しているという前提があった［Danziger 1997］。心理学的な人の分節化は、今日さまざまな状況においてグローバルに展開している。

エリザベス・ダンは、ポスト社会主義時代のポーランドの企業トレーニングを、新自由主義的な統治性という観点から論じている。従業員に対するトレーニングの現場では、外側の関係性に埋め込まれた人格ではなく、内側の自己に焦点が当てられる。さらに、テストや質問紙への回答を通じて、個人の資質が数値化され、評価される。個別に数値化された資質や属性（部分）は、統合されてユニークな個人（全体）を作り出す。こうしたトレーニングによって、人々は自己決定権を持った消費者になり、自らの資質の所有者になる。このように、ポーランドにおける企業の「民営（私有）化」は、必然的に人格の私有化をも伴った。しかし他方で、従来の社会的つながりに埋め込まれた人格も保たれるため、ポーランドの工場では、外側と内側の二つの複合的な人格が形成されているという[7]［Dunn 2004］。

ジェ・ヤンは、中国の自己啓発的なテレビ番組を、心理学化にもとづいた統治技術として批判的に論じている。中国中央テレビ（CCTV）のカウンセリング番組は、貧者や失業者を取り上げて、心の持ちようを変えることでポジティブな潜在力が引き出され「幸せ」になれると指南し、逆境に負けない企業家精神を称揚する。こうして個人の心理的な「幸せ」を宣伝することで、グローバル資本経済に参入する中国政府は、格差拡大への不満を逸らし社会の安定を保ちつつ市場の発展が目指せるのだという［Yang 2013］。ここでも、経済格差などの外的状況とは切り離して考えるべき内面をもつ「個人」を作ることが目指されている。

規律社会から管理社会への移行に伴う〈分人化〉という議論に対応するように、一見矛盾する心理学化と「個人」の生成も進んでいる。ダンの事例では、国家主権に代わって多国籍企業が、消費者であり所有者としての個人を生成している。さらにヤンの事例では、資本主義を取り入れる中国政府も、この流れに参入している。ここで行われている個人化は、〈分人化〉の影響を受けながら同時進行している現象だといえるだろう。すなわち、自らが埋め込まれた関係性を個別に切り離すことによって、自己の諸部分を客体化し、それらを統合する自己の心理学化と個人化が生じている。このように新自由主義時代の心理学化においては、個人と分人の新しい分節化が行われ、その分節を調整する技術が生み出されているのである［cf. 牧野 二〇一二、森 二〇〇〇、斎藤 二〇〇九］。

二 インドの分人性

さまざまな問題が心の問題に還元されていく心理学化の現象は、インドの市民活動においても一見当てはまる。ALMの取り組みに見られるように、経済自由化以降のインドの都市自治体は、人々の「市民意識」に訴えることで、新自由主義的な統治を目指している。こうした運動のなかでウチの浄性や清潔さが「市民意識」の問題と結びつけられることにより、ウチの意味も変化してきた。さらに、本章でみていくように、運動の成果が上がらない状況でも、人々は活動によって得られる「満足」という内的問題に焦点を当てることで、折り合いをつけている。この現象は、ヤンが論じた中国政府の戦略とも似た、グローバルに浸透している心理学化の一形態だといえるだろう。しかし、活動家に話を聞いていくと、それだけでは捉えられない側面も見えてくる。

1 市民的「行為」――満足、ギーター、果報

ALMの活動全般において、市民が関与できるのは行政から「招かれた空間」であるウチの領域に限られていた。そこでは、ゴミの分別を指導する行政が分別収集を行っていなかったり、何かを訴えても役所にはぐらかされたりと、私の目には成果や影響が明らかでない活動が繰り広げられていた。しかしこれらの行為は、活動家たちにとっては重要な意味を持つ。六〇代半ばの男性Sさんは、四四歳の時に大企業を自主早期退職して以来、社会活動を行っている。それはこの活動が「満足（satisfaction）」を与えてくれるからだという。ムンバイにおけ

る市民活動を理解するには、Sさんや他のメンバーが説明してくれた「成功と満足」の概念がひとつの鍵になる。以下では、メンバーへのインタビュー（七六頁、**図1－4**参照）を元に、これらの概念について探っていく。

なぜこうした活動をしているのかという私の質問に対して、Sさんは「成功と満足（success and satisfaction）」と「欲望と必要（greed and need）」についてとうとうと語り始めた（二〇一三年二月八日のインタビューの録音からの抜粋。以下のSさんの引用も同様）。

これは大事な話だから、ちゃんと理解しないといけない。「成功と満足」についてだ。ガーンディージーは言った。〔……〕マハートマー・ガーンディーは、すべての人の必要を十分に満たすことはできるが、欲望を満たすことはできないと言ったのだ。欲望とは何か？「欲しい」ということだ。〔……〕私が言いたいのは「成功と満足」だ。必要が満たされたら、満足できる。

「欲望」に対応する「成功」とは異なり、「必要」が満たされると「満足」が得られる。そのうえでSさんは、「満足」を他者への「奉仕」と関連づける。

年齢が進むと、人々が生まれたのは自分たちのためではなく、他者に奉仕する（serving others）ためだと気づくのだ。最高の満足は、良いこと（something good）をする過程のなかで、他者に奉仕するなかにある。〔……〕カネ、あれ、これ、などへの興味は失われる。興味があるのは自分の満足のみになる。

Sさんの説明では、他者に対する「無私の奉仕」が、「自分の満足」につながっている。調査中、「奉仕（service, *sevā*）」という言葉をよく耳にした私は、これがインド的な市民活動のキーワードかと思い、他のメンバーにも自分たちの活動を「セーワー」と思うかという問いを投げかけてみた。しかし、セーワーという言葉を使うことには違和感を示す人が多かった。セーワーはもっと崇高な活動であり、恵まれない人々への支援などを指すとし、「自分たちのエリア」に焦点を当てた活動は義務（duty）や責任（responsibility）であるという意見や、納税者として当然のサービスを求めているのだという返事が聞かれた。

こうした説明からは、セーワーと自律的な市民活動は相反するもののように思われる。Dさんは、私がインタビューした当時（二〇一三年二月一三日）、壊れたまま歩道に放置されている牛乳スタンドの問題に取り組んでいた。彼は、迷惑で危険なスタンドを処分するように、証拠写真とレターをセットで提出して市に訴えているが、四カ月間いろいろな部署をたらい回しにされるだけで改善はみられないという。そんな話を聞きながら、私が「自分の活動をセーワーと呼びますか？」と質問したところ、彼はセーワーではなく満足だと答えた。さらに彼は、セーワーという言葉は嫌いだと言い、次のように続けた。

違う違う、ソーシャルワーカーじゃないよ。私はワーカーではない。とんでもない。私は誰にも指図されない、それが一点。二点、私自身に自分の時間があって自分が正しくないと思うものをみつけたら、当局に伝えるのが義務だと思っている。

さらにDさんもまた、自らの活動を「成功と満足」という言葉で説明した。

〔……〕「成功と満足」という言葉がある。私は満足の方を取りたいね。成功は他人が決めることだ。〔……〕でも、満足は自分で決めるんだ。自分が良いこと（some good thing）をしていると自分自身で認めることができるとき、人は満足できる。私は自分にまったく関係ないことでも、とてつもない満足を得ることができる。ほら、あの公園とか、あの歩道、そこを私が歩くことはない。あのタクシー・スタンドに行くこともない。だとしても、私が何か不正を見つけて、それを表に出し、解決されたら、計り知れない満足を得ることができる。

このように、満足は自分自身が決めるのだが、自分は見返りを求めないことが強調される。Dさんに、「成功と満足」は他の人にも聞いたが本か何かで読んだのか？　と聞いたら、「どこで読んだのかは忘れた」といいつつ、次のように説明してくれた。

D　私たちの宗教でもそうだ。キリスト教徒に聖書が、ムスリムにクルアーンがあるように、私たちには『ギーター』がある。『ギーター』にはサンスクリット語で *karmaṇyevādhikāraste mā phaleṣu kadācana* とある。つまり、あなたは自分の仕事をしなさい。成果（fruits）のことは気にするな。自分がしたことが認められるか、成功するかは関係ない。ただ自分の仕事をし続けるだけだ。神が果報（fruits）と恩恵を与えてくれる。

Y　では、あなたがしていることは……。

D　言わせてもらえば、過去一〇年間、私は大きな病気はまったくしていない。〔……〕ある意味、神は補償してくれるんだね。毎日ここから〔近所の地名〕まで歩くことができる。他の人たちは歳だとか節々が痛いとか不満だらけだけどね。そんな人たちはこういう態度だ。なんで私がわざわざそんなことしなければならないのか。私には関係ない。私は税金を払っている。〔……〕

Y　あなたがしていることをダルマ、あるいは……。

D　言っただろう、私はとてつもない満足を得ていると。

ここでDさんは『バガヴァッド・ギーター』を引用したうえで、神が彼の善行（カルマ）を健康な身体で補償してくれていると説明している。インド古代の叙事詩『マハーバーラタ』の一部である『ギーター』は、同族が争い合う戦場で戦意喪失したアルジュナとクリシュナ神との対話からなる。クリシュナはアルジュナに、クシャトリヤとしての「自己の義務／ダルマ（*svadharma*）」を全うして戦うべきであると説く。そして、人間の「主体（*dehin*）」（個我、身体を司る真実の自己）は、身体が殺されても死なないのだから、万物について嘆く必要はないという。さらには、欲望や意図を捨て、行為を神に捧げ、自己（アートマン）においてのみ満足せよという教えが示される［上村一九九二］。

Dさんが引用したのは、『ギーター』二章の四七行の前半部にあたる、「あなたの職務は行為（カルマ）そのものにある、決してその結果（果実）にはない」［上村 一九九二：三九、括弧内の補足は引用者］という箇所である。これは、『ギーター』の主題でもある、「行為の結果を考慮せず、行為そのものを目的とせよ」［上村 一九九二：二二三］という教えである[8]。翻訳と解説を通して『ギーター』と近代的な社会運動をつなげたM・K・ガーンディーは、一九二六年の講話で、このくだりを次のように説明している。「奴隷の主人が奴隷に言う。『しっかり仕事しなさい。でも農園から果物をとらないように。あなたは私が与えたものを受け取るだけです』。神が私たちに与える制限も同じです。私たちが働くことを望めば、神はそれを許してくださいます。しかし、仕事の報いを与えることができるのは神のみなのです」［Gandhi 2009: 24］。

『ギーター』のこのくだりは、活動家の作る文書に引用されるなど、今日の市民運動で頻繁に言及される。そのため「セーワー」と同様に「ダルマ」が重要なのだと思った私は、その行為を「ダルマ」と呼ぶのかと、Dさんに問いかけた。それに対してDさんは、「満足」だと答えている。彼は、成果を上げて他人に認められることよりも、自らが自分の時間を使って自由に活動を行い、その行為自体に満足を得ることを強調するのである。ALMの活動において、市民は地方行政から与えられた、限られた領域のみで職分を全うしている。そうした活動の効果は傍目には明確ではないものの、活動家たちは、「良いこと」を行って「満足」を得ることが活動の動機だと語っている。

　注目すべきなのは、活動家たちが「満足」という言葉を説明するために、目に見える「成功」、すなわち「カルマの見返りとしての果報」を求めないという『バガヴァッド・ギーター』の考え方に依拠していることである。果報は自らがつかみ取るものではなく、与えられたさいに受け取るべきものである。それまで、人はただ自らのカルマを全うするべきだとされる。ここで「満足」を得ている人のありようは、自己をコントロールし、自己責任を引き受ける個人像からはずれている。現代インドにおけるこうした複合的な人のあり方について考察を進めるため、以下ではマリオット以降の分人論の展開を振り返ろう。

2　分人性の動態——カルマの可視化と文脈自由

　マリオットの議論を発展させたダニエルやラーマーヌジャンは、インドにおける分人性の動態を描き出した［Daniel 1984; Ramanujan 1989］。すでにみたように、シュナイダーが論じたアメリカの親族体系において自然と文化の象徴に対応していた「サブスタンス」と「コード」は、インドにおいて相互に切り離せない「サブスタンス（ダートゥ *dhātu*）」と「コード（ダルマ *dharma*）」へ翻訳された［Schneider 1980; Inden and Nicholas 2005］。こうしてその後のマリオットらのサブスタンス＝コード論においては、インド的な「コード」に「ダルマ」の意味が含みこまれるようになった。ダルマには、大きく分けて（1）規範、（2）善行（カルマ）、（3）世界を成り立たせているものごと、（4）性質や属性という意味があるが、ここでは、翻訳によってコードに付与された「善行（カルマ）」という側面について検討したい[9]［宮元 二〇一二b］。

　インドにおけるコードは、人の年齢、時間、状況、カーストによって変化するもので、「人による（person-centric）」という性質がある。すなわち、特定の人にとって、その環境や文脈において何が「適切」なのかを見極める必要がある。さらに、人は独自のサブスタンスの混成体であり、自らの身体を構成するサブスタンスと適合するサブスタンスは何かを常に観察し続けなければならない［Daniel 1984］。なお、サブスタンス＝コード論においては、コード（カルマ）もまたサブスタンスとして存在する。(10) 人がカルマを行うと、自らの身体内部に潜在的な力が蓄えられ、それが熟すと果報として結実する［宮元二〇一二b、Keyes and Daniel 1983］。カルマは、占星術や卜占などによっても可視化される。たとえば、生まれた時間によって「カルマの果報（the fruit of karma）」である惑星の影響が確認できる［Pugh 1983］。また南インドの「花の儀礼」という卜占では、ランダムに選んだ包みの中に何色の花が入っているかで占いを行うが、相談者のカルマは、この花の色の組み合わせで可視化される［Daniel 1984］。

あらゆるサブスタンスは同等ではなく、変化のしやすさや影響の与えやすさという点において異なる。たとえばカルマは、他のサブスタンスに働きかける能動性を持つ。ダニエルは、宿命、運勢、気質からなる生得的な「気質体（the kunam complex）」は、基本的には変えられないサブスタンスであるとする。しかし、適切な行為を通した「カルマ体（the karman complex）」（正しい努力、適切な行為、知性と判断力からなる）のサブスタンスによる働きかけによって、気質体にも変化を加えることが可能となる［Daniel 1984］。言い換えると、変わりにくいサブスタンスに変化を加えるために必要なのが、コード（カルマ）なのである。

マリオットらは、インド的な「コード」として導入したダルマの概念をさらに「モラリティ」という言葉で説明したが、ここでの「モラリティ」は、社会の基盤として平等主義的な普遍性を原則とする近代西洋的な道徳とは異なる［Marriott and Inden 1977: 228; cf. デュモン 一九九三］。序論で述べたように、ラーマーヌジャンは、ユダヤ・キリスト教において、社会全体に当てはめられる平等志向的で「文脈自由」な倫理と、マヌ法典を比較しながら、インドにおいては「文脈依存」的な法（すなわちダルマ）が理想となると述べた。そうした前提があるからこそ、文脈から自由になることを希求する運動が繰り返され、それらがまた新たな文脈に組み込まれていった。たとえば、「世俗」における社会・人間関係を断ち切る「現世放棄」は、文脈自由な理想のひとつとされる。しかし、近代の社会改革思想において、「現世放棄者」は、自分のために徳を積みながらも人の役にも立つ「社会奉仕者」として再提示されてきた。すなわち、俗世とのつながりを絶つことで自らの解脱を達成しようとする者が、その俗世に生きる人々へ奉仕をするべきという転換が行われている。

同様の展開は、ヒエラルキカルな文脈を超越して、神への個人的な愛にもとづく帰依のみを唱えたバクティ運動においても見受けられる。コープマンが論じたように、バクティ思想に支えられた宗教・社会改革運動は、次第にグルを中心とした新たな関係性の文脈を作り上げてきた［Copeman 2012］。このように、文脈自由を目指す運動は、元の文脈の影響を受けつつも、それを組み替えながら、新たな文脈を作り上げてきた。Dさんやその他の市民活動家たちが依拠していた『バガヴァッド・ギーター』も、このバクティ思想を表明したものである。そこでは、神への愛によって現世放棄が内面化され超越されるので、世俗の生活を行いながら「自由な個人」になることができる［デュモン 二〇〇一：三四七―三四八］。

以上を踏まえて考察すると、現代インドの市民活動家が語る『ギーター』には、文脈依存と文脈自由の両方の可能性が織り込まれているといえよう。Dさんの説明にあったように、人は適切な行為を行わなければならないが、その結果を求めてはいけない。さらに、ガーンディーの影響を受けた自己を律することを重視する近代的社会運動においては、自らの「セーワー」を顕示することも慎むべきとされる［e.g., Copeman 2012: 154–155］。果報は、世俗的な因果関係から切り離され、神の恣意性に委ねられる。ここにおいて、人は世俗の文脈から自由になって神と対峙しても、神を介した新しい社会関係の文脈に巻き込まれている。

これに対して、市民としての活動や「個人の満足」が語られる場合、この神の果報を待つという文脈からの自由が指向されている。すなわち、自律的な市民が適切な活動を行えば誰しもに「満足」が与えられるという合理的な普遍性である。しかし、活動家たちが自らの市民活動や「満足」を説明するさいには、再度カルマの論理が入り込む。Dさんの場合は、彼の身体が同年代の他の人に比べて健康であるという形でカルマが可視化されており、カルマの果報は、自分が行った行為の物理的で直接的な帰結としてではなく、神から与えられるものだと説明される。このように市民の「満足」の語りには、新自由主義的な統治が作り出そうとする市民意識、行為の世俗的な結果や評価からは独立して神と向かい合う超越的な自己、そしてカルマや神の果報を介した交換から形成される分人が共在しているのである。

三　心理計測と市民運動

ALMのメンバーの語り口は、現代インドの都市に住む人々に広く共有されている関心や実践と結びついている。私が出会った市民活動家たちは、『バガヴァッド・ギーター』の勉強会やグルの講演会（Chinmaya Missionや「スピリチュアル・マネージメント・グル」Sawmi Sukhabodhanada）、アメリカ発の「自己啓発」系の集中セミナー、（本流からは「似非科学的」心理療法とされている）「神経言語プログラミング（Neuro-linguistic programming, NLP）」のワークショップなどに参加していた。さらに、これらの多様な手法を組み合わせた「人格開発（personality development, PD）」と呼ばれるコースは、職業訓練的な英会話学校の一環として、あるいは企業講習として、会社員や学生、主婦などに人気を得ている。こうしたコースでは、ヨーガやレイキなどのニューエイジ的なスピリチュアリズム、ビジネス・マネージメントの手法、『こころのチキンスープ（Chicken Soup for the Soul）』シリーズに代表されるモチベーションを高める話などが混ぜ合わされており、わかりやすい言葉で、手軽に、宗教的・精神的な探究ができることが魅力とされている［e.g., Frøystad 2012］。

本節では、こうした複合的な「人格（personality）」への働きかけのひとつとして、ムンバイの「心理計測（psychometrics）」の実践を論じる。インドにおける心理計測は、分人として埋め込まれた関係性から離脱して、自律的な市民になるための重要な装置のひとつだと考えられる。

1　心理計測の起源

インドの都市部において、心理計測の概念は、選挙候補者やボランティアの人選など市民活動のプロセスに取り込まれている。[11]また、心理計測を行うための講座も、精神科医や人事企業などにより、企業研修や一般参加者向け講習会として開催されている。

心理計測とは、心理学と統計学の手法を用いて、知能や能力、性格などを数値化し、評価基準に用いるものである。[12]その起源は、一九世紀後半のフランスで義務教育が開始され、教育の国家的な標準化が進んだことにより、「精神遅滞児」が社会問題化したことにある［藤崎 一九九一］。そこで、制度を改革する教育学的方向性と、医学的な解決法を組み合わせて考案されたのが、「知能検査」であった。[13]このように心理計測は、西欧の近代国家成立の過程において、個人と群れのセットとして国民を育てようとする規律的な統治性のなかで誕生したといえる。この取り組みはその後アメリカで展開され、「知能指数（IQ）」が導入された。第一次世界大戦時には、米国軍隊の採用や配置のために集団検査が行えるよう、結果が簡単にコード化できる選択肢式のテストが開発された［Danziger 1997; 藤崎 一九九一］。

さらに、本書で扱うインドの事例との関連で興味深いのは、「性格（personality）」が心理学的な計測の対象となっていく過程である。「パーソナリティ心理学」と呼ばれる領域は、一九三〇年代のアメリカで確立し、その後数十年にかけてさまざまな性格検査、性格テストが普及した。これは、当時のアメリカ社会が血縁や階級ではなく実力や人柄で人材を評価することを重視したからだとされる［渡邊 二〇一一 a］。また、この頃のアメリカでは、「性格の開発（development of personality）」を主題とした一般書が流行した。一九世紀における法的・道徳的なカテゴリーとしての「人柄（character）」においては、「義務（duty）」、「市民性（citizenship）」、「インテグリティ」などの自己犠牲を含む規範が重視されたのに対して、二〇世紀初頭の心理学的なカテゴリーである「性格」においては、「魅力的な」、「素晴らしい」、「創造的な」といった個性を彩る形容詞が強調されるようになった［Susman 1979］。こうして「性格」は個人の一部分である普遍的な所有物であり完成度を高める対象となっていった［Danziger 1997: 124–125］。

以上で概観した知能検査の制度化と「性格」の心理学化が合わさった心理計測の実践は、上述したダンの事例にもみられるように、国家主権の枠組みを超えて、グローバルな企業の採用やトレーニングに用いられている。今日のインドにおいても、心理計測は「科学」として信頼され、さまざまな活用方法が模索されている。なお、インドの都市部における心理計測や「性格／人格開発（personality development）」は、アメリカの展開でみたような「世俗化」と「科学化」の道をたどらず、ヒンドゥー・スピリチュアリティや自己啓発セミナーなどの一部として捉えられている。ただしこれは、インドにおいて心理計測が「科学」として認識されていないことを意味するのではない。むしろ、インド哲学やスピリチュアリティを「科学」の言葉で説明することは一般的であるし、後述するように、心理計測は現地で「オカルト科学」と呼ばれる占星術や手相診断などとのアナロジーで捉えられている。すなわち、インドにおいて占星術や卜占が行ってきたサブスタンス＝コードを可視化する手法が、新しい文脈に置き換えられているといえよう。さらに、アメリカにおいて「性格」が「義務」、「市民性」、「インテグリティ」といった社会規範から切り離されて「個人化」していったのに対して、今日のインドでは、まさに「性格」に焦点を当てることで、「インテグリティ」を有した、きちんと「義務」を果たす市民を選定し、育成しようという試みがなされている。ここにおいて、心理学化は、人々の関心を自己の内的領域に向けさせるものではなく、新たな市民性を生み出すものとして作用している。

2 「インテグリティ」の計測

ムンバイ227による「市民候補者」の選出において、とくに重視されたのが「インテグリティ（integrity）」という資質であった。この言葉は、メディア向けの広報でも掲げられ、私が行った関係者へのインタビューにおいても候補者人選の最重要項目であると皆が口をそろえた。分断されえない完全さを意味する「インテグリティ」の重視は、インド的な関係性の文脈に埋め込まれた「分人」の対極にある「個人」が目指されていることを示唆している。心理計測は、政治社会的なつながりの基盤である宗教、カースト、親族などのコミュニティを考慮に入れず、市民の内的な「インテグリティ」を「科学的」に測るために導入されたのである。

活動家たちに「インテグリティ」の意味を聞くと、まず返ってくる答えは英語の"honesty"だった。具体的には、二面性がなく、約束を守ることが挙げられた。ヒンディー語では何というか聞いてみても（多くの場合インフォーマントの母語ではなかったが、私がわかるインドの言語であるため）、「当てはまる言葉はあるはずだけど、今は出てこない」もしくは「ヒンディー語にはない」という返事が多かった。活動家たちによる概念の説明をまとめると、「インテグリティ」とは（1）正直さ、（2）献身、（3）善悪や真偽をめぐる法規範の順守、を示す言葉となる。さらには、「ダルマ（*dharma*）」、「奉仕（service）」、「イーマーン（*īmān*）」（アラビア語起源でヒンディー語ではおもに正直さを意味する）、「ファキール（*faqīr*）」（スーフィーの苦行者）などが意味の説明として挙がった。このように、たとえとして宗教的な用語を挙げてくれた人もいたが、それは時に「宗教的な人ならこう言うだろう」といった前置きをつけて語られた。そして、こうしたキーワードはインフォーマントの宗教と一致しているわけでもなかった。ヒンドゥー概念の「ダルマ」を挙げたのは無神論者と公言している人で、イスラーム概念がもととなった「イーマーン」はヒンドゥー教徒、「奉仕」と「ファキール」はキリスト教徒であった。

このように、「インテグリティ」は「正直」であることを示す概念だが、その意味を説明するためには、しばしば宗教的・精神的で、世俗の文脈から切り離された価値や人物が用いられる。だとすると、「インテグリティ」という用語には、自分の宗教やコミュニティとは直接つながらない、客体化された形での、デュモン的な「現世放棄者」としての「個人」、すなわち、文脈から自由な個、という意味が込められているのではないだろうか。そのため、ムンバイ227の活動において、「インテグリティ」は、関係性に埋め込まれた「腐敗」の、ひいては「政治家」の対義語として、特別な位置を占めていたと考えられる。

心理計測を使用して候補者の「インテグリティ」をアセスメントすることは、ムンバイ227の新規性、信頼性を示すものとして、メディアを通して広く宣伝された。ムンバイ227のコア・メンバーや候補者となった人々の説明によると、心理計測は、ランダムな質問を意外な形で繰り返すことで回答の一貫性を測るものであり、そこから候補者が本当のところどれだけ正直なのかが判定できるとされる。具体的なテストについて聞くと、選考を担当したG社の代表は私に「エゴグラム」を使用したと説明した。これは日本でも使われているように、企業の人事において用いられる性格や能力の適性検査である。ただし、実際に行われたのはオンラインやペーパーテストではなく、G社が集めたHR企業の人事担当者たちによる面接のみであった。にもかかわらず、面接を受けた候補者もムンバイ227の幹部も、このテストを信頼し、結果にも満足していた。テストを受けたある候補者は、「多国籍企業で経験を積んだプロの人事が面接をしたのだから、心理計測テストと同じくらい良いものだった」と私に話した。「腐敗した政治家」の対極として捉えられている「効率的な企業」がそのプロセスを受け持つことで、「インテグリティ」の可視化も信頼できるものとみなされていた。

3　「心理計測アセスメント」講座の形式

ムンバイ227が用いた心理計測は、個人の適性を測る手段としてインドの企業で用いられ、信頼されている技術である。さらに、心理計測を行うことは、現状の認識や評価にとどまらず、企業人のスキル・アップの一環と考えられており、さまざまなワークショップやトレーニングの機会が提供されている。以下は、二〇一三年の九月に、G社で行われた三日間の「心理計測アセスメント資格者になる（Become Certified Psychometric Assessor）」という講座に参与観察した事例から、この問題を検討していく。[14] まずは、講座の雰囲気と形式について紹介したい。

会場となったG社のオフィスは、ムンバイ郊外の最北端の開発途上エリアの雑居ビルにあった。一階分のオフィスが上下に分けられて、下がセミナー用、上が事務所になっている。そのため、天井が低く、窓もない。教室の壁には、これまでセミナーを受講したという有名企業のロゴが並べられたポスターや、講師が新聞に取り上げられた記事の拡大パネルが飾られている。参加者はコ型にセットされた机についた。まずは隣に座った受講生が二名一組での自己紹介を行い、自分のパートナーの紹介をクラス全員に行うという、アクティヴ・ラーニング式で講義が始まった。

講師は、ここで使用するテキストやテストは、インターネットやさまざまな文献から集めて独自に編集したものだと説明した。たとえば三〇〇頁ある専門書を一五頁に縮め、理論は省略して実践的にしたのだという。連日、受講生が実際に複数のテストを受け、各テストについての講師の解説を聞くという流れで進んだ。第三章で論じた「個人的価値」の解釈で示したように、講師がたとえ話や事例を使いながら講義を進めていった。[15] 講義スタイルの例として、初日（二〇一三年九月一六日）に行われた心理計測の説明をみてみよう。

心理計測とは何か？　心理計測とは、性格、行動、能力などを科学的に理解することです。「心理」つまり心理学に、「計測」すなわち統計原則が加わることで、予測可能になるのです。たとえば「赤色が好きな人は辛い物が好きか」、これを証明するには、五〇〇人に聞いて、五〇パーセント以上が「イエス」と答えたら、そういう傾向があるといえる。そして、逆も正しいといえる。もし私が「辛いものは好きですか？」と聞いて、彼女が「イエス」と答えたら、（私）「ってことは、君は赤い色が好きだよね？」（彼女）「なんでわかったの？」。これが予測可能ということです。これがまさに心理計測です。

講師は、一般的な「心理計測」の定義（統計学的な心理学）に触れた後、数字を並べながらも独特の統計の説明を行った。続いて講師は、心理計測テストの六分類として、以下のカテゴリーを紹介した。（1）適性（aptitude）、（2）スキル、（3）パーソナリティ、（4）知能指数（intelligence quotient, IQ）、（5）感情指数（emotional quotient, EQ）、（6）スピリチュアル指数（spiritual quotient, SQ）。しかし、この分類はその後登場せず、実際に行われたテストがどの分類に入るのか私が質問しても、その都度間に合わせで答えているようだった。このように、何らかの分類が提示されたとしても、各項目が分類に当てはまるというようなツリー状の体系は想定されておらず、さまざまな可能性が、その場における文脈ごとに提示されていくという形式がとられた。

講師が強固な「答え」を持っていることも、講座進行の特徴であった。講師は、話しぶりは柔らかだが権威的な態度で、参加者に問いかけはするものの、参加者の答えや質問を真剣に取り上げて議論することはなく、自分が用意した答え以外は間違いとされた。そんななか、参加者は熱心に積極的に講座に取り組んでいた。参加者は、講師の問いに対して正確な答えを返そうと努力し、回答のさいには用紙にチェックマークをつけるのか丸をつけるのかといった細かく具体的な点について質問が出された。休憩時間や教室内での昼食時には、授業についてのポジティブなコメントが受講者同士で交わされた。

個々のテストと理論を体系的に位置づけず、講師が権限を持つという傾向は、テストの診断・解説の場面でも観察された。あるテストを受けた後、講師が受講生の結果を覗き込みながら教室を歩き回っている時、彼は私の結果を見て「子供のころ辛い思いをしたんじゃないですか？　両親は愛情を注いでくれましたか？」とみんなの前で問いかけた。私は「とくに辛い思いはしていない」と答えたが、その後、解説を講義するなかでも「私がヨウコに辛い子供時代を送ったのかと聞いたように、結果からはそういう深いところまでわかるのです」と言った[16]。「こういう回答をした人はこういうタイプ」という解説は細かくなされるが、それがなぜそういえるのかの根拠についての説明は一切なかった。受講者は、「そういえばこういうタイプの人が確かにいた」とその都度テストに当てはまる事例を話題に上げていく。

さらには、次々とさまざまなテストをこなしていくなかで、結果を振り返って統合的に自己分析を行うということはなかった。私の「愛情不足」という診断はその場限りのもので、他のテスト結果との整合性やバランスは問われなかった。ムンバイにおける心理計測の講座は、日本の就職活動における自己分析のように、自己の内面を対象化したうえで統合し、調整することには力点が置かれていない［cf. 牧野 二〇一二］。同様に、ダンが示したような、自分のさまざまな資質を可視化して統合的に所有することで「個人」を形成するポーランドの企業トレーニングとも異なる側面が現れている［cf. Dunn 2004］。

4 「オカルト科学」とのアナロジー

ムンバイの心理計測には、現地で「オカルト科学」と称されている実践との類似点が多い。G社講師は、講座初日の心理計測の説明の一環として、以下のように述べている。

心理計測は呪術ではないし、「オカルト科学」でもありません。「オカルト科学」は、手相診断、人相診断、数秘術（numerology）、占星術（astrology）などです。「オカルト科学」は統計をベースにしていないので、まだ科学的に証明されていません。筆跡学（graphology）は、統計的な研究があるので、少し信頼度が増します。たとえば、サインが右上がりだったらポジティブな性格だ、などです。火星がこうなっているから、あなたはこうするべきだ、という時、それは証明できません。その科学的な基盤は、今日でもまだ解明されていないのです。

ここでは「オカルト科学」との違いが述べられているが、これは、両者が比較対象として捉えられているということである。すなわち、両者は別物ではなく、「統計」や「科学」をベースにした証明が現時点でできるかできないかという基準軸に沿った連続性のなかに位置づけられている[17]。

このＧ社の社長講師に、私は、この講座に参加する半年ほど前に、ムンバイ２２７の選考について一対一のインタビューを行っている。そのさい彼は、心理計測を、ＧＭＡＴ[18]やＩＱテストのようにテストを受けると結果が出るものだと説明した。そこで私は、テスト結果をどのように候補者人選の判断材料として用いるのか質問した。すると、占星術と手相学を学んだことがあるという彼は、占星術をたとえとして以下のように説明した（二〇一三年一月三〇日）。

> スコアをもとに、解釈を行います。占星術のようなもので、何か確定的なメソッドがあるわけではないですが、どうやって解釈を行うのかは知っていなければなりません。それから、質問をするのです。質問することで、その人の性格がわかるのです。

ここでは、スコアが結果を決定するのではなく、占星術のようにその解釈を行うことによって、さらにはそれらをもとに質問し対話することによって、判断を行うと説明されている。

こうした連続性のなかでの心理計測の捉え方は、この講師に限ったものではない。インドに数ある「人格開発」講座では、私が参加した他の講座も含めて、「オカルト的なもの」と「科学的なもの」が並列的に扱われていた。この傾向は、それらの講座に通う受講者の関心の範囲にも現れている。一例として、私と同じ回にＧ社の心理計測講座を受講した女性参加者の一人を紹介したい。彼女は、ムンバイ郊外の大規模な私立病院の人事部のマネージャーを務めている。G社の講座で出会ったさい、彼女からは、その職名が書かれた名刺の他に、占星術と筆跡学の専門家としての名刺も渡された。後日彼女に話を聞いたところ、筆跡学は二日間のワークショップに通って習得し、その後、彼女自身が講師としてワークショップを開催したこともあるという。病院の人事において、筆跡学は組織的には使われていないが、彼女が採用を担当する時は候補者の人格判断に用いている。占星術については、「グル」から個人的に学んだということだった。彼女の説明では、心理計測や占星術や筆跡学は、「すべて人格（personality）を可視化する（reveal）」という点で同じだという。

講師や受講生のこのような語り口は、心理計測が、インドで日常的に実践されている専門家による占星術やト占とのつながりにもとづいて理解されるべきものであることを示唆している。心理計測の解釈には専門家が必要であり、そこには個人のコントロールを超えた要素が入り込んでくる。

5　「文化」の可視化

ムンバイの市民運動における「心理計測」は、宗教やカーストや親族などの政治社会的な文脈から切り離して、「個人」そのものを評価する装置として意味を持っていた。しかし、心理計測を学ぶ場では、人格に内在する関係性が可視化されていく。心理計測講座の会場に戻り、講師の話の続きを聞こう。先に引用した「オカルト科学」と心理計測は違うという説明を、講師は以下のように述べている。

では、なぜ統計的分析が信頼に足るのか？　なぜ科学だといえるのか？　どのようにそれは成り立っているのか？　それはステレオタイプによるものです。私たちの態度や能力は、もって生まれたものではなく、学習したものです。あなたは日本生まれ、あなたはドバイ、あなたは南インド、それぞれの文化は違います。私たちは文化のなかにいて、文化から学ぶ。インドでは「マールワーリーはカンジュース（ケチ）だ(Mārwāris are *kañjūs*)」とか、「パンジャービーは何々だ」などという。それはなぜか？ なぜなら、文化から考え方や行動、反応などを学ぶからです。誰かがお金の話をしていたら、「アレー、あなたマールワーリーでしょう？ お金が動機になっている」などというコメントを私たちはよくしますよね？ これがステレオタイピングです。あなたは文化から、環境から学んでいる。子供を見て、「話し方や行動がお父さんそっくりだ」といいますよね。それは遺伝子のせいではなく、基本的に六〇〜七〇パーセント以上は学習なのです。社会から学ぶことが、ステレオタイピングです。だから、信用できるのです。[19]

ここでは、心理計測の「統計的分析」が信頼に値する理由として、ステレオタイプが持ち出されている。「ステレオタイプ」という用語は、ここでは「マールワーリー（マールワール出身の商人）はカンジュースだ」といった外部による特定の集団のステレオタイプ化と、人間の発達過程における環境からの学習という二つの意味が合わさった「文化」という意味で使われている。

この引用でも示されているように、心理計測テストを通して可視化され、言及されたのが「文化」であった。あるテスト後に、南インド人の受講者の結果を見た講師は、「あなたはマルー（マラヤーナム語を話すケーララ州出身者）ですか？ 私にはわかりますよ。マルーにはエゴの問題があるからね。でもそれは文化だから、あなたがどうこうできるものではない」と言った。受講者は「実は私はカニャー・クマリ出身で、いや、そうですね……」と答えた（彼はタミル・ナードゥ州のカニャー・クマリ出身のタミル人だった）[20]。ここで注目したいのは、講師が、文脈から切り離して個人の内面を客観的に数値化したはずのテストの結果を解釈するさいに、そこには明示的に現れていない「マルー」という「文化的」要素を読み取っていることである。そして、「マルー」であることを、彼の「エゴの問題」の生得的な理由として位置づけている。「文化」はこのように、「どうこうできるものではない」］、強固で変えられないものとして教えられた。そのため、ある会社の文化と自分の文化が合わなければ、お互いに変わることはできないので、転職しなければならないとされた。

さらに、そもそも心理計測で測る適性や能力も、変わりにくいものとされる。講師は、テストを受ける人のコンディションやテストを受ける時期が違っても同じような結果が得られるべきだという。結果が異なるということは、正直に答えなかったか、的確に指示が出されなかったか、テストが信頼できないものだということになる。変えられない「文化」や「適性」に対して、「行動（behavior）」は変えられるものとされていた。たとえば講師自身、二〇年前はパーティーで隅っこに立っているような一匹狼だったが、トレーナーとしてのスキルを身につけてフレンドリーで話しかけやすい人だと思われるようになったと語る。

ダニエルは、人格に生得的に備わっている変えられないサブスタンスである「気質体」（宿命、運勢、気質）と、それに変化を加える「カルマ体」（努力、行為、知性）が「花の儀礼」によって可視化されると論じた［Daniel 1984］。心理計測においても、人々の内面は数値化されることで、目に見えるようになる。そのうえで、「行動」（カルマ体）を通して「文化」や「適性」といった変わりにくいサブスタンス（「気質体」）への働きかけが推進される。一度の講座で多くのテストを受け、さらに受講を繰り返すなかで、当初の説明では変わらないはずとされたテスト結果に変化が生じることになる。人々はこうしてより適切な人格を目指すのである。

文化概念を取り入れた欧米のマネジメント論において、「文化」は、自らの力を高めるために余所から借用できるモデルとして用いられている。たとえば、イギリスの制度を改善するために、日本の「企業文化」やアメリカの「大学文化」を取り入れるべきだといった語り方がされ、「文化」は変化をもたらすエージェントだとされる［Strathern 1995］。そこでの「文化」は、外部から移動させ自らの利益のために用いるというように、マネージ可能なものである。その一方で、久保明教が論じたように、インドの企業研修では、通文化マネジメントの手法が教えられるとともに、「文化」の「変わらなさ」や「統御できなさ」が浮かび上がる。ＩＴ産業に代表される欧米に顧客を持つインド企業の研修では、「インドの文化」と「西洋の／グローバルな文化」という枠組みがしばしば用いられ、自らが埋め込まれた「インドの文化」は保ったまま「西洋の／グローバルな文化」を可視化し、そこに適応するように訓練される。そうしたなか、トレーニングを受けるＩＴワーカーは、社会科学の概念を用いながら、「インドの文化」もまた可視化／制御できるものとして語りはじめる。そこにおいて、マネジメントの対象でありながら自らが埋め込まれている文化の両義性が顕在化する。人々が行う文化の可視化とは、言い換えると、自らが埋め込まれていると同時に、自らのなかに畳み込まれているネットワークを可視化するための営みである［久保 二〇一三］。

本節で検討してきた心理計測の実践は、テスト結果の数値によって、個人がバラバラのデータとして管理される〈分人化〉からも、それらをコントロールする自己を作り上げていく心理学的な個人化からもずれていく。事例で検討した心理計測で可視化されたものとは、個人の内面や心理ではなく、その人が育ってきた環境やコミュニティやネットワークであり、「文化」という言葉で表される外部の関係性なのである。

四　関係性の生成と摩擦

本節では、市民活動において重視されている自己と関係性の問題をさらに探究するため、「奉仕」に焦点を当てる。序論で述べたように、植民地期以降、インドの市民社会の構成員である「まっとうな市民」には、その他の人々を教育する責務が課されてきた［Chatterjee 1997; cf. Chakrabarty 2008］。国家主導型の開発主義から新自由主義へと移行した現代インドにおいても、市民は、植民地期の特徴を引き継ぐ温情主義的な教育者という役割を担い続けている。この市民のペダゴジーは、「奉仕」という概念・行為と結びつくことで、他者との関係性のなかで自己を高める手法として実践されている。

心理計測がインテグリティを可視化したように、今日の市民活動において、カルマとしての「奉仕」は、サブスタンス＝コードのやりとりではなくデータとして管理される側面もある。しかし、そうした試みは、そのまま身体や対面的コミュニケーションの喪失を意味するのではなく、あらたな関係性の構築が、齟齬を生みつつも、模索されている。

1　セーワーと社会奉仕

「セーワー（*sevā*）」は、神格、グル、年配者への、奉仕、敬意、世話、崇拝などを意味する概念である［Watt 2005: xix］。序論で論じたように、一九世期以降の社会宗教改革において、神やグルなど特定の対象へのセーワー／奉仕は、社会や人間性全般に向けた「社会奉仕（social service）」として再定義されてきた［Copeman 2012］。第二章で論じたように、田辺は、前植民地期の奉仕を、サブスタンス＝コードのやり取りから「身体－人格」が作られる「生モラル」秩序の一部として位置づけている。人は自らの職分に応じた仕事（カルマ）を行い、その土地の食物を食べ、身体や親族を生成した。そこにおいて、奉仕は単に目の前のパトロンを対象としたものではなく、神への供儀でもあった［田辺二〇一〇］。しかし、植民地期以降、奉仕は「伝統（社会文化）」と近代（政治経済）」の二分法によって分断された。その結果の一例は、共同体、王、神の関係に埋め込まれていた奉仕が、共同体への宗教・儀礼的奉仕と、雇い主世帯と奉仕カースト世帯における、個別的で市場経済の交換に近いパトロン・クライアント関係に変容したことである。

さらに、近年のオリッサの農村社会においては、奉仕をめぐる関係性のさらなる再編が行われている。たとえば奉仕カーストは、自らの労働や物品の提供に対するパトロンからの支払いを、市場価格に応じて値上げするよう交渉を行っている。さらには、低カーストが支配カーストへの従属を拒み、その一方で平等な供儀原理にもとづく「神への奉仕」の重要性を強調する動きがある。具体的には、「牛飼いカースト」が高カーストの結婚式での駕籠を担ぐというカースト間の「伝統的役割」は拒否する一方で、儀礼において神の神輿を担ぐ役割は「本来の伝統的役割」として維持したり、「不可触民」（ハリとよばれる掃除人、太鼓たたき）が掃除を拒否して儀礼の太鼓たたきは積極的に行うなど、職分の再定義が見受けられるという［田辺二〇〇六、二〇一〇］。

奉仕を介した関係は、農村共同体におけるカースト関係から離れた都市の社会運動や政治運動においても拡張されてきた。そこでは、奉仕を行い、保護や配分を受け取る相手は、神やグルから国家や政党へと変化した。この傾向は、一九八〇年代以降のヒンドゥー・ナショナリズム運動において顕著である。ムンバイにおいては、シヴ・セーナーがスラムを活動の拠点としてガネーシャ祭の組織化に力を入れ、「暴力・奉仕・祭り」を補完的に組織化することで貧困層の若者たちを取り込んできたことが指摘されている［竹中二〇〇二］。中島岳志は、民族奉仕団（RSS）の身体訓練やNGO「セーワー・バーラティ（Seva Bharati）」の活動の事例から、イデオローグの意図と末端の活動員の動機は完全に一致しないものの、奉仕という行為を介してヒンドゥー・ナショナリズム運動を共に支えている様子を描いた。イデオローグは「宗教的ボランタリズム」にもとづく奉仕の精神を「国民規範」に矮小化しようとするが、活動家は国家とは関係なく自らのダルマ（「自己の為すべき役割」）を果たし、善き生を追求しようとしている［中島二〇〇五］。このように現代の都市部における組織的な奉仕は、人々の信条や道徳的実践を政治的目的のために拡張する装置としても機能してきた。

奉仕は、右派の活動のみならず、「リベラル」な領域においても用いられてきた。ケリー・A・ワットは、インドにおける奉仕団体をシヴ・セーナーや民族奉仕団に代表される「コミュナリスト（宗教、民族、共同体主義者）」と関連づけて目的論的に論じる研究傾向を批判し、「生きた伝統」としての奉仕を、歴史的連続性のなかで捉えることを主張する(21)［Watt 2005］。ワットによると、一九世紀後半以降、奉仕には、神格やグルへの敬意や世話という意味に加えて、自らの言語集団や社会、国民（nation）に対する「無私でボランタリーな社会奉仕（selfless and voluntary social service）」という含意が足されてきた［Watt 2005: xix–xx］。プラシャント・キダンビは、二〇世紀初頭に、「社会奉仕（social service）」がボンベイの市民運動におけるキーワードになったと指摘している。彼によると、当初から「社会奉仕」は都市のミドルクラスが貧困層を「啓蒙」し衛生概念を教えることに焦点を当てていた。さらにキダンビは、「社会奉仕」としての市民運動においては、ミドルクラスは貧困層との接触を図ることで「モラル資本」を生成してきたという［Kidambi 2007］。

奉仕のやり取りは、カルマを介した関係性で人々をつないでいく。市民が「ターゲット」に「意識を広める」美化活動も、啓蒙的な奉仕活動の延長にあるといえるだろう。以下では、美化キャンペーンとムンバイ２２７の事例から、今日の市民運動における奉仕を検討する。

2　学生の奉仕

ここで再び、ムンバイ・ミラー紙の「汚れとの戦い」キャンペーンの場面をみていきたい。キャンペーンの呼びかけに対して読者の集まりは悪く、大学の社会活動クラブが中心的なアクターとなった。私が参加した一〇カ所の美化対象スポットの内、六カ所で「ロータラクト」、三カ所で「国民奉仕計画」（National Service Scheme, Rashtriya Seva Yojana, NSS）のメンバーが活動を行っていた[22]。

なかでも「国民奉仕計画（NSS）」は、ムンバイの大学生になじみ深く、重要な活動組織だといえる。「国民奉仕計画」は一九六九年のガーンディー生誕日に開始されたインド政府青年スポーツ省の事業であり、その目的は「共同体への奉仕を通した学生の人格開発」にある。「私ではなくあなた（Not Me But You）」をモットーとし、プログラム名のとおり「無私の奉仕」が目指される[23]。毎年政府が大学に活動指針を提示し、大学の下にある各カレッジで担当教員を中心として活動が展開される。学生の参加度（時間数）によって教科の成績に点数が付与されるため、私が訪ねたカレッジでは学生の奉仕活動参加時間をエクセルシートで管理していた[24]。毎年各カレッジから担当教員が男女各一名ずつ優秀学生を推薦し、その学生が自分の活動をまとめたレポート（公式なレター、各メンバーが所持する「国民奉仕計画手帳」の全頁のコピー、キャンペーンなどの修了証、新聞記事の切り抜きなど）を提出し、市や地方レベルで評価を受ける。この評価実績にもとづいて、行政が翌年各カレッジに割り当てる予算と参加学生の人数を決定する。すなわち、ここでは奉仕が官僚制を通したプロセスに組み込まれている。奉仕実践は、レポートや証明書の数、参加時間数などのデータとして管理され、行政レベルで評価されることで、成績評価や翌年の事業予算などの配分をもたらすのである。このようにトップダウン的に組織化されたプログラムのなかで、参加学生たちは非常に素直に任務をこなしていた。

ところで、実際の活動においては、奉仕の具体的な対象が必要となる。学生たちにとって、身近で具体的な奉仕の対象となったのは、ムンバイ市（BMC）とその行政官であった。

スラムのドライブ――行政官への信頼

この日のドライブは、スラム住人の再居住用に確保されている空き地と隣接するスラムで行われた。私が現場に着くと、国民奉仕計画の学生約二五名と記者一名がすでに集まっていたが、活動は開始せず、いつも通りBMCの行政官を待っていた。モンスーン中のこの時期、雨は止んでいたものの、地面は濡れ、泥とゴミが混ざり合っている。一方で、BMCの清掃員たちはすでに淡々と清掃を始めていた。学生たちが輪になって話をしている前の空き地で、スラムの子供たちが大勢裸で遊びまわり、そのうちの数人と住民男性は用を足していて、放し飼いにされているヤギや水牛が草やゴミを食べていた。

数十分後にやっとBMCの行政官が登場し、学生たちは口々に「サー（Sir）！」[25]「サー！」と言いながら笑顔で行政官を迎えた。彼らはBMCの行政官をとても頼りにした。なぜならスラムへ「サーベイ」を行うさい、「僕たちだけで行くと、軽く見られる」からである。学生たちはスラムの「ターゲット」が「言い返す」ことや「罵る」ことを恐れていた（二〇一一年八月四日）。

野菜市場のドライブ——奉仕と幸せ

この日は、野菜市場の「レビュー」（一度クリーンアップ・ドライブを行った場所への再訪問）が行われた。ミラー紙の記者は現場に来ず、二人のBMC行政官と一人のロータラクトのメンバーが市場を巡回し、私もその後をついて回った。野菜が散らかった場所などを見つけた行政官は、商人に高圧的な態度で掃除するように言いつけた。すると、商人はすぐに、地面に捨てられたキャベツの葉や潰れたトマトなどを素手で拾い集めていた。この訪問の後、私はロータラクトの青年と近所のコーヒー・チェーン店「カフェ・コーヒー・デイ」で話をした。彼は、MBA（経営学修士）課程の入試を終えて、コースが始まるまで暇だったので、ロータラクトで社会奉仕をすることにしたのだという。彼が野菜市場をキャンペーンの場所に推薦したのは、ゴミと食物が隣り合わせになっている状況に耐えられなかったからだという。直前の市場での「レビュー」について、市民団体としてのロータラクトと行政としてのBMCの役割は違わないのか、ロータラクトとBMCが市場の人に同一視されてもいいのか、彼に尋ねてみた。

BMCと違って、僕たちは毎日働くことはできないし、給料ももらっていない。僕たちはいいことをして、一日の終わりに幸せを感じたいだけなんだ。警察とも同じことで、僕らは泥棒を捕まえることはできないけど、泥棒を見かけたら警察に通報する。当然協力するだけだ。だから、もしゴミを捨てている人をみたら、BMCに通報するんだよ（二〇一一年八月二日）。

このように多くの学生は、自らの役割を、BMCの手助けをするという意味での奉仕実践を行うことだと考えていた。ムンバイ・ミラーが市民の代表として描いた学生は、キャンペーンへ参加した動機を「国民（nation）」や「共同体（community）」への「奉仕」だと説明した。[26] ある学生（「国民奉仕計画」所属）は「国家に奉仕することで、とてもいい気持ちになるんです。国境線で働いている人々の手助けはできないけれど、僕たちは僕たちのできることをするだけです」と語った。第四章では、露天商に「誰のためにこんなことしてるんだ」と言い返された学生が、「バーラト（*Bhārat*）のために」と答えたことを称賛するミラーの記事を紹介したが、国民奉仕計画の学生を中心に、「国家への奉仕」というイデオロギーは、皆がすらすらと答えられるまでに身についていた。

先述したように、学生たちの奉仕は活動時間によってデータ化されて評価の材料とされていた。そして、学生たちにとっての奉仕の意味は、国家共同体のために働き、そのことで自分も幸せになり、成長するという内面化された規範的コードに支えられていた。ここでは、「人による（person-centric）」流動的なコードとは異なり、コードの標準化が進行している。すなわち、分人的な人のあり方は、大学という空間内での規律化と主体形成に部分的に移行し、さらにその一部には個人データによって管理される〈分人性〉の側面が現れている。

しかし、自らの「人格開発」を実現するためには、コード／カルマとしての奉仕の実践を行わなければならないことに変わりはない。ここに見られる新しく制度化された奉仕は、スラム住民や野菜売りなどソトとの関係を不可欠とするものの、むしろ直接的にはその関係を媒介するBMCという都市自治体に向けられた奉仕となっており、そこから得られる配分は「人格開発」や「いい気持ち」という個人の内面の問題となっている。第四章は、ウチの美化のためにソトとの交渉が不可欠だと論じたが、学生たちにとっても、個人の内面的な幸せや成長のためには、カルマとしての奉仕を介してソトとかかわることが必要とされている。

3　企業家的な奉仕

文脈自由を指向したムンバイ227においても、奉仕の新たな再文脈化が試みられた。学生の奉仕活動が成績評価に組み込まれたように、ムンバイ227においても、候補者の奉仕活動は、書類審査の過程で点数化され評価の基準となった。しかし、誰かに仕えることで与えられたカルマを全うするという奉仕の概念は、ムンバイ2

27が目指した「自由」な存在としての「企業家」の理念とうまく接合されない事例も観察された。第三章で紹介したように、G社講師が用いたテロ時のタージ・ホテルの逸話では、「無私の奉仕」を行うことが、良きリーダーの「個人的価値」だと説明されている。そこでは、責任主体でありリーダーとしての「個人」が、私利私欲にかまけた「政治家」にならず、「私」を抑えて「奉仕」するというモデルが示されていた。こうした「個人」の読み替えと再文脈化は現在進行中であり、以下で示す事例のように、緊張や齟齬をはらんだものでもある。

ムンバイ227は「非政治性」を重視したため、候補者の書類選考において過去の政治活動にマイナス評価が与えられた。その一方で、「社会奉仕」はポジティブに評価された。現在NGOや市民団体のメンバーならプラス二点、過去にかかわったことがある場合は一点となり、団体内での役割によってさらに加点された。すなわち、ムンバイ227は「奉仕」を「政治」の対抗軸として掲げ直そうとした。ところが、実際の選挙運動の場においては、奉仕（*sevā*）と職分（*kām*）をめぐった混乱が生じていた。これが、227の事務局と、反汚職などのスローガンに引かれて集まったボランティアとの対立の一因になった。

選挙の約二カ月前、ムンバイ227のボランティア有志は、Eメールと電話で「緊急集会」を招集した[27]。当日は、郊外の住宅地の空き地に数十名が集まり、夜の八時から深夜すぎまで声を荒げての議論が続いた。ボランティアたちは、せっかく行動（*kām*）しようと集まったものの、数カ月間毎週の集会に呼ばれるだけで何も仕事（*kām*）が与えられず、誰がリーダーなのかもわからないし、プロセスが不明だと主張した。さらに、「非政治」を主張するムンバイ227のコア・メンバーの、過去の政党とのつながりを問い詰めた。

それに対してムンバイ227側の中心メンバーAさん[28]（四七歳、男性）は、反腐敗などの227の理念を再度強調するとともに、「奉仕（*sevā*）」という言葉を繰り返した。「私たちは政党ではない。都市のために仕事（*kām*）をする人は、セーワク、セー・ワ・ク（*sevak* 奉仕する人）だ。町のため、村のため、人々のために仕事するのは誰なのかが重要なのであって、その人が政党に属しているかどうかは関係ない」。別のメンバーZさん

（三三歳、女性）は、「仕事をくれない」というボランティアの訴えに次のように反論した。「ネガティブなことばかり言うのはやめましょう。過ぎたことは過ぎたこと。私はあなたよりも後から運動に参加した。そして、誰も私に役職は与えなかった。でも、私は自分にできることをしてきた。あなたたちの専門性は何ですか？　運動にどのように貢献できるのですか？」。

ボランティア側は、責任を引き受け、仕事を配分する決定権を持つ主体が誰なのかを繰り返し問い詰めたが、227のコア・メンバー側は、この運動では参加者全員がリーダーであり、皆がイニシアチブと責任を取らなければならないと主張した。上で発言を引用したZさんは、MBA保持者で、自宅でウェブ・メディアとマーケティングの会社を経営している。その専門性を生かして、227でもメディア戦略に積極的にかかわった。しかし、「反腐敗」と「非政治的」というスローガンに魅力を感じて集まったボランティアには、当然ながら、皆に何かしらの特技や専門性があるわけではない。この集会後、227と相いれないボランティアたちは活動を離れていった。

ムンバイ227は、新しい形の運動であり、さまざまなことが試行錯誤で行われていた。運営側とボランティア側の齟齬も、こうした新しいプロジェクトには珍しくないことかもしれない。しかし、ここで興味深い点は、227の運営メンバーが、奉仕というコードをヒエラルキカルな関係性から切り離し、企業家的で「非政治的」な市民運動に接続しようとしたことである。さらには、グローバル企業で求められるような、リーダーを明確にせず皆が協働するという意味での新しい主体化（〈分人化〉）を提起しようとしていた。しかし、すでに労働組合活動などの経験を積んできた人も多いボランティアにとって、奉仕は、（政治社会においてそうであるように）運動のリーダーとの関係を示す職分（*kām*）にもとづいたカルマのやり取りなしには意味をなさないものだった。この事例は、奉仕をキーワードとして、文脈依存的なカルマから切り離して運動に用いることの困難さを示している。同時に、市民運動が提示する自己は、単に関係的な分人の反対である自律的な個人ではないことがわかる。

ここではむしろ、奉仕と配分のつながりを組み替えることで、異なる分人としての市民像が模索されている。

五　個人と分人の動態

本章は、個人と分人という枠組みを用いながら、ムンバイの運動における市民の形象を記述してきた。生権力の作用が脱領域化した管理社会においては、人々が断片的なデータとしてその都度切り取られる〈分人化〉が進んでいると議論されてきた。さらには、グローバルに展開する管理社会や新自由主義的な論理と相互作用しながら、自己の内面を詳細に対象化しコントロールする心理学化が浸透してきたとされる。しかし、管理社会や新自由主義的な体制は世界中に一様に広がっているわけではなく、複数の体制と組み合わされて、ときにすきまを作りながら世界を再編している。だとすると、そこに生きる人のあり方も、複合的なものとして捉えなおせるのではないだろうか。

そこで本章では、グローバルな〈分人化〉と心理学化をインドに当てはめてみたときに、そこからこぼれ落ちる説明に目を向けた。インドの分人論は、自律的な個人ではなく、サブスタンス＝コードのやり取りから形成される分人という人間の捉え方を提供してきた。分人論の視点によると、善き行い（カルマ）も、社会の基底となる道徳によるものではなく、人間を構成するサブスタンス＝コードとして理解される。サブスタンス＝コードからなる人のあり方は、市民活動が神の果報としての健康な身体に現れるというように、今日の市民活動家の語りにも示されている。

インドの人々は、自らのサブスタンス＝コードを見極め調整するため、占星術や卜占などの技術を用いてきた。こうした実践に加えて、今日の市民運動では、グローバルな〈分人化〉と心理学化の技術が活用されている。たとえば、人々をデータ化したうえで評価する心理計測は、企業家のイメージに支えられながら、新たな市民像を生み出そうとしている。しかしそれだけに留まらず、心理計測は、個人／市民を作り出すための異質なイメージを複数の文脈からつなぎ合わせていた。たとえば従来の宗教的文脈から取り出された「インテグリティ」が自律的な市民を評価するための基準となり、新たな市民／個人像が生み出されている。さらに、心理学化の技術が活用されているとはいえども、実践の場では、心理計測と個人の評価はスムーズに結びつかないことがわかった。心理計測講座で提示され、経験されるのは、自らの資質の所有者としての自己ではなかった。むしろ心理計測は、「ステレオタイプ」や「文化」という言葉で表される、その人の生まれや、これまでの行為や、関係性を可視化するための作業でもあった。

市民運動における自己と関係性は、善き行いとしての「奉仕」の実践にも示されている。神や土地、共同体と結びついた生モラル秩序から政治社会へと拡張されてきた「奉仕」は、今日も、国民規範や成績評価、企業家的な貢献など、さまざまな文脈で用いられている。しかし、その再文脈化はいつもスムーズに行われてはいない。「奉仕」をデータとして評価しようとする文脈においても、「奉仕」というカルマを介した関係性の構築は避けられないからである。そのため、「汚れとの戦い」のように、国家への奉仕と市民活動が結びつくこともあれば、ムンバイ227の事例にみたように、そこから齟齬が明らかになることもある。

国家と市民社会という領域的な枠組みが衰退し、グローバル企業が新たな生権力を行使する管理社会において、企業による心理テストを用いた人材の評価やトレーニングは、〈分人化〉を推し進める技術の一部をなしている。これに対してインドでは、企業家的な主体を生成する手段である「心理計測」や「人格開発」が、責任ある市民を生成しようという運動のなかに再配置されて運用されていた。グローバルな〈分人化〉は、サブスタンス＝コードのやりとりにもとづく関係的な分人を可視化する技術と結びつきながら、ムンバイにおける個人／市民を探究する運動の一部となっている。

結論

本書では、ムンバイにおける市民をめぐる運動を、部分的つながりに焦点を当てながら探究してきた。ストラザーンが部分的つながりという概念を用いて行ったことのひとつは、等質性を前提とせずつながりを作ること、すなわち「比較可能性＝等質性なき共在可能性（compatibility without comparability）」［ストラザーン 二〇一五：一三四（2004: 38）］を捉えることであった。比較するには、そもそも比較できるほどの同じようなもの、同じ物差しで測れるものを集めなければならないと一般的に考えられる。しかし、実際には私たち人類学者も、現地の人々も、量的（対象の大きさ）にも質的（領域）にもスケールの異なる対象を比較し、アナロジーでつなげながら思考している。本書でも、規模や領域の異なるデータを並べて、論述を行った。これは、私がフィールドワークと文献調査、そして文章化を行き来するなかで、少しずつつながりを把握しながら自分なりに対象の理解を深めていった軌跡であり、異質な理論や実践が相互に部分的に織り込まれた複雑な社会を民族誌的に記述するために取った方法である。結論となる本章では、各章の内容を振り返ったうえで、市民社会と政治社会のあいだという観点から本書の議論を整理する。

一　ムンバイの市民をめぐる運動

序論で論じたように、本書で事例としてきた運動は、サバルタン研究の影響が強いインド研究の文脈において、「新しいミドルクラスの市民運動」として批判的に議論されてきた。そこにおいて、この運動は、独立後のインドの開発主義的国家政策から一九九〇年代以降の経済自由化という変化に伴い、新しく台頭した都市ミドルクラスの運動と位置づけられた。植民地期のナショナリスト・エリートが築いてきた市民社会、すなわち「多様性のなかの統一」を目指す国家への責任を有し、人々へのペダゴジーを担う古いミドルクラスによる市民社会とは異なり、新しいミドルクラスは排他的で利己的な消費者だと論じられてきた。

しかし、本書では、特定のミドルクラスという集団に属しながらも普遍的な市民であり、利益を追求する企業家でありながらも義務を果たすヒンドゥーであるといった、異質なもののつながりとしての市民の姿に着目してきた。ストラザーンは、サイボーグの比喩を使って、自らの内部に異質な外部の視点を再現しているフェミニズムの部分的つながりを論じた。そこでの外部の視点とは、特定の学問領域の研究者のものであったり、政治家のものであったりする。そして、互いが互いのカウンター・ポジションになることで、サイボーグ・フェミニズムは拡張していく。

ストラザーンによる部分的つながりの議論は、「一と多」や「個人と社会」という近代西洋的な知的枠組みを揺るがし、個人を自明の単位とせずに「政治」を新しく捉えなおそうとする研究を生み出してきた。本書は、部分的つながりからなる政治に、人類学的な人格論を接続させることを試みた。インドの民族社会学を提唱したマリオットは、インドにおける人はサブスタンス＝コードのやり取りから作られる分人だと論じた。そして、ラーマーヌジャンは、インド的な思考においては、文脈依存と文脈自由を行き来する運動が繰り返されていると指摘した。本書では、文脈依存と文脈自由、分人と個人の動きを可視化する形象として、ムンバイの市民をめぐる運動を描いていった。

第二章では、市民社会と政治社会の理論と制度のポジションを論じた。政治社会の理論は、規範的概念である西洋的な市民社会論の影響を受けながら、そこからのカウンター・ポジションとして派生してきた。そこでは、サバルタン研究者を中心として、西洋の自律的な個人にもとづく市民社会に対して、インドの共同体に依拠する政治社会という理念が作られてきた。ただし、カウンター・ポジションであることは、理念や実践が対立的であることを意味しているのではない。実際、政治社会は、インド固有の伝統的な共同体を指すものではなく、近代国家におけるさまざまな統治体制との関係から拡張してきたものである。平等な市民を作ろうとするインド国家の政策である留保制度は、カースト集団の枠組みを用いたことにより、集団ごとのアイデンティティに依拠した要求の政治を強めた。そして今日のインドにおける市民社会は、この政治社会のカウンター・ポジションとして位置づけられる。本書では、市民社会のオルタナティブとして政治社会を用いるのでも、両者の代わりに別の概念を提出するのでもなく、市民社会と政治社会のつながりそのものを対象化することで、現地における市民の運動を把握しようとした。

インドの政治社会が、植民地期以前の生モラル的秩序や共同体の論理と、権利や民主主義や国家的再分配といった近代国家と市民社会の要素を独自のアナロジーでつなげながら取り込んでいるように、インドの市民社会も、取り分の要求や集団による権利交渉や奉仕を介した関係性といった政治社会的な要素と結びついている。本書の視座により、市民社会と政治社会が一体化することなく、互いに外部の存在としての異質性を保ったまま部分的につながることで、そこからまた別の概念や実践に拡張していく運動に焦点を当てることが可能になった。

第三章から第五章では、腐敗と反腐敗、ウチとソト、個人と分人というポジションの連なりに沿いながら、それぞれを市民社会と政治社会のあいだの運動として論じてきた。

第三章では、市民社会が率いた反腐敗運動に焦点を当てた。反腐敗運動においては、政治社会における「腐敗」した関係性から自由になることと、新自由主義的な価値にもとづいた自由な企業家になることが結びついていた。そのため左派知識人は、反腐敗運動をミドルクラスの排他的な党派性の現れとして批判した。しかし、ハザーレーが率いた反腐敗運動は、階級や階層を超えて人々を捉えた。同時に、当のミドルクラスにとっても、政治家や官僚の腐敗のみならず、自分たち自身の腐敗とそこからの離脱が運動の焦点となっていった。この運動の展開を、ムンバイ227の理念と心理計測講座での議論、そしてバガトのエッセイと小説の対比から探っていくと、ミドルクラスの「二重性」とその接合が見えてきた。ミドルクラスは、腐敗を批判しながらも、つながりを維持しようとしていた。そして、心理計測の講師やバガトは、異質なもののつながりを明示するイメージを提示していた。

第四章では、「公と私」という西洋的な区分と対話しながら形成されてきた「ウチとソト」という概念が、今日の市民運動の実践を形作っていることを論じた。近代西洋的な市民社会の理念においては、公共空間における開かれた討議が重要な役割を果たす。これに対して、インドで重視されるのは「家」や「自己／自分のもの」を表すウチの概念である。ウチの論理は、親族や共同体のイメージに支えられた政治社会と親和的である。一方、ソトは、ウチの反対であり、概念的に重視されてこなかった。先行研究が述べてきたように、ALMや美化キャンペーンは、このウチの領域と市民的な公共空間の理念を接続させ、自分たちのものとしての「ウチ＝市民的公共空間」を都市に拡張しようとする運動だという側面が確かにある。これは、政治社会化した市民社会による都市の支配ともいえよう。しかし、実際のキャンペーンの様子やそこで用いられる形式に注目すると、キャンペーンや活動自体が自己文脈化することにより、「ウチとソト」の区分が保たれ、ソトが「ウチ＝市民的公共空間」の管理下に包摂されないという動きが浮かび上がってきた。

第五章では、生モラル秩序から政治社会に派生してきた分人性と、市民社会における個人を指向する運動の相互関係を取り上げた。ムンバイの市民運動においては、「インテグリティ」を有した市民／個人であることが評価され、政治社会に顕著な関係性からの離脱が求められていた。「インテグリティ」という言葉には、現代的な「現世放棄者＝奉仕者」のイメージと企業家のイメージが接続され、表現されていた。そして「インテグリティ」の評価には、カーストや親族といった諸関係から切り離して個人を「科学的」に計測する方法として、「心理計測」が用いられた。本章は、人々をデータとして管理する現代社会の〈分人性〉と、インド人類学が示してきたような分人性、そして分人のカウンター・ポジションである非政治的でインテグリティを有した個人を行き来する、市民をめぐる運動の形象を描いた。この運動においては、市民／個人になるために心理計測などの技術が用いられるものの、その技術は自己の内面を対象化しコントロールするというよりも、その人をとりまく外部の関係性を照らし出す効果を持っていた。さらに、人と人、人と神、人と共同体のあいだの関係をつなぐ奉仕は、政治社会をへて市民社会へも拡張されてきた。このように、今日のムンバイにおいては、個人が希求される運動のなかで、形を変えた分人が可視化されていた。

二　市民社会と政治社会のあいだ

本書で検討してきたムンバイの市民をめぐる運動は、市民社会と政治社会、腐敗と反腐敗、ウチとソト、個人と分人といったポジションとカウンター・ポジションを行き来しながら、その狭間を概念化し、可視化しようとしていた。そうして異質なものの狭間の存在に気づかせることが、運動のもつ意義のひとつだと考える。以下では、この点について確認していく。

ストラザーンが論じた比較可能性＝等質性なき共在可能性は、人と道具のように、異質な相手のポジションから互いの能力を引き出して拡張するという関係を示している。同様にコープマンは、グル教団の献血運動において、グルへの奉仕という美徳と献血による実用的な社会貢献が接続されて共起しているというのみならず、互いの目的に寄与する能力を有していることを、相互運用という概念で表した［Copeman 2012］。部分的なつながりによる拡張は、このように互いが互いの道具になることで、潜在的な能力を引き延ばしたり、新しく生み出す可能性を有している。しかし、東南アジアの工場で女性労働者が資本家と機械のサイボーグになることがあるように、また、有機的なヒンドゥーの国を夢見るシヴ・セーナーへの奉仕がムスリムの虐殺につながることもあるように、分人化とつながりは、権力と暴力の拡張に巻き込まれ、そこに寄与する危険性も有している。

この点を踏まえてムンバイの市民運動を振り返ると、その政治的な意義に新しい視点を加えることができるだろう。本書の事例が示したように、市民をめぐる運動は、奉仕といったヒンドゥー的価値や国民国家を中心としたナショナリズムに突き動かされながらも、そこには回収されることのない企業家的価値や個人のインテグリティを追求し、新たな市民像を作り上げていた。すなわち、片方に完全に組み込まれることなく、狭間に留まることこそに、部分的なつながりとしての運動の政治な意義が見出せるのである。

バガトの一連の仕事は、腐敗と反腐敗のあいだを、そして腐敗への嫌悪と愛着のつながり方を、表現したものだった。反腐敗運動に参与しながらも、外部との関係性にもとづいた腐敗と個人的価値をつなげた心理計測講師の解説も同様の営為といえる。美化キャンペーンにおいては、「ウチ＝市民的公共空間」の拡大という目的が、ソトあるいは異なるウチとの接触のなかで、特定の形式を作っていった。そこでは、スラム住民を調査、あるいは教育するための「サーベイ」や、汚い場所をきれいにするための「植樹」が、当初の目的から離れていき、形式そのものが目的化していった。その過程で、ウチの概念が市民的公共空間の理想から再度ずれていき、キャンペーンはウチとソトのあいだを示す形象となった。個人をめざす運動においても、「インテグリティ」や心理計測とともに「奉仕」というイメージを用いながら、個人と分人のあいだを可視化する運動が繰り広げられた。そこではＡＬＭのＳさんやＤさんが、「成功と満足」という言葉を選ぶことで、セーワーやダルマと関連づけながらも、距離を置きながら市民活動を行っていた。また、個人や企業家の価値を重んじながら、奉仕と配分を介して作られる関係性の構築が試みられていた。このように、ムンバイの市民をめぐる運動は、ポジションとカウンター・ポジションの異質な視点を可視化する「あいだ」の形象を作り上げていたのである。

＊＊＊

本論で論じたつながりの動態は、ムンバイの日常用語である「アジャスト（adjust）」という言葉にも表れている。アジャストには、個別のアクターが自らの主張や意図にもとづいて交渉し、物事の釣り合いをとるべく調節するという意味と、条件や環境に合わせるために自らを変形して、合わせる対象と一致し、溶け込むという意味がある。そこでの対象とは、他者であったり、物理的な空間であったり、社会のルールであったりする。たとえば、電車で五人掛けの座席があって、すでに五人が座っているとする。そこにもう一人が来た時に、その人は歯の間から息を出して「シー」という音を立て、ぶっきらぼうに「アジャスト」といいながら、同時にお尻をねじ込んでくる。すると、五人の時はもう隙間はなかったのに、そこから全員が体の位置や状態を変形させて、六人が座れるようになる。あるいは、タクシーに乗れるのが法律で四人までだったとして、運転手が五人目の乗車を拒んだとき、乗客は「アジャストしてくださいよ（adjust *karo nā*, please）」などとお願いする。「アジャスト」することを頼まれたらまず受け入れるべきだという雰囲気があるし、自分から相手に「アジャスト」することを申し出ることも一般的である。当然、これは腐敗の土壌ともなる。このように、規則や条件に合わせて自分を変えること、また自分に合わせて規則や条件を変えること、そしてそのあいだのヴァリエーションを含んだ運動が「アジャスト」というポジティブな含みを持った言葉で表される。コスモポリスとしてのボンベイ／ムンバイは、異なるコミュニティ同士のアジャストによって、そしてその時々の権力へアジャストすることによって成り立ってきた。

　本書が記述してきた市民の運動は、この鷹揚で柔軟な都市の文脈に反発するものでありながら、その文脈とのつながりによって生み出され、動かされているものでもある。そして、反腐敗を主張しながら日常的な関係性に埋め込まれた腐敗を認めることや、露天の撤去を訴えながらストリート・フードを楽しむことや、個人を客観的な指数で評価しようとしながら「文化」を語ることが、狭間に留まる運動を可能にしているのである。私がムンバイの市民を通して学び、本書で描こうとしたのは、その時々に部分的なアジャストを行いながらも、全体性に包摂されることなく、次のカウンター・ポジションと拡張を生み出していく可能性を有した運動であった。

注

まえがき

（1）　インドではヒンドゥー社会を中心に、月経は女性の不浄と豊穣という両義性にかかわる現象であり、カーストや地域によっては月経中の女性は調理をせず、別室や月経小屋にこもったり、宗教施設への参拝を禁じられることもある［八木 二〇一二、cf. 常田 二〇一一］。なお、生理用ナプキンのような商品の使用が都市部で一般化したのもここ数十年の比較的新しい変化である。

（2）　すなわち現場で得られたデータ（「経験的なもの（the empirical）」）にもとづいて、研究者が比較や翻訳や抽象化を行うことで「概念的なもの（the conceptual）」を導くという一方向的な関係ではなく、現地における概念的なものの動きも民族誌的な考察の対象とする。マリリン・ストラザーンの影響を受けた水平的（lateral）な概念生成についての議論は、以下を参照［Gad and Jensen 2016; Jensen 2011; 中空、田口 二〇一六］。

（3）　アミタヴ・ゴーシュは、カルカッタで生まれデリー大学で教育を受けたのち、オックスフォード大学で社会人類学の博士号を取得。一九八〇年代以降英語で数多くの小説やノン・フィクションを発表し、インド国内外で多くの文学賞を受賞している。現在はニューヨークとゴアの自宅を行き来する生活を送っている。ゴーシュの議論は、サバルタン研究派のポストコロニアル研究と、近年の人類学理論と科学技術論や社会思想との接点から提起されている、「政治」を再考する議論とも重なり合っている。詳しくは田口［二〇一七］を参照。

（4）　安藤丈将［二〇一三］は、一九六〇年代から七〇年代の日本のニューレフト運動を「『日常性』の自己変革の思想」の変遷として分析している。社会変革が自己変革や生き方の問題につながっていくことは本書のインドの事例と類似しているが、生き方の問題が政治と分断してしまうという点が、インドにおける人格と現代日本における個人の違いを表しているといえよう。本書の第五章とも関連する新自由主義における自己責任論と心理学的還元主義については森［二〇〇〇］や牧野［二〇一二］も参照（詳しくは第五章の注6参照）。

（5）たとえばグレーバー［二〇一七］、井上［二〇一五］、中島［二〇一三］、高橋源一郎×SEALDs［二〇一五］を参照。

序論

（1）ディペシュ・チャクラバルティによると、この「歴史主義」（「ペザントは教育を受け開発されて市民となる存在である」）と「普遍主義」（「すべてのインド人は、識字者と非識字者にかかわらず、常に自治に適していた」）の対立が、現代に至るまでインドにおける市民権の両義的状況を特徴づけている。なお、ここでの「ペザント」は、実際の農民に限らず、インドのエリートや政府組織にも絶えず影響を与えている「すべての非近代的、地方的、非セキュラーな関係性と生活実践」を示す［Chakrabarty 2008: 11］。

（2）インドにおいては、階級闘争としての社会主義運動、民族（独立）運動、「新しい社会運動」（おもに西欧の文脈で、労働運動と区別される、女性やマイノリティ、環境問題を扱う運動）など世界的な潮流と結びつきながら、活発な社会運動が展開されてきた。独立後のインドにおける運動の特徴としては、アファーマティブ・アクションなどを含む政策の影響を受ける、宗教、カースト、トライブにもとづく社会集団の構築とアイデンティティ・ポリティクスとの関係が挙げられている［石坂二〇一五］。本書で扱うムンバイの新しい市民運動は、以後論じていくように、「新しい社会運動」やアイデンティティ・ポリティクスと関連しながらも、企業家的な価値や個人としての市民主体を重視する点に特徴があるといえよう［Anjaria 2016］。

（3）公益訴訟（PIL）は、被害者（個人や団体）が国家に補償を要求するための制度であり、一九八〇年代以降、社会的に不利な立場に置かれた人々の代表が司法に訴えるという司法民主主義運動の一環を担ってきた。しかし今日、普遍的な「市民」というカテゴリーを利用して、市民の不利益を訴えるという論理での訴訟が増加している［Anjaria 2016］。一九九〇年代以前において、PILは、貧困層を国家の暴力から守り、都市で働いて生きる権利を保障するための制度であった。アーヴィンド・ラージャーゴーパールは、ムンバイにおいてかつて広く認められていた不法露天商の「生計への権利（right to livelihood）」が、市民が露天商に邪魔されずきれいな歩道を歩くための「『無制限の』公共空間への権利（right to "unrestricted" public space）」に凌駕されたと指摘する［Rajagopal 2002: 67］。

（4）シャンブー（ラージャスターン出身、五〇歳）は、病気で働けなくなるまで工事現場の労働者だった。彼は二五年前にデリーにワンルームのレンガの家を建てたが、建設当時はその「スラム」は「違法」だとみなされていなかった［Ghertner 2011b: 292］。

なお、「スラム」という用語には注意が必要である。道端や空き地に簡易テントのようなものを自作した形態から、冷蔵庫やテレビなどの家財がそろい、電気や水道が使えるレンガやコンクリート造りの住宅まで、さまざまなタイプの居住地が「スラム」と称されている。このためニキル・アーナンドは、後者のタイプの「スラム」と呼ばれるエリアに住む人々の「普通さ」を重視し、危険さや汚さ、無秩序など現状にそぐわないイメージを伴う「スラム」という用語の使用を避け、代わりに「居住地（settlement）」を使用している［Anand 2017］。ただし本書では、現地のジャーナリズムや司法において、また先行研究において、さまざまな「違法」な居住地が「スラム」と称されていることを受けて、この注で示した留保のもとに「スラム」という用語を使用する。

（5）"New middle class"は一般的には「新中間層」と訳される［e.g., 押川 二〇一二a、二〇一二b］。ただし、本書では「ミドルクラス」の現地語としてのニュアンスを重視し、カタカナ表記とする。

（6）経済自由化と消費生活の変化へ注目したミドルクラスへの関心は、以下の著作の題目にも表れている。たとえば、『インドの新しいミドルクラス――経済改革時代の民主政治』［Fernandes 2006］、『インドのミドルクラス――都市的娯楽、消費、繁栄の新しい形式』［Brosius 2010］、『インドにおいてミドルクラスであること――その生活様式』［Donner 2011］など。Baviskar and Ray［2011］, Deshpande［2003］, Ganguly-Scrase and Scrase［2009］, Varma［2007］も参照。

（7）前者の研究では、一年間の世帯所得をもとに人口を以下の五つのグループに分けている。（1）エリート・ミドル（富裕層含む）（一四万ルピー超過）五・七パーセント、（2）アッパー・ミドル（一〇万五〇〇一～一四万ルピー）六・二二パーセント、（3）ミドル（七万〇〇〇一～一〇万五〇〇〇ルピー）一三・八九パーセント、（4）ロウアー・ミドル（三万五〇〇一～七万ルピー）三四・五三パーセント、（5）ロウアー（三万五〇〇〇ルピー以下）三九・六六パーセント。そのうえで、上位三グループを「広義のミドルクラス」と定義している（一九九八年当時の一ルピーは約三円）。三グループの合計は人口の二六パーセント（二億四八〇〇万人）にあたり、七四パーセントはミドルクラス未満に位置づけられる［Sridharan 2011: 37-40］。後者の研究では、都市部における一人当たり一カ月の消費額をもとに、（1）貧困ライン（支出額四五八ルピー）以下二九・六パーセント、（2）貧困ライン以上（四五八～七七五ルピー）三六・九パーセント、（3）比較的貧困ではない（七七五～一五〇〇ルピー）二五・九パーセント、（4）貧困ではない（一五〇〇ルピー以上）七・六パーセントという四グループが提示されている。この場合、グループ3と4の合計が上位三三パーセントにあたる（一九九九年当時、一ルピー約二・五円）［Deshpande 2003: 135］。

（8）アンジャリアは、現代ムンバイにおける空間闘争を形作っている歴史的な契機として、（1）一八世紀後半から一九世紀初頭にかけての、空間の混沌を整備しようとする植民地政府の政策、（2）一九世紀後半に公衆衛生の名のもとに行われた空間変容、（3）二〇世紀初頭における、公共空間の状態と景観をめぐるミドルクラス市民運動を挙げている［Anjaria 2016: 41］。インドにおいて「公共空間」の概念がどのように変化していったのかについては、本書の第四章を参照。

（9）　ストラザーンは、メラネシアの知見にもとづいて西洋的な思考の枠組みを浮き彫りにし、異なる知の在り方を実演するために、「部分的つながり」という概念を用いて『部分的つながり』という本を書いた。ここで参照する彼女の議論は、メラネシア研究を経由して見た西洋における「部分的つながり」である。メラネシアの素材としては、パプア・ニューギニアの諸社会が相互比較とコミュニケーションを通して、互いが互いの部分になり、派生し、拡張しているさまが描かれている［ストラザーン 二〇一五］。

（10）　カウンター・ポジションとは、対応するポジションのことであり、必ずしも対立する立場ではない。類似した例に、人類学者と資料との終わりなき対話が挙げられる。人類学者は何らかの問いにもとづいて資料を分析する。しかし、その問いへの回答は、そもそもの質問が前提としていたポジションを後退させるような新たな質問とポジションを生み出す。ここにも、残余と拡張が繰り返されることによるポジションとカウンター・ポジションのつながりを見出すことができる［ストラザーン 二〇一五：三八―三九（2004: xxii）］。

（11）　モルは「アテローム性動脈硬化症」というひとつの疾病は、異なる行為や場所において、異なるものとして「実行（enact）」されるという。すなわち、検査室での血圧測定や、放射線室の画像や、顕微鏡の下で、動脈硬化は少しずつ異なる存在として立ち現れる。モルによると、これは疾病のみならず人間についても同様である。診察室において、患者はどこが痛むのか、何に困っているのかを語るべき人間として扱われるが、手術室では麻酔をかけられて体を切り開かれる身体として扱われる。診察室での人間と手術室での身体は別々の実在であるが、それは別の建物で、別の医師に対応されることで問題なく分配され、患者ファイルや紹介状などの技術を介して調整されている。そのため、知り、選択する主体を前提とした「〈誰〉の政治 a Politics of Who」ではなく、人もモノも、その都度実践のなかで、行為によって実行されることを前提とした「〈何〉の政治 a Politics of What」が重要になる。具体的には、モルは、「統計的」で「合理的」な臨床試験のデータに依拠するのではなく、また選択する主体としての「消費者」や良識的な「市民」を前提とする市場や市民社会モデルを採用するのではなく、診察室や手術室での医師と患者のその場その場での「何をすべきか」、「何が善いことなのか」という政治的判断にもとづいた実践を優先すべきだと主張する［モル 二〇一六、Mol 2008］。

（12）　近代ペルー国家の枠組みにおいて、先住民は、「寛容」な多文化主義の周辺に組み込まれるか、そうでなければ遺棄される。デ・ラ・カデナは、この一か多かという枠組みを超えて、先住民と非先住民の双方の世界を描こうとする［De la Cadena 2015: 31–34］。さらに彼女は、先住民の世界を、単に尊重されるべき彼らの信念や文化としてだけではなく、存在論的に異なる世界だということを理解したうえで、「彼らの」世界と「私たちの」世界を、重なり合っていながら互いを越えるようなものとして捉えるために、「部分的つながり」を用いている。なお、ここで「誤解」として紹介したのは、翻訳を介した「取り違え（equivocation）」［Viveiros de Castro 2004］の可能性である。

（13）人類学における分人（dividual）概念の展開については、中空、田口［二〇一六］を参照。なお、"dividual"は、「これ以上分割不可能な存在」という意味での"in-dividual"を前提にしているため、日本語で「分人」と表記すると意味が伝わりにくい。意味を明示するには、"dividual"を「可分人」とするなどの代替案がある［常田 二〇一一］。しかし、「個人」との対応関係や、簡潔さ等を考慮して、本書は「分人」を採用した。「分人」という表現は平野［二〇一二］などを参考にした。

（14）以下で論じるように、デイヴィッド・シュナイダーが論じた北米の文脈における「サブスタンス」は、血や精液など身体を構成する物質とその象徴（「血のつながり」など）を指していた。その後のインドやメラネシア等におけるサブスタンス研究は、「サブスタンス」そのものの意味を拡張してきた。そこでは、西洋的・生物医療的な身体的サブスタンスにとどまらず、食物や家や豚などが身体‐人格を構成するサブスタンスとして分析されている。

（15）サブスタンスとコードの概念を最初にインドに応用したのは、マリオットの学生であったロナルド・インデンとラルフ・ニコラスである。彼らは、ベンガルの親族関係において、コードは身体的サブスタンスに埋め込まれているとし、「生物遺伝的サブスタンスによって定義される『自然』の水準と、行動規範（code for conduct）によって定義される『法』の水準は区別されない」［Inden and Nicholas 2005（1977）: xv–xvi］と主張した。

（16）ストラザーンは、西洋近代的な個人と権利の概念を前提とするマルクス主義的なフェミニズム人類学を批判し、メラネシアでは、外部に広がる関係性としての親族やジェンダーが、人の内部にフラクタルに畳み込まれていると論じた［Strathern 1988, 2004］。『贈与のジェンダー』において、ストラザーンはマリオットらのモデルに依拠してはいないが、単数でもあり複数でもあるメラネシアの社会や人の在り方について語るために必要な語彙として、マリオットの「分人（dividual）」という言葉を用いたと説明している［Strathern 1988: 13, 348–349］。「部分化可能性」については以下を参照［ストラザーン 二〇一五：五三（2004: xxix）］。

（17）本書では基本的には「人格と自己」をモースの枠組みに沿って使用するが、「自己」については、「自己と他者」という軸に沿って論じる場合もある（第四章におけるウチとソトの議論など）。関連して「主体」という用語は、客体との関係や権力との関係（主体性／従属性）において用いる。「人間（human）」や「人（person）」は、より一般的（包括的）な用語として用いている。

（18）シカゴ大学でマリオットの同僚だったラーマーヌジャンは、一九二九年に南インドのマイソールでタミル人のバラモン家庭に生まれた。マイソール大学の数学教授であった父親とは英語、母親とはタミル語、外ではカンナダ語をしゃべって育ったという

［Dimmock and Ramanujan 1999］。

（19）　バクティの概念を打ち出したのは、一世紀ごろ成立したとされる『バガヴァッド・ギーター』が最初であり、南インドのヴィシュヌ派での展開を経て、一一世紀ごろには哲学的に完成されたとされる［宮元 二〇一二a］。北インドには、一四世紀から一五世紀にかけて、サント（バクティの聖者）であるカビール（Kabir）やシク教の開祖ナーナク（Nanak）を介して広められ、低カーストの信者を多く集めた。これらの団体は一八世紀以降「ジェントリフィケーション」が進んだが、コープマンの調査対象者である現代の信者の多くも経済的に不利な状況にいる人々が多かったという［Copeman 2012: 5–6］。

第一章　海辺のコスモポリス

（1）　*Yeh hai Bombay, meri jaan*（ここはいとしのボンベイ）という歌詞が有名な、一九五六年のボリウッド映画『犯罪捜査部（*C.I.D.*）』でジョニー・ウォーカーが演じるスリの男がコミカルに歌う挿入歌は、二〇〇六年のムンバイ・ローカル列車爆破テロをテーマにした映画（*Mumbai Meri Jaan*［2008］）のエンディングにも流された。「ここで生きていくのは大変だ」から始まる歌詞は、ボンベイにはビルやトラム、車や工場、なんでもあるが、心だけがない。だから、ちょっと身をかがめて、賢く自分の身を守らないといけない、と続く。そんな困難と機会に満ちた大都市ボンベイへの愛を込めて引用され続けている歌。引用箇所は、ムンバイをテーマにした散文、詩、写真、漫画などからなるアンソロジー、*Bombay, Meri Jaan*［Pinto and Fernandes 2003］のエピグラフより。なお、この曲の旋律は、アメリカ西部のフォークソング『いとしのクレメンタイン』（*Oh My Darling Clementine*. 日本では『雪山賛歌』の曲として知られる）がベースとされている［e.g., Prakash 2010］。

（2）　カルカッタでは、商人層がほぼスコットランド人とマールワール人に占められ、両者の敵対関係と、その他のインド人の排除が顕著だった。一方、ボンベイではイギリス人とインド人商人の関係はより平等で、インド人内部でも、パールシー、ヒンドゥー、ムスリム、ユダヤ教徒など多様なコミュニティの商人たちが活躍したという［Markovits 2008: 144-149］。

（3）　「カネの色（the color of money）」は、米ドル紙幣の緑色を意味する慣用表現である。ここでは「ビジネス」において、「肌の色（人種、エスニシティ）」にかかわらず、カネ、現金が問題とされたことを意味している。

（4）　二〇一一年の国勢調査における大ムンバイ（Greater Mumbai）の人口は一八四一万四二八八人［Census of India 2011（http://censusindia.gov.in）］。

（5）　Rajagopal［2002］は、人口の半数以上を占めるスクワッターが「不法占拠」しているのは、市の土地の二パーセント以下だとし、Appadurai［2001］は八パーセントとしている。

（6）　一九一一年のセンサスでは、ボンベイ市人口の内マラーティー語話者が五四パーセント、グジャラーティー語話者が二一パーセント（加えてグジャラーティー語の「方言」とされたカッチー語が四パーセント）であった。数のうえではマラーティー語話者が多かったものの、グジャラーティー語話者が政治的、経済的に優位な立場にあった。このことから、独立前から言語での州分割を進めようとしていた国民会議派の計画において、ボンベイ市はマハーラーシュトラ州の帰属とならず、二言語地域として認識され、独立州の地位を与えられたとされる。マハーラーシュトラ語圏での運動の盛り上がりに対して、グジャラーティー語圏では、州設立運動は明確な形で現れていなかった。これには、グジャラートにおいてM・K・ガーンディーによる「インド人」の団結を唱える民族運動の影響が強かったことや、言語州の論理を推し進めると、グジャラーティー語話者にとっても政治経済や教育文化の中心であったボンベイが他州に奪われることになるという懸念があったとされる［井坂二〇一一］。

（7）　これらはインドで「コミュニティ」と呼ばれる単位であり、言語や地域、宗教など（複数の要素が混ざっていることもある）によって区別されている。植民地期以降のインドでは言語と地域を重ね合わせたアイデンティティの再構築が進み、英語やヒンディー語などでは「グジャラーティー語話者」と「グジャラート人（出身者）」はともに「グジャラーティー」と呼ばれる。ただし、使用言語と地域への帰属を一致させず、別のアイデンティティを模索する動きも見られた。たとえば、一九五六年の州議会の審議において、グジャラーティー語話者の議員が、自分たちのアイデンティティは「グジャラーティー（グジャラート人）」ではなく「ボンベイ市民（Bombayites）」であることを主張した［井坂二〇一一］。

（8）　政府発表では、一九五六年一月一六日から二月二〇日までの警察との衝突による死者が七六名。暴動には諸説あるが、おもにグジャラーティー語話者が標的になったともいわれている。襲撃されたグジャラーティー語話者が三九名、死者が三名とされ、人的被害は少なかったものの、グジャラーティー語話者の財産が多く奪われた［井坂二〇一一］。

（9）　シヴァージー（Shivājī, 1627-80）は、一七世紀半ばごろから西インドのデカン高原を中心にマラーター農民らを軍事的に組織してムガル朝と戦い、マラーター王国を創建した。「後世もマハーラーシュトラの英雄として、一九世紀末の反英民族運動において人びとの精神的支柱となる」［内藤二〇一二］。一九六〇年のマハーラーシュトラ州設立後は、「州の父」として描かれており、剣を持って馬に乗ったシヴァージーの銅像、そしてシヴァージーの名をつけた道や学校、公園が州内に多数見受けられる［Hansen 2001］。

（10）　民族奉仕団（RSS）やインド人民党は、「家族集団（Sangh Pariwar）」を構成する主要組織としてヒンドゥー・ナショナリズム運動を牽引している。RSSは、西欧的な政教分離の言説を一部取り入れて、イスラームやキリスト教は私的領域に限定されるべき宗教であるという。すなわち、インド人は私的領域ではムスリムやクリスチャンであっても、公的領域では上述したように国民としてのヒンドゥーだというのである。加えて、真理はひとつであり、宗教の違いは真理の異なる現れに過ぎないというヒンドゥー的信念にもとづいて「信仰の自由」を掲げる。こうしてＲＳＳのイデオローグは、「インドのムスリムはすべてヒンドゥーである」といい、ムスリムやマイノリティを「差別」も「優遇」もしない（第二章で論じる留保制度などのアファーマティブ・アクションを認めない）「真のセキュラリズム（世俗主義）」を提唱している［中島 二〇〇五：一六三―一九三］。

中央レベルでは、ネルーやガーンディーに代表される国民会議派の支配が独立後四〇年続いたが（一九七七年下院選挙を除く）、一九八九年に下院選挙で過半数を失って以来、国民会議派の一党優位支配が崩壊した。その後、カーストや宗教アイデンティティにもとづく諸政党が興隆する。そのなかで、インド人民党は、インド人口の約八割を占めるヒンドゥー教の票を組織化することを目指した［中溝 二〇一二］。一九九八年には、インド人民党を中心とした連立政権が誕生する。その後、二〇〇四年と二〇〇九年の下院選挙では国民会議派連合が勝利おさめたが、二〇一四年に再びインド人民党が勝利した。

（11）　マハーラーシュトラ州は一九六四年にマラーティー語を公用語と定めている。多言語都市としてのボンベイについて、とくにグジャラーティー語との緊張関係については、先述したボンベイ市／州の再編過程で示したが、さらには「原住民」であったコーリーの言語とマラーティー語も異なる。

（12）　スケトゥ・メーターによる『マキシマム・シティ』（*Maximum City: Bombay Lost & Found*）のエピグラフより。この本は、一四歳でニューヨークに移住し、二一年後に家族と共に一時期ムンバイに帰ってきた著者の自伝的かつルポルタージュ作品である。二〇〇五年にピューリッツァー賞の一般ノンフィクション部門にショートリストされた。ムンバイでは書店や海賊版を売る露店で必ず見かけたポピュラーな本。メーター自身は、本書の最後に "in this country [...] we are individually multiple, severally alone" と述べ、ボンベイのチャーチゲート駅に向かう雑多な人々の「群れが自己である（the crowd *is* the self）」と締めくくっている［Mehta 2004: 580–581］。

（13）　リアリスト小説とされるロヒントン・ミストリーの『家族の問題（*Family Matters*）』においては、通勤電車のエピソードが、メーターとは対照的に描かれている。スポーツ用品店ボンベイ・スポーティングの経営者、カプール氏（パンジャービー、ヒンドゥー）は、普段電車に乗らない。彼はある日、電車に乗ろうとする人にたくさんの手が伸びることに、そして相手がヒンドゥー、ムスリム、ダリト、パールシー、クリスチャンかを誰も気にしなかったことに感動して涙を流し、ボンベイへの愛と希望を語る。そして、以後彼のスポーツ店ですべての宗教の祭りを祝うこと、さらには暴動によって敗れたボンベイの理想を復活させるため、市議会選挙に無所属候補（independent）として出馬することを決める。しかし、数カ月後に、自家用車を売り払って実際に電車通勤をしようと試みると、誰も電車に沿って走るカプール氏が伸ばした手を掴んではくれず、彼はプラットフォームで転んでしまう。彼は、自分の高価な身なりが原因だと考え、露店で服を買って出直そうとする。カプール氏は結局妻に反対されて選挙を諦める。そして、クリスマスに店でサンタクロースの服を着て子供たちへお菓子を配っているときに、看板にある「ボンベイ」という文字を「ムンバイ」に変えるよう要請してきたシヴ・セーナーの成員といざこざを起こし、刺されて死んでしまう［Mistry 2008］。ミストリーはボンベイ生まれのパールシーで、カナダで執筆活動を行っている。

(14) 二〇一〇年から二〇一一年の長期調査においては、公立のムンバイ大学よりも「ダイナミック」だという現地の友人の勧めから、ターター財閥が母体であるターター社会科学研究所（Tata Institute of Social Sciences, TISS）に所属した。エリート研究機関として知られるＴＩＳＳでは、インドの人文社会科学界全体にいえることだと思われるが、左派知識人が強い。予備調査時の研究計画を教員に見せたところ、（サバルタンではない）商人を研究対象とするのはインドでは「プログレッシブではないとみなされるだろう」とコメントされた。ＴＩＳＳでのこうしたやり取りを通しても、現地の社会科学者の雰囲気に触れる機会を持てた。

(15) 『ヒンドゥスタン・タイムズ（*Hindustan Times*）』や『ＤＮＡ』などのムンバイの主流英字新聞でも同様の傾向が見られた。他方クリティカルな左派系メディアとしての地位を築いている高級紙『ヒンドゥー（*The Hindu*）』は、インドの社会科学者や知識人の批判的立場を報じていた。

(16) ムンバイにおいて自宅で水道が使えるのかどうかということは、「市民」として生きていくための権利がどのように承認され、分配されているのかという問題と密接に関連している。社会自然的な世界における、水道管などの物質的なインフラストラクチャーが作り出す市民の型を「水力学的市民（hydraulic citizenship）」として論じた研究としてAnand［2017］も参照。

(17) 開発援助の「パートナーシップ」を調査するためには自らが「パートナー」になるしかなかったというJensen and Winthereik［2013］の記述も参照。

(18) 予備調査での次のようなエピソードも、私のこうした感覚を支えている。私が商店街でガネーシャ祭の寄付について尋ねていると、「自分から寄付するのではなく、誰かが来てお金を持っていく」だとか「ボンベイはコスモポリタンだから、どんなお祭りでも祝う。寄付を募られたらとりあえずお金を渡す」という答えが多く返ってきた。そんななか、あるサリー生地店の店主は、私に「あなたの質問に今答えているのも同じこと。欲しいものがある人には、あげたらその相手が喜ぶのなら、あげる」と話した。ちょうどこの話を聞いているとき、店に物乞いが来て、店主が小銭をあげていた。物乞いにお金を渡すことは小売店では日常的な行為であり、この調査中にもこうした場面によく遭遇した。物乞いにお金を渡す行為、祭礼への寄付、私への協力が、同じ論理で説明されたのである［田口 二〇一〇］。

(19) 活動家とのインタビュー（二〇一三年三月二〇日）から。男性は市民の選挙運動や「先進的地域管理（ALM）」（後述）に参与し、現在はフリーでＮＧＯなどのコンサルタント業をしている。彼の地区での複数の市民団体の歴史と相互関係について語るなかでのコメント――「要するに、ボンベイの市民の運動は多かれ少なかれゴミから生まれたようなものだね」。

(20) ある報道によると、二〇一〇年の政府の調査では二〇〇九年までに登録されたＮＧＯはインド全体で三三〇万であり、小学校や医療センターの数よりも多い。州別では、ムンバイのあるマハーラーシュトラ州にもっとも多い四八万のＮＧＯが登録されている［*The Indian Express*, 二〇一〇年七月七日］。ただし、非登録で活動しているＮＧＯの数はさらに多いと考えられる。なお、インドでは「政府系ＮＧＯ」と呼ばれる（語義矛盾のような）政府の支援を受けたＮＧＯも多く活動している。

(21) インド全国を対象に行われた二〇一一年の平均読者数調査（Media Research Users Council, http://mruc.net）では、『タイムズ・オブ・インディア（TOI）』が英字日刊紙で一位、『ムンバイ・ミラー』は七位に入っている。ムンバイという一都市のタブロイド紙であるということを考えると、かなり上位に食い込んでいるといえる。なお、すべての言語を含めた集計では、『ＴＯＩ』が六位に入っている。

(22) ボリウッド映画界の大御所俳優アミターブ・バッチャン（Amitabh Bachchan）が演じた「始動するインド」キャンペーンの宣伝映像では、新・旧二つのインドが対立的に提示された。これに対してアルンダティ・ロイは「始動するインド」の妨げとなっているのは、古い、悲観的な、鎖となっている「もうひとつのインド」、すなわち貧困層にあり、貧困層が貧しいのは彼らの意識のせいだとするキャンペーンの論理を批判する［Roy 2009: 165–166］。しかし、こうしたミドルクラスを批判する知識人の言説が運動に無関係だとはいえない。新しいミドルクラスの社会的な感受性の低さをＭ・Ｋ・ガーンディーの運動の対極にあるものとして強く批判するパヴァン・Ｋ・ヴァルマは、『ヒンドゥスタン・タイムズ』に「私たちのような人々（People Like Us）」という隔週コラムを連載し、あるべき市民の姿を喚起していた［Varma 2007］。このことは、知識人によるミドルクラス批判がいかに新聞の言説に組み込まれ、ミドルクラスの運動のモラル的な基準を形成しているのかを示唆している。

(23) 都市が汚く混雑しているため、ミドルクラス市民にとって「歩く場所がない」という投書や主張は、二〇世紀初頭からムンバイの英字新聞において繰り返されている［Anjaria 2016］。タブロイドによる「民衆（people）」の喚起がのちにシヴ・セーナーの大衆動員につながる想像力を作り出したというプラカーシュの議論も参照［Prakash 2010］。

(24) タイムズ・オブ・インディアの所有者の一人であるヴィニート・ジェインは、「九〇パーセントの収益が広告から来ているのだから、我々は新聞業界ではなく広告業界にいるのだ」と語っている［Auletta 2012（*The New Yorker*）］。

(25) Brihanmumbai Municipal Corporation, BMC. グレータームンバイの都市自治体。英語の正式名は Municipal Corporation of Greater Mumbai, MCGM だが、一九九六年の都市名の変更前は Bombay Municipal Corporation, BMC と呼ばれており、現在もＢＭＣ

という呼び名が一般的である。

(26) プロジェクト・サイトのある地区は、Churchgate, Dadar, Matunga, Bandra, Juhu, Andheri, Chembur の七カ所であった。

(27) たとえば、アンソニー・ギデンズ［一九九九］が「第三の道」で示した方向性は、従来のイギリス労働党による福祉国家政策と保守党サッチャー政権による民営化政策の中間をとった労働党ブレア政権の政策を支えた。植村が指摘するように、そこで想定されていたのは「自発的結社」からなる市民社会ではなく、それまで福祉国家が担ってきた「公共的領域」（福祉と防犯）を地域共同体と第三セクターが請け負うことが期待された［植村 二〇一〇：一四―一五］。

(28) ＡＬＭは行政の事業名だが、その事業にもとづいて登録し、活動するそれぞれの団体もＡＬＭと呼ばれる。また、行政での登録上はＡＬＭ事業開始前の各住民組織がひとつのＡＬＭ団体として記録されている（上述した七〇〇のＡＬＭ団体はこれにあたる）。それに対して、A地区の「市民連合」は、複数の住民組織などの団体をまとめたもので、その集合体もＡＬＭと呼ばれている。本書で事例とするのはA地区の「市民連合」だが、同様のＡＬＭ（単独の住民組織やその複合体）活動はムンバイの他地区でも展開されている。

(29) 二〇〇七年までは女性の留保率は三三パーセントであった。二〇一二年の留保枠の詳細については以下の通り。指定カースト一一議席（四・八パーセント）（うち女性六議席）、指定トライブ二（〇・九パーセント）（女性一）、その他の後進諸階級六一（二六・九パーセント）（女性三一）、女性一一四（五〇・二パーセント）（うち一般カテゴリー七六）。

(30) 当選した人物はムンバイ南部の高級住宅街から立候補し、「マイ・ドリーム・コラバ（My Dream Colaba）」という市民団体の支援を受けた弁護士だった。彼についてムンバイ２２７のメンバーの一人が後日語ったことによると、家族が右派／地域主義のシヴ・セーナーの政治家であり、政党のサポートを得ながら独立候補者として出馬したのだという。

(31) 新聞報道［*The Times of India*, 二〇一二年二月一九日］などによると、投票率は四四・六パーセント。全二二七議席中の当選議席は以下の通り。シヴ・セーナー（二一・七パーセント）、インド人民党、インド共和党の合計が一〇七議席、国民会議派（二一・七パーセント）と国民会議党が六五議席、マハーラーシュトラ新生軍団（MNS）（二〇パーセント）が二八議席、その他が二七議席を獲得（カッコ内はシェア率）。

(32) 当時のキャンペーン用サイト（www.mumbai227.com, 二〇一二年一月二六日訪問）は、二〇一四年一一月には閉鎖されていた。

(33) 顧問（advisory board）や選考パネル（selection panel）は、事務局メンバーが知り合いのネットワークを使って人選を行った。顧問には、「情報への権利（RTI）」運動にかかわった活動家（ＡＬＭメンバーの一人）や、マングローブの保護などにかかわる環境活動家（美化キャンペーンの評価者）の他、女性のラグ・ピッカー（金属などのゴミを集めて売ることで生計を立てる人々）の組織化を行うＮＧＯの代表や、教育にかかわる人物などが選ばれた。彼らは、問題があった時の相談役という立場だったが、数人の顧問に聞いた話では、実質的にプロセスには関与していない。選考パネルについては、司法改革にかかわる弁護士や有名な警官などの名前が掲げられ、人選基準には著名度や活動の長さ（年齢）がより重視された。

（34）テストの名前や数え方についても一貫性がなかったが、修了証に記載されている一六のテストは以下の通り。Managerial effectiveness, Managerial Style, Leadership Style, Personality Type, Inter-personal Orientation, General Ability Test-I, General Ability Test-II, Conflict Management, Salesman's Aptitude, Sales Supervisor's Aptitude, Team Effectiveness, Burnout Level, Stress Measurement, Supervisory Aptitude, Life Positions, Ego States.

第二章　市民社会と政治社会

（1）本段落の議論の流れはKaviraj［2001］やKaviraj and Khilnani［2001］に依拠しているが、市民社会概念の系譜については植村［二〇一〇］も参照している。

（2）ホッブズの自然状態は、人間の競争により万人の万人に対する戦争が絶えない状況であり、これを防ぐために国家主権が必要とされる［二〇一四］。他方ロックにおいては、自然状態では万人が自由で平等であり、各人間は自分の身体という財産と、身体の労働から得た物への神聖な所有権をすでに有している。その所有権を強固に維持するために、争いを裁く制度を確立した状態が市民社会である。ロックの議論は、自由主義的な国家と市民社会の対立の発端とされる［二〇一一］。

（3）このように共同体と対比される市民社会と、北米のコミュニタリアンが論じる親密圏の延長としての市民社会は概念的にずれている。ロックとモンテスキューを出発点として市民社会の二つの潮流を論じるチャールズ・テイラーによると、今日の北米的市民社会の理解における民主主義の担い手としての自由な結社（association）の役割は、モンテスキューの流れに属するトクヴィル［二〇〇五］がアメリカでの体験をもとに論じたものである［Taylor 1990］。ロックの自由主義的な市民社会論とは対照的に、家族や近隣関係、教会や政党までを含む多様な共同性を基盤とした結社のネットワークとしての市民社会が、国家に対抗するという政治的役割を重視する立場は、現在のコミュニタリアン政治哲学者にも受け継がれている［ウォルツァー 二〇〇一］。

（4）一九八〇年代後半には、一方で、マーガレット・サッチャーのような右派が、純粋な市場競争を促進させるため、労働組合などの「利益団体」が国家と癒着する活動を批判し、市場社会としての市民社会を国家から切り離すことを主張した。他方で西ドイツの「緑の党」など環境問題を中心とした「新しい社会運動」を進める左派も、国家による官僚的な支配の強化や福祉国家による管理の浸透を批判し、経済的領域からも区別される新しい自律的な結社の領域としての市民社会を掲げた［Taylor 1990］。

（5）　一九九〇年代から二〇〇〇年代初頭に興隆した南アジア研究における公共圏と市民社会の議論については粟屋［二〇〇二］を参照。

（6）　『サバルタン研究』シリーズは、一九八二年に創刊され、二〇〇五年までに第一二巻が出版されたが、出版事業としては二〇〇八年に終了となった［Chakrabarty 2013］。

（7）　チャクラバルティとチャタジーは、近年の回想のなかで、自分たちが属していたのがきわめて男性的な友達グループだったことが、初期のサバルタン研究に独特の特徴を与えたと認め合ったという。さらにチャタジーは、女性研究者がいなかったためジェンダーの視点がなかったことは残念だったと述べる。しかし同時に、批判を受けて女性メンバーをグループに加えたころには、研究グループが当初持っていた、貧しいながらも論争的な雰囲気は失われたとコメントしている［Chatterjee 2012］。チャクラバルティによると、サバルタン研究の男性中心性は、一九八〇年代後半にロザリンド・オハンロンに最初に批判された［O'Hanlon 1988］。同様にスピヴァクも、女性のサバルタン性について、またそもそもサバルタン研究グループにおける「主体」の認識についての問題点を指摘し、「サバルタンは語ることができるか」と問いかけた［スピヴァク 一九九八ｂ］。後期サバルタン研究の理論的展開にはグループ内部からも多くの批判が寄せられ、グループを離れていく初期のメンバーもいた［Chakrabarty 2013］。

（8）　たとえばM・K・ガーンディーの反近代の思想を「反市民社会」として読み直す論考［Chatterjee 1984］がある。

（9）　初出は *Public Culture* 1993 5(3): 411–429 に収録された"Patriotism and Its Futures"であり、改訂版が Appadurai［1996］の八章に収録されている。ここでの引用は、アパドゥライ［二〇一〇］の藤倉による訳者解説における翻訳を用いた。

（10）　チャタジーの政治社会という用語選択の背景には、グラムシによる「国家＝政治社会＋市民社会」［グラムシ 一九九五：二八二］という構図がある。グラムシによると、国家は「直接的な統治機構（政治社会）」に加えて、営利行為や私的活動を通して「支配階級の政治的・文化的ヘゲモニー」を形成する「調整された社会（市民社会）」からなる［グラムシ 一九九五：二六五―二九九、植村 二〇一〇：二五三―二五八］。チャタジーは次のように言及している。「私がこの用語〔政治社会〕を使うとき思い出さずにいられないのは、アントニオ・グラムシが『獄中ノート』において、政治社会と国家を等式で結んで議論を始めたものの、すぐに国家の領域を超えたところで生じざるをえないあらゆる種類の社会的そして文化的介入の議論へとずれていったことである」［Chatterjee 2004: 51］。国家から出発して、その構成要素として政治社会と市民社会を提示したグラムシの図式に対して、チャタジーの政治社会は、違法な活動や国家からはみ出た存在から逆射程することで、国家概念を問い直す契機を有しているといえよう。

(11) 自殺を図った一五九人のうち、六三人が死亡したとされる。他に一〇〇名が警察との衝突のなかで命を落とした。事の発端は、一九九〇年九月一九日、デリー大学の学生がデモ参加中に「焼身自殺」したことだった。本人に自殺の意思があったのかどうかは確定されていないが、その後数カ月に渡る自殺の連鎖を招いた［Dirks 2001］。初期の運動を率いていたのはデリー大学を拠点とする「反マンダル委員会フォーラム」であったが、自殺者の多くはエリート校出身ではなく中間下層の学生であり、反対運動との直接的なかかわりも不明瞭な事例が多いという［押川 一九九四］。反留保運動を牽引した北インドビハール州における抗議や暴動については中溝［二〇一二］を参照。

(12) 押川［一九九四］は *The Times of India*, *The Indian Express*, *India Today* を代表的な新聞として挙げている。英字紙に比べてヒンディー語紙では状況の報告が中心で、論説などは極めて少なかったという。

(13) 留保制度が能力主義に背くという主張への左派からの反論として、ダルマ・クマールは（彼は留保制度及び左派の主張に批判的な立場だが）、そもそも能力が後進階級の置かれている環境に規定されているということに加えて、インド特有の理由づけとして、腐敗がはびこっているので、留保制度がなくても能力主義は実現されないという議論を紹介している［Kumar 1992］。

(14) ムンバイでは、ある人にカーストを聞くと、「グジャラーティー」（出身州、母語）、「カッチー」（出身地域）、「パテール」（苗字、ジャーティに対応）など聞くたびに異なる返事が返ってくることもあるが、どれも「カースト」で通じてしまう。自らの人種、宗教、言語集団、コミュニティなどについて言及せざるをえない機会は多いものの、その意味内容については一致しておらず、その場その場の状況に応じて人びとが「カースト」を名乗っているという状況がある。

(15) 留保制度と（反カースト主義を含む）反留保制度という対立軸においては、いずれの立場からも全体性としての国家という図式が強化されていることがわかる。事例で示したフォームでは、まず「（1）人種と宗教」が、そしてその下位区分として「（2）カーストとコミュニティ」が位置づけられている。それに対して、カーストを明記しないという選択をした友人は、それらの上位に位置づけられる包括的な区分として、「インド人」と記入した。ムンバイでは、「人種と宗教」といった属性を問う質問項目に対して、「われわれはみんなインド人だから」という「ナショナリズム」的な主張をこめて「インド人」と書くという行為や説明にしばしば出会った。

(16) デリーの「パートナーシップ政策（Bhagidari Scheme）」は二〇〇五年に「国連公共サービス賞（UN Public Service Award）」を受賞し、開発研究機関などによって、インド他都市への類似の政策の拡大も検討されている［Ghertner 2011a］。

(17) 区委員会の単位は、八から二〇の選挙区を統合したものである。

(18) ヴィーナー・ダースは、チャタジーの政治社会をアレントへの非明示的な批判として読んでいる。すなわち、アレントが貧者の生物学的必要にもとづく領域が「政治的なもの」の領域に入り込むことに否定的だったのに対して、チャタジーの政治社会で人々が行っていることは、生物学的生を維持するためであると同時に、「政治的な」活動なのである。ダースは、政治社会において、貧者は温情主義的な、あるいは伝統的なパトロン・クライアント関係に単に依存しているのではないと論じている［Das 2011］。

(19) 神格（deity）は、象徴ではなく具体的に、感情と肉体を持つ人格（person）だとされる。信者は、日々神格に食物を与え、入浴させ、服を着せる。また、神格は結婚や性交渉も行う。植民地下の司法制度では、神格は所有権を持つ「法人格（juristic personality）」とされた［Appadurai and Breckenridge 1976］。

(20) 石井美保は、アパドゥライとブリッケンリッジの議論を現代の南インドの神霊祭祀の分析に援用している。彼女は、やりとりのネットワークにかかわる秩序が固定的なものではなく儀礼を通じて遂行的に作り出され、それによって地理的・社会的領域の境界が形成される側面を強調する。したがって彼女の事例が示すように、異邦人が新規参入したり分配の方法が撹乱されることで、ネットワークは再編される可能性に開かれている［石井 二〇一七：一六四―一八四］。

(21) 田辺は生モラル秩序におけるサブスタンス＝コードの交換により形成される社会性の結節点として「身体－人格」を位置づけている［田辺 二〇一〇：二五九］。

(22) こうして、「それぞれの職分権保有者は『今ここ』という地域社会の限られた時空間にいながら、供儀組織共同体の成員として日常的な義務を神への奉仕として果たすことにより、自らの身体－人格と行為を宇宙論的に普遍的な価値や存在とにつなげることができた」［田辺 二〇一〇：一四六］。田辺は、インド研究において論争となってきた、デュモン的な「地位のヒエラルヒー」か、新ホカート派の王権を中心とした「権力の中心性」か、という二者択一ではなく、そこに供儀の原理である「存在の平等性」を加え、三つの価値の相互作用に注目することが、インド社会の動態的構造を理解するうえで重要だと論じている。

(23) 一九九三年、カリフォルニア州最高裁判所で代理母（胚は依頼者夫婦自身の配偶子に由来）と依頼者夫婦のあいだで親権が争われた。判決は依頼者夫婦が「遺伝学的、生物学的、そして自然な」親だとした。この判決で重要だったのは、遺伝学、生物学的要素に加えて、「生殖の意図」が「自然」な親であることの決め手となったことである。こうして、子供という「概念（concept）」の「着想者（conceiver）」であった依頼者夫婦へ権利が付与されることになった。作家が自らの考えをもとに作品を作るように、依頼者が子供を持とうと思いついて（conceive）いなければ、その子は存在していなかったというわけだ。ここでは、「思いつく」ことと「妊娠する」こと（conceive）、「観念の形成」と「受胎」（conception）がアナロジーでつながっている。生殖による創造と知的な創造は、人々にとって自然なつながりとして当然視されていた。このアナロジーを表ざたにしたのは、唯一判決に反対していたケナード判事であった。彼女は、子供という概念の着想を作品の制作のアナロジーで捉えることは、子供を所有権の論理で、すなわち市場で交換される所有物として捉えることになると批判した。結局、ケナード判事の主張は通らず、「着想者」に権利を付与したこの判決はその後しばしば参照されることになる［Strathern 2005: 52–56］。ストラザーンは、「親であること（parenthood）」と「著者性（authorship）」という一見遠く離れた領域をつなぐアナロジーは、ストラザーン自身が作り出したものではないし、ケナード判事の思いつきでもないことを強調する。これらの事例は、人々が異なる領域を難なく行き来し、そこからアナロジーが作られていく素材として提示されているのである［Strathern 2005: 55, 57］。

（24）　コープマンが論じる献血運動の背景には、インド最高裁が、金銭の支払いを伴う献血を禁止し（一九九八年）、「家族補充（family replacement）」も段階的に廃止することを決定した（二〇〇二年）ことがある。「家族補充」とは、血液バンクから輸血を受けた患者の家族が、受け取った分の血液を補充するというシステムである。二〇〇〇年代のインド全体においても五〇パーセント以上の献血はこの家族補充で賄われており、デリーではボランタリーな献血率は一九パーセント以下だという［2012: 3］。これに対して、教団は、理念上は「人間性への奉仕」として不特定多数へのボランタリーな献血を呼びかける。しかし実践においては、グルや国家的英雄、あるいは亡くなった子供など特定の中心を規定して献血キャンプを組織している。ここに、コープマンは、ラーマーヌジャンのいう文脈自由を介した再文脈化が指摘できると論じている［2012: 37–38］。

（25）　すなわち、単に西洋的な近代化・民主化がインドに平等概念をもたらしたのではなく、むしろ生モラル秩序にみられたような、カーストの伝統のなかにあった「存在の平等性」が今日文化的資源として用いられているのであり、田辺はこれをヴァナキュラーなデモクラシーとして論じている［田辺 二〇一〇］。

第三章　腐敗と反腐敗

（1）　「キャンプ（camp, ヒンディー語：*śivir*）」は、行政が農村など対象者の地域に出向き、しばしば野外にイベント用のテントを張って行う、説明会や健診、特定の政策にもとづいた医療提供等に使われる用語である（インディラー・ガーンディー政権下の強制的な精管切除から、都市部での市民団体や宗教団体による医療提供や献血イベントまでも「キャンプ」と呼ばれる［Copeman 2012］）。グプターは、インドの貧困層の置かれた状態をアガンベンの強制収容所（concentration camp）的な例外状態と比較しながら論じており、難民キャンプや再定住コロニーなどの「キャンプ」のひとつとして「開発キャンプ」の事例を挙げている。後者の「キャンプ」は、市民が権利を奪われた「剥き出しの生」となるだけではなく、そこから権利の復元がなんとか目指されるような空間でもあるという［Gupta 2012: 7］。

（2）　このように、これまで統治のテクノロジーとして重視されてきた形式を繰り返していくなかで、統治から外れた実践が生み出されていることは、第四章の美化キャンペーンにおける「サーベイ」の事例でも論じる。

（3）　インドにおけるＮＧＯと国家の関係も入り組んだものである。グプターは、政府系ＮＧＯ（"government-organized non-governmental organization"［2012: 249］）の「ボランティア」女性たちの事例から、彼女たちが「私たちはＮＧＯだから給付金は支給できない」と説明することで、貧困層への再分配を行うのは「政府」の仕事だという信念を補強しているという［Gupta 2012: 274］。

（4）　ここでの市民社会は、「チーム・アンナー」を指す固有名詞として使われる現地語だといえる。しかし、現地で理解されている抽象概念としての市民社会と明確に区別できるものでもない。したがって、本書では、さまざまな用法で使われる市民社会を、表記上区別せずに用いている。

（5）　八月の断食六日目（二一日土曜日）のラームリーラー広場（Ramlila Maidan）には、警察発表で三万二〇〇〇人が集まった（*The Indian Express*, 二〇一一年八月二二日）。ラーマチャンドラ・グハは、テレビでは「インド中がハザーレーを支持している」と伝えているが、人口一〇〇〇万人を超えるデリー首都圏で、最大でも五万人以下だった群衆の数は多いとはいえないという。さらに、一九九八年に核実験反対のためにカルカッタに四〇万人が集まったが、「インド中が反対している」という報道はされなかったと指摘している［Guha 2011（*The Telegraph*）］。

（6）　ネルー初代首相など国民会議派の政治家が着用していたことで有名な白い舟形帽。インド独立闘争時にガーンディーが率いた土着産業を推進するスワデーシー運動において象徴的な役割を果たしたカーディー（手織綿布）を使用。今日も、マハーラーシュトラの農村部では男性が一般的に着用している。運動では、ガーンディー帽に様々な言語で「私はアンナーです」（"I am Anna"、デーヴァナーガリー文字で "*Mi Anna Aahe*"［マラーティー語］、"*Main Anna Hun*"［ヒンディー語］など）とプリントした製品が出回った。

（7）　ヨーガ指導者のバーバー・ラームデーヴ（Baba Ramdev）やスピリチュアル団体の「アート・オブ・リビング（Art of Living）」も「チーム・アンナー」に中心的にかかわっていた［Bedi 2012］。

（8）　この記述は、二〇一一年の八月二二日から二八日まで筆者が会場に通った記録にもとづいている。

（9）　これらは英植民地支配からの独立運動時に作られたとされるスローガンである。バーラト（*Bhārat*）は、ヒンドゥー・ナショナリズム運動において、ヒンドゥーにとっての理想的な国（母なる大地であり国民国家）として、またその国家を具現化した女神（*Bhārat Mātā*）の名前として用いられている。なお、ヒンディー語の *Bhārat* は、英語の India と並んでインドの公式名称として憲法に記載されている。この語の起源であるサンスクリット語の *Bhārata* は、前ヴェーダ期（ＢＣ一五〇〇〜一〇〇〇）のアーリヤ人部族名か、もしくは『マハーバーラタ』で戦うクル族の祖先とされる古代インドの伝説的帝王の名である［山崎 二〇一二］。

(10) 第二章では前植民地期のオリッサの「王権」と現在の「政府」が「サルカール *sarkār*（オリヤー語：*sarakāra*）」という言葉で結びつけられて、国家資源の再分配や留保制度が王権への職分権体制とアナロジカルにつながっていることを論じた。ここでも、日常語としてはもっぱら「政府」という意味で使われる「サルカール」を批判しながら、本当の「サルカール（主人、主権者）」は「私たち（*hum*）」だと言い換えている。また、「ネーター *netā*」も、もっとも一般的な「政治家」という用法からずらして、私たち自身がネーター、すわなち、リーダーだと主張している。

(11) カーフィラー（*qāfilā*）とは、アラビア語起源のヒンディー語で、「キャラバン」を意味する（https://kafila.online）。

(12) アパドゥライはミドルクラスの二面性を批判するため、あるいは以下で述べるような人格の断片化を学術的に論じるために「二重の自己」という説明をしたのではない。この論考は、批評ブログ上で、知識人による反腐敗運動への批判が主流を占めるなかでのコメンタリーである。アパドゥライは、なぜ「私たちリベラル左派」がハザーレーの運動に対して混乱するのか、と内省している。そのうえで、私たち（リベラル左派）は、敵が自分の内部にいることに気づいているのだから、その敵を外部の政治家に社会的に投射する人々に居心地の悪さを感じるのだと分析している。このように、あえて一般化した社会学的、心理学的な用語を用い、論者たちが前提とする「個人」という観点から説明を試みたと考えられる。

(13) 個人の能力を重視するこの運動において、家族の政治活動が評価の対象になるのは矛盾しているといえるが、現状では政治家の世襲制があまりにも強いため、こうした縛りを設けたものと考えられる。さらに第五章でも示すように、純粋に個人を評価しようとしても、どうしても家族やコミュニティの論理が入り込んでくることを示唆している。

(14) 服装は華美でないものが勧められる一方で、ガーンディーが広めた手織布カーディーを使った伝統服などは「政治家」に見えるからやめたほうがいいなどのアドバイスがあった。ロールプレイでは、ミドルクラスが選挙に興味のない富裕層にしゃべりかける場合、あるいは言いたいことがありすぎるスラム住民にしゃべりかける場合などの状況設定を行い、参加者がさまざまな役割を演じた。ある女性候補者は、ロールプレイは「コンフォート・ゾーン」を出るために役に立ったとし「思いやり、平等を学んだ。とても啓発的なセッションだった」と語った。

(15) こうした立場と実際の資金不足により、潤沢な資金のある政党候補者とは対照的に、２２７の候補者は自分で資金調達をすることが要求された。ある候補者によると、２２７から供給された選挙資金は一人一万ルピー（約一万六〇〇〇円）のみだったという。資金面での困難は候補者の人格的資質と戸別訪問などの行動で補えるものとされたが、実際には、後日、多くの関係者が資金不足をキャンペーン失敗の原因として語った。他の政党候補者の資金について、ムンバイ227で選ばれた市民候補者のひとりは、「公式な選挙資金の上限は一五ラーク（一五〇万）ルピーまでだが、政党はたぶん一五カロール（一億五〇〇〇万）ルピーくらい使ってるんじゃないか」と話した。

(16)　シーターパティは、ミドルクラスの知的系統を、（1）司法活動家、（2）「インディア・シャイニング」（企業ミドルクラス）、（3）ネオ・ガーンディアン、（4）独立左派に分類する。反腐敗運動の歩兵となった「インディア・シャイニング」は、企業文化に染まり、メディアを駆使して、税金の見返りとしてよりよい行政サービスを求める人々である。また、この集団はミドルクラスのなかで「もっとも内省的でなく（least self-reflective）」、自らの利害関心がすべてのインド人のためだと疑わず、繊細さの代わりに熱意で勝負する人々だという［Sitapati 2011: 42］。

(17)　このテストでは、欠点を欠点ではなく、自分のなかにすでにあるが「ブロックされているもの（blockage）」と呼ぶ。何がブロックされているか見極めて開発することで、良いマネージャーになることを目指すテストであると説明された。この講座では多数のテストが行われたが、このテストは *The Unblocked Manager*［Woodcock and Francis 1982］に収録されているものである。講師は、書名を紹介し、「興味があればグーグルからダウンロードできる」と言っていた。後日（ダウンロードはできなかったが）確認したら、私が配布資料から引用した箇所は、原著からの直接引用だった（強調部はG社の資料による）。ただし、後述するように、講師の「個人的価値」の解釈は原著とは異なる。

(18)　私はこの時、講義を受けながら、講師の話は矛盾していると思ったし、彼の断定的な態度にも苛立ち、主旨が理解できず混乱していた。そのため適切な質問などもできておらず、ここで示した解釈は帰国後に考えたものである。ただ、ここで付け加えておきたいのは、こうした語り口はかなり一般的だということだ。また、私が活動家の会合や友人の集まり等を含めて観察を重ねた、ムンバイでの議論や会話の形式として、相手の発言にはまず「いや違う」と言って否定して、自分の意見を展開することで話を続けて場を盛り上げることがよくある。この講師の場合も、教室での意見や質問に反論するという形式から、当人にも意外な方向に議論が進んだかもしれないことは考慮するべきかもしれない。しかしそれでも、ここで私の想定とは異なる論理が堂々と展開されたこと自体が、示唆に富んでいる。質問をしていた受講生たちにとっても講師の話は的外れなものとは受け止められておらず、むしろ私の混乱の方が場違いのようだった。後日受講生の一人（女性受講者1）にインタビューを行ったが、講義の内容や講師の質については、「良かった」という以上の感想はあまり出てこなかった。受講生の焦点は、テストや資格が職場でどのように役に立つのかという実践的な問題にあったと思われる。

(19)　一九九三年に『真夜中の子供たち』（*Midnight's Children*, 一九八一）でBooker of Bookerを受賞し、しばしばバガトと象徴的に対比されるSalman Rushdieを筆頭に、英米の主要文学賞を受賞している作家としてVikram Chandra, Arundhati Roy, Jhumpa Lahiri, Kiran Desai, Amitav Ghosh, Aravind Adigaなどの（ディアスポラを含む）南アジア（系）作家が挙げられる。

（20）　こうした言語感覚への批判に対して、バガトは二冊目の小説『コールセンターの一夜』（*One Night @ the Call Center*）の語り手である主人公に冒頭で反論させている（作家バガトが、コールセンターで働く青年に本を書くよう頼んだという設定）。「もうひとつ忠告しておきたい。僕の英語はそんなにすごくない――というか、僕にすごいところなんて何もない。だから、もしオシャレで知的なものを求めているのなら、音節がたくさんある長い単語を使っている本を読んだ方がいいだろうね。〔……〕僕は自分の限られた英語能力について作家に話した。でも、このめんどくさい作家は『大きな感情は大きな言葉から来るものではない』と言った。それで、引き受けるしかなくなった。作家は大嫌いだ」［2005: 12］。

さらに、エキゾチックなインドを売りにしていると批判されることもある「ポストコロニアル」英語文学への皮肉も登場する。『二つの州――僕の結婚の物語』（*2 States: The Story of My Marriage*）で、バガト本人をモデルとした北インド人の主人公が南インド人の彼女の実家の台所から流れてくる料理の臭いを記述する場面。「別の鍋がコンロにかけられた。今度はマスタード、カリーの葉、玉ねぎの臭いが流れてきた。もしこれが賞を取るようなインド小説なら、どれだけ素晴らしい香りかについて二ページは使われるだろう。でも僕の反応はといえば、咳き込んだことと涙ぐんだことだけだった」［2009: 121］。

第四章　ウチとソト

（1）　ＲＳＳ（民族奉仕団）については、第一章一―2も参照。このメーターの一文にも、第五章二で述べる植民者の啓蒙主義、ヒンドゥー・ナショナリストの奉仕（セーワー）、現代のミドルクラスの市民意識の関連性が示唆されている。

（2）　ただし、現代ムンバイのフラットに住むミドルクラス世帯において、床を掃いて雑巾がけをする毎日の仕事は通いの家事労働者（メイド）が行うことが一般的である。住人は「家の内側」がきれいに保たれるように管理をする立場である。

（3）　この論文［Chatterjee 1989］でチャタジーはヒンディー語の「ガルとバーハル（*ghar and bāhir*［本書の表記では*bāhar*］）」を提示し、「家と世界（the home and the world）」として説明している。「ガルとバーハル」は、後述するベンガル語の「ゴレ／バイレ（*ghare/gaire*）」と同様に、一般的に「家（の内側）と外」という意味で使われる。

（4）　汚物を貧者の抵抗や戦略、あるいは「文化」として称揚する傾向は、研究者のあいだで一定の支持を得ているように思われる。たとえばバスカール・ムコパッディヤイは、都市の貧しい移民を、「ホームレス」や「路上生活者」といったラベリングに見られるように、不適切で異常な現象と捉えるべきではなく、独自の自己組織化や生活様式に注目する必要性を説く。そのうえで「公共の場での汚物の提示（public display of filth）」を、異なる「市民的なもの」の形象として捉えることを主張している［Mukhopadhyay 2006: 226］。

（5） アナウンスはマラーティー語、ヒンディー語、英語の順番で続けてなされる（駅名や電車の到着を告げるアナウンスも同様）。

（6） Property には、*sampatiya*（マラーティー語）/*sam-patti*（ヒンディー語）が用いられていた。

西洋の所有概念は、人はまず自らの身体の所有者であり、自らの労働の成果にも私的所有権を持つという前提にもとづいていた。これに対して、ストラザーンに代表される近年の人類学は、交換関係による所有主体の可視化や、知的所有権など新しい必要に応じて所有主体を生成しようとする実践に目を向けている（こうした研究動向については中空［二〇〇九］を参照）。このアナウンスや、次の事例における道路を掃除する主体／責任者を決定づけようとする活動も、ローカルな枠組みに依拠しながら所有の主体を再編・生成しようとする試みとして考えられる。

（7） 東京メトロのニュース・リリース（https://www.tokyometro.jp/news/2009/2009-17.html）は、キャンペーンを以下のように説明している。「プライベートな場所とは違って、公共の場所にはその場にふさわしくない振る舞いや行為があります。『家でやろう。』シリーズとは、『そんなこと家でやればいいのに……』と誰もが思うようなシチュエーションをイラスト化することで、その振る舞いが自分の事として気付いていただけるようメッセージ化したものです。」同様に、二〇一一年の「こんな人を見た」キャンペーンでも、公共空間における第三者の視線が強調されている。

（8） 二〇一三年一〇月一八日に筆者が参加した、ムンバイのタイムズ・オブ・インディア社で行われた「情報への権利」活用のためのワークショップより。講師は、情報への権利法成立のための運動にかかわった活動家であり、二〇一二年のムンバイ市議会選挙に無所属候補として出馬していた（当選はならず）。情報への権利を活用すると、市民は政府へ質問し、回答を得られる。このワークショップでは、政府への不満を、どのように情報開示請求という文書での質問様式に変換して、真実を明らかにしてシステムを変えていくのか、というテーマにもとづいて、質疑応答も含めて具体的なアドバイスがなされた。引用した講師の発言は、「政府に質問するということは、自分自身に問いかけるということだ」というメッセージの後に語られた。なお、講義は英語とヒンディー語で行われたが、地の文は英語、会話や心の声など直接引用に当たる部分はヒンディー語が多く用いられた。

（9） このキャンペーンは、Sさんが紹介してくれた。筆者が興味を持ったので、二〇一一年にはその場で「取締官」を呼んで見回りを実施（上演）してくれたが、二〇一三年に訪ねた時には、もう実施されていないとのことだった。二〇一七年の補足調査での訪問時には、多数の「司令官」による組織的な取り組みが行われていた。警備会社から派遣されている「司令官」の給与は歩合制で、罰金のチケット数に応じて収入が得られる制度であった。

（10） 当初六万四〇〇〇の貸間が不足しているという開発局の見通しのうえで、五万間の建設が目指されたが、実際には一九二〇年代半ばに一万六〇〇〇間で建設終了となった［Rao 2013: 110］。

（11） 人々の認識においても、植民地政府の政策においても、「コミュニティ」単位で組合を作る方が効率的で安定的だとされた。独立後のインドでは、ネルーの世俗主義を受け、一九六一年のマハーラーシュトラ政府の法律により、協同組合のメンバーシップをカーストによって制限することは禁止された。その後、協同組合が商業化する一方で、「協同組合」の名を用いずに公式な「カースト組織」が設立されていく［Rao 2013: 232］。

（12） パールシーは、一〇〇〇年以上前にペルシアから西インドに移民してきたゾロアスター教徒であり、イギリス植民地時代に成功を収めた。パールシーは長年自分たちが「真の」ゾロアスター教徒だとし、より近年（一九世紀）の移民であるイーラーニーを同じコミュニティとはみなしていなかった。しかし、一九二五年、十分なメンバー不足に悩むパールシーの住宅協同組合が、イーラーニーも「信仰上は」ゾロアスター教徒だとすることで、パールシーとイーラーニーをともにメンバーとできるように規則を改定した［Rao 2013: 180; see also Luhrmann 1996］。

（13） タイムズ・オブ・インディア紙によると、この調査は市場調査会社ＩＭＲＢが行ったアンケートの集計結果である。この結果は二〇一一年一二月一一日に同紙に掲載された。

（14） 教育や開発分野で広く流通しているこの用語のルーツとしては、ブラジルのマルクス主義的な教育学者パウロ・フレイレによる、抑圧された人々の「意識化（conscientização）」を通した「エンパワーメント」という考え方が挙げられる［フレイレ 二〇一一］。「意識化」や「エンパワーメント」は、第三世界における識字運動や女性運動に大きな影響を与えてきた。近年、これらの概念は、新自由主義批判の文脈で、あらゆる問題を意識の問題とみなし、個人の自己責任に帰するという点で批判の対象となることもある。このように、今日のインドにおける「意識を広める」というキーワードには、異なる思想や文脈が重なり合っている［Gupta 2012: 276］。

（15） 中が空洞になった薄い揚げパン（*purī*）に、スパイスなどで味つけされたスープ（*pānī*）を入れて食べる甘辛い屋台スナック。顧客に提供する際に、その場で露天商が指でパン生地を破り、そこにスープを入れてくれるのが特徴的であり、ムンバイでとても人気がある。

（16） *Bhaiyā* は、ヒンディー語で兄弟の意味で、男性への呼びかけに使われる言葉だが、ムンバイでは北インド出身の男性を指し、蔑視的な呼称としても使われる。

（17） たとえば、映画『ある水曜日』（*A Wednesday*, 2008）は、「普通の人（the common man）」とされる初老の主人公が、自らテロを企図して警察を脅し、結果的に裁判の進まないムスリムのテロ容疑者たちを爆弾で殺すという物語である。ここでも主人公は英雄として描かれている。デリーでは、ミドルクラスが朝の散歩に使う公園で、近隣のスラムに滞在していた男性が用を足していたために、ミドルクラスの住民と警察に暴行を受け死亡した事例が報告されている［Baviskar 2003］。

(18) 反対に「ワールド・クラス」都市の象徴ともいえるのが、近年増加したショッピングモールである。いつもクーラーが効いて掃除が行き、欧米のブランド商品や食材を売るモールは、暑くてゴミゴミしたソトとは対照的な世界であり、私もムンバイ滞在中は一歩モールの中に入るとたちまち安堵感と開放感を覚えてしまったものだ。ミラー紙の記者は、モールの中で人はゴミを捨てないのに、外ではゴミを捨てることが問題だと語ったが、ここでもまた、グローバルな消費者とまっとうな市民が重ね合わせられている。モールは、売られているものが割高なのはもちろん、入口のセキュリティ・チェック（ボディ・チェックと鞄の中身を確認する）も厳しく、誰もが日用品や食材を買いに立ち寄れる場所ではない。

(19) 豆粉やジャガイモを丸型やドーナツ型で揚げたスナック。

(20) 小麦粉で作られたテーブルロールのようなパン。

(21) バターターはマラーティー語でジャガイモの意味。

(22) ムンバイではパーニー・プーリーと呼ばれるスナック。本章の注15を参照。

(23) 全粒粉で作った平たいパイ状のパン。

(24) タマーシャー（Tamasha）とは、歌や踊り、芝居を伴うマラーティー語の民俗芸能を指すが、より一般的に、楽しみのためのショーやスペクタクルという意味でも用いられる。

(25) スラム住民と行政官はおもにヒンディー語、記者と学生、教師はヒンディー語と英語を使用していた。

(26) 「バーラト」については、第一章（五七頁）におけるヒンドゥットゥワの記述と、第三章の注9を参照。

(27) このように、自らサーベイする力を培って人々をエンパワーするために、アパドゥライはムンバイにNGOのPUKAR（Partners for Urban Knowledge, Action, and Research）を創設している。「周辺化された人々」の「研究する権利」を掲げたPUKARのユース・フェローシップ・プログラムでは、一年という期間で参加グループが自らの問題を発見し、リサーチし、発表する技術を訓練する場を提供している［Appadurai 2008］。ただし、二〇〇六年～二〇〇八年の活動報告によると、助成金を受けたのはほとんどが大学生、もしくは地元のジャーナリストのグループである。二〇〇九年に筆者が行ったインタビューによると、PUKARのスタッフもそのことに自覚的で、もっとリーチ・アウトしようと活動中である。たとえば、元ストリート・チルドレンの保護施設などにも参加を呼びかけている。一年間のファンドは一チーム（一〇人程度）につき六万円ほど。その他、研究関連費（食事、本、移動費、パソコン、文房具など）が別途支給される。

（28）　グプターがフィールドワークを行った村では、国勢調査の担当者が全戸調査を行わず、村の入り口にあった家の住人に、その村全体の世帯状況についての話を聞いて調査を終わらせていたという［Gupta 2012: 42–43］。

（29）　第三章で示したように、貧困層向けの福祉雇用プロジェクトでは、雇われた女性が勤務を怠っていても、スタッフの解雇に必要な証拠としての書類という形式が重視されるため、解雇が不可能になっている［Gupta 2012: 251–261］。官僚的実践において、内容よりもフォームの隙間を埋めて美しい書類を作る美学が重視される事例についてはRiles［2000］も参照。

第五章　個人と分人

（1）　春日直樹は、マリリン・ストラザーン［1988］を援用しながら、フィジーにおいては、性や年齢や出自といった諸関係の結節点として個人が存在するという。そこにおいて、「自分」とは「個別に切り離された実体」ではなく、関係性の連続のなかに位置づけられる。したがって自分を見つけるためには、諸関係の変換のあり方（祖先や神とのつながりを含む）を探究する必要がある。すなわちフィジー人にとっての「自分探し」は「全世界探し」になると論じる［春日二〇〇八］。

（2）　ドゥルーズ［二〇〇七］では「可分性（dividuels）」と訳されているが、本書では"dividual"という語の訳語を「分人」で統一した。

（3）　ネグリとハート［二〇〇五］によると、「マルチチュード」とは、〈帝国〉によって生み出されながら、〈帝国〉に抗する政治主体である。ネットワーク化した生政治の領域において、マルチチュードもまたネットワーク的な多様体である。西欧近代における主権者を頂点として秩序化された政治的身体というモデルに対して、マルチチュードの身体は有機的統一性を持たず、開かれた複数の要素からなる。ネグリとハートは、人間の身体が、それぞれが複雑な組織を有する多くの個体から組織されているとする。そのうえで、ひとつの身体としてのマルチチュードを、「〈多〉からなる〈多〉［＝複数のマルチチュードからなるひとつのマルチチュード（multitude of multitudes）］」［ネグリ、ハート二〇〇五（下）：一四］と説明している。

（4）　たとえばイェンセンとウィンテレイクは、国際援助機関のモニタリングにおける、パートナーシップやインフラストラクチャーの再帰的（recursive）な運動の連なりを描くなかで、ストラザーンとドゥルーズの分人概念に言及している。ドゥルーズの〈分人化〉においては、西洋の自由主義的な哲学や政治の核心である個人がデータの波に洗い流され、データは管理の対象となる。国際援助のモニタリングにおいても、人々や組織は〈分人化〉している。イェンセンとウィンテレイクが描く実践は、常に再構築されながらも、流動性のなかに留まり続ける。科学技術論（STS）における実践論的存在論にもとづき、彼らは、誰／何が何を管理するのかということ自体が常に変異しているとし、悲観的な管理社会論とは異なる〈分人化〉の見解を示唆している［Jensen and Winthereik 2013］。

（5） 原語は person だが、ここでは〈分人〉との対比という意味で用いられていることを考慮して、邦訳通りの「個人」を用いている。

（6） 社会学者の森真一は、「心理主義化」という用語が示す傾向のひとつとして「心理学や精神医学の知識や技術が多くの人々に受け入れられることによって、社会から個人の内面へと人々の関心が移行する傾向」［森 二〇〇〇：九］を挙げている。デュルケームが示したように、現代社会では宗教的な道徳に代わって「人格崇拝」が基底となり、合理的・効率的な自己コントロールが要請される。この傾向は、一九八〇年代以降の欧米や日本における規制緩和や雇用流動化といった新保守（市場原理）主義的な政策とも相互に関連している。心理学的知識は、人々がこの現状に適応するためのマニュアルを提供するとともに、現状の維持・再生産にも寄与している［森 二〇〇〇］。同様に社会学者の牧野智和は、フーコーの議論に依拠しながら、日本における自己啓発メディア（書籍や雑誌、就職活動の「自己分析」など）を、自助努力・自己責任を求める新自由主義と相関する権力の一形態とみなす。そのうえで、「自己認識・変革・資質向上のための知識・技法」を伝える自己啓発メディアを、（過去と現在、未来の可能な姿を含めた）複数の自己のあいだを調整する「自己のテクノロジー」として分析している［牧野 二〇一二：一八―一九］。戦後の日本の自己啓発メディアは、知識人による教養書から実業家による経営者論、仏教やスピリチュアリズムから「脳科学」ブームまで多岐にわたり変遷してきた。初期の経営者論や仏教書においては「心がまえ」が重視されたものの、「心」に向き合うための具体的な手続きは示されなかった。しかし、一九九〇年代の脳科学ブーム以降は、自己を対象化し、その内面を可視化したうえで、変革・コントロールを目指すという「内面の技術対象化」が進んだ。この傾向は、「本当の自分」や「やりたいこと」を自己分析し、調整・表現していくという就職活動における自己のテクノロジーにも共通する［牧野 二〇一二］。

（7） ダンは、ストラザーンの議論を、人格を「西洋」と「非西洋」に分断し、後者を社会的文脈や関係性に埋め込まれた「分人（dividual）」としたものとして紹介したうえで、ポーランドやアメリカにも関係性にもとづく複合的人格は存在すると論じている［Dunn 2014: 125–126］。

（8） これは、「行為のヨーガ」により「行為の放擲」を行うことだとされる。「行為の放擲」とは、「諸行為をブラフマンに対する捧げものとして行うこと」であり、「行為の結果（果報）を行為の本源であるブラフマンに返し、行為者は純粋に行為のみに専心すること、それが『行為のヨーガ』の完成である」［上村 一九九二：二三二］。

（9） サンスクリット語起源のダルマは、〈保つ〉〈支持する〉という動詞から派生した名詞である。ギアーツも指摘したように、ダルマは「事実と法」（……である／……であるべき）の両方を指し示す概念である［Geertz 1983（一九九一）］。「ダートゥ（*dhātu*）」は、日常的なヒンディー語としては金属を意味するが、一般的な要素、精液などのほかに、インド思想における五大（*pañcabhūta* 地・水・火・風・空）やアーユルヴェーダで重視される肉体的／超肉体的要素の混合体としての体液（*doṣa* 粘液・風・胆汁）という意味も有する。アーユルヴェーダにおいて「体液（ドーシャ）」は病気を起こす病素でもあるが、それらが平衡を保っている場合には身体を支える「根本要素（ダートゥ）」であるとされる。その一方で、ドーシャに次いで重要な身体の七つの組織がダートゥであるという説明もある。七つの組織とは、滋養物の液（ラサ）、血液、筋肉組織、脂肪組織、骨、骨髄、精液である。ここからもわかるように、ダートゥという術語については、「必ずしも整合性があるわけではない」と説明されている［矢野 二〇一二］。

（10） カルマもまた、相互に影響し合う状態（環境・運命）と行為（モラル・責任）を含む概念である［Keyes and Daniel 1983］。

（11） たとえば、タイムズ・オブ・インディア社が行った二〇一三年の「インドをリードする青年部隊（I Lead India Youth Brigade）」という企画では、「一八歳から二四歳までの青年を改革のエージェントとして動員する」ことが目指され、部隊員は書類選考や「心理計測テスト（psychometric test）」を含む「二カ月に及ぶ厳密な審査」を経て選出すると謳われた。「青年部隊」は、二七の都市でキャンペーンを実施し、「ごく近所の住宅地や市場」の美化活動に取り組むものとされた（https://timesofindia.indiatimes.com/ileadindia.cms）。

（12） 心理学の入門書［渡邊 二〇一一b］においては、ゴルトン（Francis Galton）の統計的手法から始まり、フランス、アメリカにおいて知能検査の形で展開した心理学的な測定に関する領域そのものが「心理学的アセスメント」と呼ばれている。本章では、psychometric assessment と表記上区別するため、psychometrics を「心理計測」、psychometric assessment を「心理計測アセスメント」とする。なお、「心理計測」という表現は、Danziger［1997］の邦訳における「心理計測的知能」（psychometric intelligence）に依拠している［ダンジガー 二〇〇五］。

（13） 「知能（intelligence）」は、「知性（intellect）」よりは動物的／生物学的であり、ステレオタイプ的（定型化される）で遺伝的な「本能（instinct）」よりは柔軟な経験や学習にもとづくものだとされた［Danziger 1997: 71–76］。これ以前は、容貌や頭蓋骨の大きさなどとの関連で知能が測られていたのに対して、ここで「知能」そのものが規定され、計測対象とされた［藤崎 一九九一］。

（14） 講座の詳細については、第一章三―2を参照。なお本章ではG社の事例に焦点を当てるが、本章の分析は、精神科医と心理学者が講師を務めたムンバイの別の心理計測講座と、デリーの二つの「人格開発」講座の参与観察の経験にもとづいている。

（15） 公開プロフィールとインタビュー（二〇一三年一月三〇日）によると、この講師は、心理学学士号、労働研究（labor studies）修士号、人事管理（personnel management）と訓練開発（training & development）の「ディプロマ（diploma）」を有しており、産業心理学の修士課程で学んだこともあるという。さらに、この講義は一〇年以上続いており、これまで多くの企業に呼ばれてトレーニングを提供していることからも、ムンバイである程度一般性を持った事例だと考えられる。なお、当時五二歳だった講師は、生まれも育ちもムンバイで、二七年間人事（human resource, HR）の仕事にかかわっていた。代表を務めるG社は一九九五年に設立した。

（16）　ランフォードは、インドのアーユルベーダ・クリニックの調査から、うつ病など西洋ではプライベートな病気だとされる症状に対しても、患者が親族や友人と共に来院し、医師も交えてさまざまな会話をオープンに行うことが一般的だという。また、患者には、病気に立ち向かうための姿勢について、身体的なことに加えて「モラル的」、「宗教的」な指導がなされる。たとえば抗うつ的な患者が薬を止めて不安に立ち向かうべきであるとか、不眠の男性は「ブッタのように」心を鎮めるべきだというアドバイスがなされるという事例が紹介されている［Langford 1995］。家族の役割が重要なのは、インド都市部の精神分析の臨床現場においても同様である。そこでは、家族が患者の過度の「自律性」（自分勝手さ）を疾病の症状として訴え、クリニックに連れてくることもしばしばあると報告されている［Kakar 2008］。

（17）　占いや外見等の類型化と心理学の連続性そのものは、インドに特有のものではない。近代心理学の成立過程は、「オカルト科学」的なものを排除していく歴史であった［サトウ 二〇一一］。日本の教科書によると、心理学的測定は、心理学的概念を目に見える行動に置き換え、その行動を測定するという「操作的定義」にもとづいた手続きである。そして、繰り返し行っても同じ結果がでるという「信頼性」と、操作的定義で心理学的概念が捉えられているのかの「妥当性」によって評価される（しかし対象が目に見えないので、直接的な証明はできない）。渡邊は、これらの基盤がないアセスメント（人相学や血液型診断、テレビなどの「心理テスト」）を「占い型」と呼んで心理学的アセスメントと区別している。心理学的アセスメントを行うさいは、複数の検査結果を総合的に判断すること、人間の性格や行動が変化するものであることを考慮することが大切だとされる［二〇一一b］。

（18）　GMAT（Graduate Management Admission Test）は、ビジネス・スクール（大学院）入試などで用いられるコンピュータ適応型テスト。

（19）　マールワーリーとは、ラージャスターン地方のマールワール出身の商人という意味だが、細かな出自や帰属にかかわらず、インド全域で商業活動を行う北インド系の人々を指して使われることもある。このカテゴリーには、業種などで細分化されている商業集団としてのカースト諸集団が包括的に含まれている［藤井 二〇一二］。

（20）　ここで受講生が講師に反論しなかった理由はわからないが、ムンバイや北インドでは州やコミュニティによる差異を包括して「南インド人」とまとめられることに慣れているのかもしれないし、カニャー・クマリはケーララに近く、ケーララとタミルは人の移動も多いので、彼には家族構成などからマラヤーナム人と言われて納得できる背景があったのかもしれない。

(21) ワットは、一九八〇年代や九〇年代から遡及的に「ヒンドゥー・ナリョナリズム」の「起源」を探すことに焦点を当ててきた先行研究の問題点を指摘する。それらの研究は、過去のボランティア団体が現代のコミュナリストの活動に直結するものと想定してきた。それに対してワットは、社会奉仕、身体訓練、武術と市民性の連関をみることが重要だという［Watt 2005: 157–158］。

(22) クラブには属さず、大学の教員に引率された学生のグループも一カ所あった。クラブのメンバーの宗教はさまざまで、数グループではムスリムやクリスチャンの学生が代表を務めていた。他には、ロータリー・クラブやクリーン・ムンバイ財団、ティーチ・フォー・インディアの教員（第四章）の参与があった。

(23) 「国民奉仕計画」の旧ウェブサイトより（http://nss.nic.in/）。最終アクセス日と新サイトについては参照文献に記載。

(24) 一般的に奉仕活動は授業数に換算されたり成績評価にプラスになると理解されているし語られるが、このカレッジの担当教員の話では、年間一二〇時間以上活動した場合、その学生が試験で取った点数の一パーセントが加点されるとのことだった（この計算だと、成績向上のために奉仕活動を行うことは、あまり効率が良くないと思われる）。

(25) 「サー（Sir）」と「マダム（Madam）」は目上の人への呼びかけ語として一般的に用いられる。日本語でいう「先生」のような役職名／敬称としての以下のような使用も一般的である。例："My sir is famous."「私の先生は有名です。」。

(26) なお、「市民社会（civil society）」という用語は、英語で教育を受けている大学生たちにとってもなじみがなく、美化キャンペーンなどの活動と直結していなかったと思われる。私が学生との会話のなかで「インドの市民社会」を研究していると言うと、私の研究対象に合ったトピックとして、ある学生は伝統的な祭礼について説明してくれて、他の学生は近所の火葬場に連れて行ってくれた。前者は伝統的な共同体の活動について、後者は行政サービスについての事例を紹介してくれたのだと考えられる。

(27) メールや携帯メッセージの使用言語は英語、集会での会話はほぼヒンディー語であった。

(28) ボランティアが指摘しているのは、Aさんが、二〇〇九年にインド専門家党（Professionals Party of India, PPI）から州議会議員選に出馬した点である。PPIは二〇〇七年に専門家や企業家を中心に設立された小規模政党で、「市民中心のガヴァナンス」を謳っていた。Aさんはボンベイ出身で、カレッジ卒業後渡米。合計一九年ほどアメリカで暮らした。二〇〇七年に帰国後、二〇一一年に建築業の会社を起業し、ムンバイ中心部の一等地にオフィスを構えている。

浅野宜之 二〇〇九「公益訴訟の展開と憲法解釈からみるインド司法の現在――その他後進階級にかかわるタークル判決をもとに」近藤則夫編『インド民主主義体制のゆくえ――挑戦と変革』、一二三―一五四頁、アジア経済研究所。
アレント、ハンナ 一九九四『人間の条件』志水速雄訳、ちくま学芸文庫。
粟屋利江 二〇〇二「南アジアにおける『公共圏』・『市民社会』をめぐる研究動向」『南アジア研究』一四：一四五―一六八。
安藤丈将 二〇一三『ニューレフト運動と市民社会――「六十年代」思想のゆくえ』世界思想社。
井坂理穂 二〇〇二「サバルタン研究と南アジア」長嶋暢子編『現代南アジア1――地域研究への招待』、二五七―二七五頁、東京大学出版会。
―――― 二〇一一「インドにおける州再編問題――ボンベイ州の分割過程」『アジア・アフリカ言語文化研究』八一：七一―一〇三。
石井美保 二〇一七『環世界の人類学――南インドにおける野生・近代・神霊祭祀』京都大学学術出版会。
石坂晋哉 二〇一五「インド社会運動の捉え方」石坂晋哉編『インドの社会運動と民主主義――変革を求める人々』、一―二七頁、昭和堂。
井上達夫 二〇一五『リベラルのことは嫌いでも、リベラリズムは嫌いにならないでください――井上達夫の法哲学入門』毎日新聞出版。
上村勝彦訳 一九九二『バガヴァット・ギーター』岩波文庫。
植村邦彦 二〇一〇『市民社会とは何か――基本概念の系譜』平凡社新書。

ウォルツァー、マイケル 二〇〇一『グローバルな市民社会に向かって』石田淳他訳、日本経済評論社。
押川文子 一九九四「反留保アジテーションとインド社会――1990年の事例を中心に」『アジア経済』三五(四):二五―四九。
――― 二〇一二a「インド都市中間層における『主婦』と家事」落合恵美子、赤枝香奈子編『アジア女性と親密性の労働』、八一―一一〇頁、京都大学学術出版会。
――― 二〇一二b「新中間層」辛島昇他監修『[新版]南アジアを知る事典』、四〇八―四〇九頁、平凡社。
春日直樹 二〇〇八「自分探し――フィジーから考える」春日直樹編『人類学で世界をみる――医療・生活・政治・経済』、七九―九三頁、ミネルヴァ書房。
神原ゆうこ 二〇一五『デモクラシーという作法――スロヴァキア村落における体制転換後の民族誌』九州大学出版会。
ギデンズ、アンソニー 一九九九『第三の道――効率と公正の新たな同盟』佐和隆光訳、日本経済新聞社。
グハ、ラナジット 一九九八「『サバルタン研究』第一巻への序文」「植民地インドについての歴史記述」R・グハ、G・パーンデー、P・チャタジー、G・スピヴァック著『サバルタン研究の歴史――インド史の脱構築』竹中千春訳、三―二四頁、岩波書店。
久保明教 二〇一三「文化をのりこなす――インド南部バンガロールにおけるITワーカーの人類学的分析をめぐる試論」『文化人類学』七七(三):四五六―四六八。
――― 二〇一五『ロボットの人類学――二〇世紀日本の機械と人間』世界思想社。
グレーバー、デヴィッド 二〇一七『官僚制のユートピア――テクノロジー、構造的愚かさ、リベラリズムの鉄則』酒井隆史訳、以文社。
グラムシ、アントニオ 一九九五『グラムシ・リーダー』デイヴィド・フォーガチ編、東京グラムシ研究会監訳、御茶ノ水書房。
近森高明 二〇一三「無印都市とは何か?」近森高明、工藤保則編『無印都市の社会学――どこにでもある日常空間をフィールドワークする』、一―二一頁、法律文化社。
孝中延夫 二〇〇五『インド憲法とマイノリティ』法律文化社。
齋藤純一 二〇〇五「都市空間の再編と公共性――分離/隔離に抗して」植田和弘、神野直彦、西村幸夫、間宮陽介編『都市とは何か』、一二九―一五四頁、岩波書店。
斎藤環 二〇〇九『心理学化する社会――癒したいのは「トラウマ」か「脳」か』河出書房新社。
サトウタツヤ 二〇一一『方法としての心理学史――心理学を語りなおす』新曜社。
佐藤創 二〇一一「反汚職・反腐敗運動と民主制」海外研究員レポート、アジア経済研究所。

佐藤宏 二〇〇六「インドの雇用問題における社会的次元――民間部門への雇用留保制度導入論争をめぐって」佐藤宏編『南アジアにおけるグローバリゼーション――雇用・労働問題に関する影響』調査研究報告書、アジア経済研究所。

ストラザーン、マリリン 二〇一五『部分的つながり』大杉高司、浜田明範、田口陽子、丹羽充、里見龍樹訳、水声社。

スピヴァク、ガーヤトリー・チャクラヴォルティ 一九九八a「サバルタン研究――歴史記述を脱構築する」R・グハ、G・パーンデー、P・チャタジー、G・スピヴァック著『サバルタン研究の歴史――インド史の脱構築』竹中千春訳、二八九―三四八頁、岩波書店。

―――― 一九九八b『サバルタンは語ることができるか』上村忠男訳、みすず書房。

高橋源一郎×SEALDs 二〇一五『民主主義ってなんだ?』河出書房新社。

田口陽子 二〇一〇「ナヴィ・ムンバイ商人の『ビジネス』の論理――『コスモポリタン』の再考にむけて」『くにたち人類学研究』五:四七―七二。

―――― 二〇一七「書評 Amitav Ghosh 著 The Great Derangement: Climate Change and the Unthinkable」『くにたち人類学研究』一一:一一―二二。

竹中千春 二〇〇一「暴動の政治過程――1992―93年ボンベイ暴動」日本比較政治学会編『民族共存の条件（学会年報第三号）』、四九―七八頁、早稲田大学出版部。

田中大介 二〇一三「消費社会という『自然』――商業施設における〈巨大さ〉の構造転換」若林幹夫編『モール化する都市と社会――巨大商業施設論』、二三九―二九六頁、NTT出版。

田辺明生 二〇〇六「デモクラシーと生モラル政治――中間集団の現実的可能性に関する一考察」『文化人類学』七一（一）:九四―一一八。

―――― 二〇〇九「サバルタン・スタディーズと南アジア人類学」『国立民族学博物館研究報告』三三（三）:三二九―三五八。

―――― 二〇一〇『カーストと平等性――インド社会の歴史人類学』東京大学出版会。

デ・ラ・カデナ、マリソール 二〇一七「アンデス先住民のコスモポリティクス――『政治』を超えるための概念的な省察」『現代思想』田口陽子訳、四五（四）:四六―八〇、青土社。

ドゥルーズ、ジル 二〇〇七『記号と事件――1972―1990年の対話』宮林寛訳、河出書房新社（Deleuze, Gilles. 1995. *Negotiations: 1972–1990*. New York: Columbia University Press）。

ドゥルーズ、ジル、フェリックス・ガタリ 二〇一〇『千のプラトー――資本主義と分裂症（上・中・下）』宇野邦一他訳、河出書房新社。

常田夕美子 二〇一一『ポストコロニアルを生きる――現代インド女性の行為主体性』世界思想社。

トクヴィル、アレクシ・ド 二〇〇五『アメリカのデモクラシー 第一巻（下）』松本礼二訳、岩波書店。

デイヴィス、マイク 二〇〇八『要塞都市LA』村山敏勝、日比野啓訳、青土社。

デュモン、ルイ 一九九三『個人主義論考――近代イデオロギーについての人類学的展望』渡辺公三、浅野房一訳、言叢社。

―――― 二〇〇一『ホモ・ヒエラルキクス――カースト体系とその意味』田中雅一、渡辺公三訳、みすず書房。

内藤雅雄 二〇一二「シヴァージー」辛島昇他監修『［新版］南アジアを知る事典』、三三〇頁、平凡社。

中川理 二〇〇一「人類学研究における人格と自己」『年報人間科学』二二：一九一―二〇八。

―――― 二〇一四「国家の外の想像力」『社会人類学年報』四〇：三一―五六。

中島岳志 二〇〇五『ナショナリズムと宗教――現代インドのヒンドゥー・ナショナリズム運動』春風社。

―――― 二〇一三『「リベラル保守」宣言』新潮社。

中空萌 二〇〇九「『所有の主体』生成のプロセスをめぐる人類学的試論――権利から関係性へ」『文化人類学』七四（一）：七三―八五。

中空萌、田口陽子 二〇一六「人類学における『分人』概念の展開――比較の様式と概念生成の過程をめぐって」『文化人類学』八一（一）：八〇―九二。

中溝和弥 二〇一二『インド 暴力と民主主義――一党優位支配の崩壊とアイデンティティの政治』東京大学出版会。

南後由和 二〇一三「建築空間／情報空間としてのショッピングモール」若林幹夫編『モール化する都市と社会――巨大商業施設論』、一一九―一九〇頁、NTT出版。

西真如 二〇〇九『現代アフリカの公共性――エチオピア社会にみるコミュニティ・開発・政治実践』昭和堂。

ネグリ、アントニオ、マイケル・ハート 二〇〇三『〈帝国〉――グローバル化の世界秩序とマルチチュードの可能性』水嶋一憲他訳、以文社。

―――― 二〇〇五『マルチチュード――〈帝国〉時代の戦争と民主主義（上・下）』幾島幸子訳、水嶋一憲、市田良彦監修、NHK出版。

ハーヴェイ、デヴィッド 二〇一三『反乱する都市――資本のアーバナイゼーションと都市の再創造』森田成也他訳、作品社。

ハーバーマス、ユルゲン 一九九四『［第二版］公共性の構造転換――市民社会の一カテゴリーについての探求』細谷貞雄、山田正行訳、未来社。
箱田徹 二〇一二「市民社会は抵抗しない――フーコー自由主義論に浮上する政治」『状況別冊「思想理論編」第一号』二一三―二四三。
平野啓一郎 二〇一二『私とは何か――「個人」から「分人」へ』講談社。
フーコー、ミシェル 二〇〇八『生政治の誕生――コレージュ・ド・フランス講義1978―79年度』(ミシェル・フーコー講義集成VIII) 慎改康之訳、筑摩書房。
藤井毅 二〇一二「マールワーリー」辛島昇他監修『[新版] 南アジアを知る事典』、七六九頁、平凡社。
藤崎春代 一九九一「ビネーの知能検査――個人差測定の展開」市川伸一編『心理測定法への招待――測定からみた心理学入門』、三二―四一頁、サイエンス社。
ブルデュー、ピエール 一九九〇『ディスタンクシオン――社会的判断力批判 (I・II)』石井洋二郎訳、藤原書店。
フレイレ、パウロ 二〇一一『[新訳] 被抑圧者の教育学』三砂ちづる訳、亜紀書房。
ヘーゲル、ゲオルク・ヴィルヘルム・フリードリッヒ 二〇〇一『法の哲学 (I・II)』藤野渉、赤沢正敏訳、中央公論新社。
ホッブズ、トマス 二〇一四『リヴァイアサン1』角田安正訳、光文社。
牧野智和 二〇一二『自己啓発の時代――「自己」の文化社会学的探究』勁草書房。
モル、アネマリー 二〇一六『多としての身体――医療実践における存在論』浜田明範、田口陽子訳、水声社。
宮元啓一 二〇一二a「バクティ」辛島昇他監修『[新版] 南アジアを知る事典』、六〇一―六〇二頁、平凡社。
―― 二〇一二b「ダルマ」辛島昇他監修『[新版] 南アジアを知る事典』、四八四―四八五頁、平凡社。
八木祐子 二〇一二「月経」辛島昇他監修『[新版] 南アジアを知る辞典』、二四四―二四五頁、平凡社。
矢野道雄 二〇一二「医学・医療」辛島昇他監修『[新版] 南アジアを知る辞典』、四六―四八頁、平凡社。
山崎元一 二〇一二「バラタ」辛島昇他監修『[新版] 南アジアを知る辞典』、六二一頁、平凡社。
山崎元一、佐藤正哲、小西公大 二〇一二「ジャジマーニー制度」辛島昇他監修『[新版] 南アジアを知る辞典』、三六三―三六六頁、平凡社。
ライアン、デヴィッド 二〇〇二『監視社会』河村一郎訳、青土社。
森真一 二〇〇〇『自己コントロールの檻――感情マネジメント社会の現実』講談社。
三輪博樹 二〇〇二「インドにおけるカースト政治――『利益集団』としてのカースト」堀本武功、広瀬崇子編『現代南アジア3――

民主主義へのとりくみ』、一四九―一七二頁、東京大学出版会。

ロック、ジョン二〇一一『市民政府論』角田安正訳、光文社。

ルソー、ジャン＝ジャック二〇〇八『人間不平等起源論』中山元訳、光文社。

渡邊芳之二〇一一a「性格は変えられるか――性格と個人差の心理学」サトウタツヤ、渡邊芳之編『心理学・入門――心理学はこんなに面白い』、四七―六五頁、有斐閣アルマ。

――――二〇一一b「心を測る――心理学的アセスメント」サトウタツヤ、渡邊芳之編『心理学・入門――心理学はこんなに面白い』、一二七―一四六頁、有斐閣アルマ。

Anand, Nikhil. 2017. *Hydraulic city: Water & the indrastructures of citizenship in Mumbai*. Durham and London: Duke University Press.
Anjaria, Jonathan Shapiro. 2009. Guardians of the bourgeois city: Citizenship, public space, and middle-class activism in Mumbai. *City & Community* 8(4): 391–406.
———. 2011. Ordinary states: Everyday corruption and the politics of space in Mumbai. *American Ethnologist* 28(1): 58–72.
———. 2012. "Is there a culture of the Indian street?" *Seminar* 636: 21–27.
———. 2016. *The slow boil: Street food, rights, and public space in Mumbai*. Stanford: Stanford University Press.
Anjaria, Jonathan Shapiro and Colin McFarlane, eds. 2011. *Urban navigations: Politics, space and the city in South Asia*. New Delhi: Routledge.
Appadurai, Arjun. 1996. *Modernity at large: Cultural dimensions of globalization*. Minneapolis: University of Minnesota Press.（アパデュライ、アルジュン二〇〇四『さまよえる近代――グローバル化の文化研究』門田健一訳、平凡社。）
———. 2000. Spectral housing and urban cleansing: Notes on millennial Mumbai. *Public Culture* 12(3): 627–651.
———. 2001. Deep democracy: Urban governmentality and the horizon of politics. *Environment and Urbanization* 13(23): 23–43.
———. 2006. *Fear of small numbers: An essay on the geography of anger*. Durham: Duke University Press.（アパドゥライ、アルジュン二〇一〇『グローバリゼーションと暴力――マイノリティの恐怖』藤倉達郎訳、世界思想社。）
———. 2008. The right to research. In *Mumbai's barefoot researchers*. PUKAR ed. pp. 3–16.
———. 2011. Our corruption, our selves. *Kafila*, 30 August.
Appadurai, Arjun, and Carol A. Breckenridge. 1976. The South Indian temple: Authority, honour and redistribution. *Contributions to Indian Sociology* 10(2): 187–211.

———. 1995. Public modernity in India. In *Consuming modernity: Public culture in a South Asian world*, ed. Carol A. Breckenridge, 1–20. Minneapolis: University of Minnesota Press.

Ashutosh. 2012. *Anna: 13 days that awakened India*. New Delhi: HarperCollins Publishers India.

Baud, Isa and Navtej Nainan. 2008. "Negotiated spaces" for representation in Mumbai: Ward committees, Advanced Locality Management and the politics of Middle-class activism. *Environment and Urbanization* 20(2): 483–499.

Baviskar, Amita. 2003. Between violence and desire: Space, power, and identity in the making of metropolitan Delhi. *International Social Science Journal* 55(175): 89–98.

———. 2011. Cows, cars and cycle-rickshaws: Bourgeois environmentalists and the battle for Delhi's streets. In Baviskar and Ray 2011, 391–449.

Baviskar, Amita and Raka Ray, eds. 2011. *Elite and everyman: The cultural politics of the Indian Middle Classes*. New Delhi: Routledge.

Bayly, C. A. 1998. *Origins of nationality in South Asia: Patriotism and ethical goverment in the making of modern India*. New Delhi: Oxford University Press.

Bedi, Kiran. 2012. *Be the change: Fighting corruption*. New Delhi: Sterling Publishers.

Bhagat, Chetan. 2004. *Five point someone: What not to do at IIT!* New Delhi: Rupa.

———. 2005. *One night @ the call center*. New Delhi: Rupa.

———. 2008. *The 3 mistakes of my life*. New Delhi: Rupa.

———. 2009. *2 states: The story of my marriage*. New Delhi: Rupa.

———. 2011. *Revolution 2020: Love. Corruption. Ambition*. New Delhi: Rupa.

———. 2012. *What young India wants: Selected essays and columns*. New Delhi: Rupa.

Brosius, Christiane. 2010. *India's middle class: New forms of urban leisure, consumption and prosperity*. New Delhi: Routledge.

Carsten, Janet, ed. 2000. *Cultures of relatedness: New approaches to the study of kinship*. Cambridge: Cambridge University Press.

Carsten, Janet. 2004. *After kinship*. Cambridge: Cambridge University Press.

Chakrabarty, Dipesh. 1992. Of garbage, modernity and the citizen's gaze. *Economic & Political Weekly* 27(10/11): 541–547.

———. 2008(2000). *Provincializing Europe: Postcolonial thought and historical difference*. Princeton: Princeton University Press.

———. 2013. Subaltern studies in retrospect and reminiscence. *Economic & Political Weekly* 48(12): 23–27.

Chatterjee, Partha. 1984. Gandhi and the critique of civil society. In *Subaltern studies III: Writing on South Asian history and society*, ed. Ranajit

Guha, 153–195. New Delhi: Oxford University Press.
———. 1989. Colonialism, nationalism, and colonized women: The contest in India. *American Ethnologist* 16(4): 622–633.
———. 1990. A response to Taylor's "Modes of civil society." *Public Culture* 3(1): 119–132.
———. 1997. Beyond the nation? or within? *Economic & Political Weekly* 32(1): 30–34.
———. 1998. Community in the East. *Economic & Political Weekly* 33: 277–282.
———. 2004. *The politics of the governed: Reflections on popular politics in most of the world*. New Delhi: Permanent Black.（チャタジー、パルタ『統治される人々のデモクラシー——サバルタンによる民衆政治についての省察』田辺明生、新部亨子訳、世界思想社。）
———. 2008. Democracy and economic transformation in India. *Economic & Political Weekly* 43(16): 53–62.
———. 2011. Against corruption=against politics. *Kafila*, 28 August.
———. 2012. After subaltern studies. *Economic & Political Weekly* 47(35): 44–49.
Coelho, Karen, Lalitha Kamath, and M. Vijaybaskar, eds. 2013. *Participolis: Consent and contention in neoliberal urban India*. New Delhi: Routledge.
Conlon, Frank. 1977. *A caste in a changing world: The Chitrapur Saraswat Brahmans, 1700–1935*. Berkeley: University of California Press.
———. 1995. Dining out in Bombay. In *Consuming modernity: Public culture in a South Asian world*, ed. Carol Breckenridge, 90–127. Minneapolis: University of Minnesota Press.
Copeman, Jacob. 2012. *Veins of devotion: Blood donation and religious experience in North India*. New Delhi: Routledge.
Daniel, E. Valentine. 1984. *Fluid signs: Being a person the Tamil way*. Berkeley: University of California Press.
Danziger, Kurt. 1997. *Naming the mind: How psychology found its language*. London: SAGE.（ダンジガー、カート 二〇〇五『心を名づけること——心理学の社会的構成（上・下）』河野哲也監訳、勁草書房。）
Das, Veena. 2011. State, citizenship, and the urban poor. *Citizenship Studies* 15(3–4): 319–333.
De la Cadena, Marisol. 2010. Indigenous cosmopolitics in the Andes: Conceptual reflections beyond "politics." *Cultural Anthropology* 25(2): 334–370.（デ・ラ・カデナ、マリソール 二〇一七「アンデス先住民のコスモポリティクス——『政治』を超えるための概念的な省察」『現代思想』田口陽子訳、四五（四）：四六—八〇、青土社。）
———. 2015. *Earth beings: Ecologies of practice across Andean worlds*. Durham and London: Duke University Press.
———. 2017. An Interview with Marisol de la Cadena by Yoko Taguchi, *NatureCulture*.

Deshpande, Satish. 2003. *Contemporary India: A sociological view*. New Delhi: Penguin Books.

De Zwart, Frank. 2005. The dilemma of recognition: Administrative categories and cultural diversity. *Theory and Society* 34: 137–169.

Dimmock Jr, Edward C. and Krishna Ramanujan. 1999. Introduction: Two tributes to A.K. Ramanujan. In *The collected essays of A.K. Ramanujan*, ed. Vinay Dharwadker, xii–xviii. New Delhi: Oxford University Press.

Dirks, Nicholas B. 2001. *Castes of mind: Colonialism and the making of modern India*. Princeton: Princeton University Press.

Donner, Henrike, ed. 2011. *Being middle-class in India: A way of life*. London: Routledge.

Dunn, Elizabeth C. 2004. *Privatizing Poland: Baby food, big business, and the remaking of labor*. Ithaca: Cornell University Press.

Fernandes, Leela. 2006. *India's new middle class: Democratic politics in an era of economic reform*. Minneapolis: University of Minnesota Press.

Frøystad, Kathinka. 2012. The mediated guru: Simplicity, instantaneity and change in middle-class religious seeking. In *The guru in South Asia: New interdisciplinary perspective*, eds. Jacob Copeman and Aya Ikegame, 181–201. New York: Routledge.

Gad, Christopher and Casper Bruun Jensen. 2016. Lateral concepts. *Engaging Science, Technology, and Society* 2: 3–12.

Gandhi, Mahatma. 2009. *The Bhagavad Gita according to Gandhi*. ed, John Strohmeier. Berkeley: North Atlantic Books.

Ganguly-Scrase, Ruchira and Timothy J. Scrase. 2009. *Globalisation and the middle class in India: The social and cultural impact of neoliberal reforms*. Oxon: Routledge.

Geertz, Clifford. 1983. *Local knowledge: Further essays in interpretive anthropology*. New York: Basic Books.（ギアーツ、クリフォード 一九九一『ローカル・ノレッジ——解釈人類学論集』梶原景昭、小泉潤二、山下晋司、山下淑美訳、岩波書店。）

Ghertner, D. Asher. 2010. Calculating without numbers: Aesthetic governmentality in Delhi's slums. *Economy and Society* 39(2): 185–217.

———. 2011a. Gentrifying the state, gentrifying participation: Elite governance programs in Delhi. *International Journal of Urban and Regional Research* 35(3): 504–532.

———. 2011b. Rule by aesthetics: World-class city making in Delhi. In Roy and Ong 2011, 279–306.

———. 2011c. The nuisance of slums: Environmental law and the production of slum illegality in India. In Anjaria and McFarlane 2011, 23–49.

———. 2012. Nuisance talk and the propriety of property: Middle class discourses of a slum-free Delhi. *Antipode* 44(4): 1161–1187.

Ghosh, Amitav. 2016. *The great derangement: Climate change and the unthinkable*. Gurgaon: Penguin Books.

Gupta, Akhil. 2012. *Red tape: Bureaucracy, structural violence, and poverty in India*. Durham: Duke University Press.

Gururaja, KV and HS. Sudhira. 2012. Population crunch in India: Is it urban or still rural? *Current Science* 103(1): 37–40.

Hann, Chris and Elizabeth Dunn. 1996. *Civil society: Challenging Western models*. London: Routledge.

Hansen, Thomas Blom. 2001. *Wages of violence: Naming identity in postcolonial Bombay*. Princeton: Princeton University Press.

Haraway, Donna. J. 1991. *Simians, cyborgs, and women: The revolution of nature*. New York: Routledge.（ハラウェイ、ダナ 二〇〇〇『猿と女とサイボーグ——自然の再発見』高橋さきの訳、青土社。）

———. 2016. *Staying with the trouble: Making Kin in the Chthulucence*. Durham: Duke University Press.

Holston, James and Arjun Appadurai. 1998. Introduction: Cities and citizenship. In *Cities and citizenship*, ed. James Holston, 1–18. Durham, NC: Duke University Press.

Inden, Ronald B. and Ralph W. Nicholas. 2005(1977). *Kinship in Bengali culture*, Indian edition. New Delhi: Chronicle Books.

Jensen, Casper Bruun. 2011. Introduction: Context for a comparative relativism. *Common Knowledge* 17(1): 1–12.

Jensen, Casper Bruun and Brit Ross Winthereik. 2013. *Monitoring movements in development aid: Recursive partnerships and infrastructures*. Cambridge and London: MIT Press.

Kakar, Sudhir. 2008. Psychoanalysis and non-Western cultures. In *Culture and psyche: Selected essays*, Second edition. 45–57. New Delhi: Oxford University Press.

Kaviraj, Sudipta. 1997. Filth and the public sphere: Concepts and practices about space in Calcutta. *Public Culture* 10(1): 83–113.

———. 2001. In search of civil society. In *Civil society: History and possibilities*, eds. Sudipta Kaviraj and Sunil Khilnani, 287–323. Cambridge: Cambridge University Press.

———. 2003. A State of contradictions: The post-colonial state in India. In *States and citizens: History, theory, prospects*, eds. Quentin Skinner and Bo Strath, 145–163. New York: Cambridge University Press.

Kaviraj, Sudipta and Sunil Khilnani. 2001. Introduction. In *Civil society: History and possibilities*, eds. Sudipta Kaviraj and Sunil Khilnani, 1–7. Cambridge: Cambridge University Press.

Keyes, Charles F. and Daniel, E. Valentine, eds. 1983. *Karma: An anthropological inquiry*. Berkeley: University of California Press.

Khilnani, Sunil. 1997. *The idea of India*. New York: Farrar Straus Giroux.

———. 2001. The development of civil society. In *Civil society: History and possibilities*, eds. Sudipta Kaviraj and Sunil Khilnani, 11–32. Cambridge: Cambridge University Press.

Kidambi, Prashant. 2007. *The making of an Indian metropolis: Colonial governance and public culture in Bombay, 1890–1920* (Historical Urban

Studies). Hampshire: Ashgate.

Kumar, Dharma. 1992. The affirmative action debate in India. *Asian Survey* 32(3): 290–302.

Langford, Jean. 1995. Ayurvedic interiors: Person, space, and episteme in three medical practices. *Cultural Anthropology* 10(2): 330–366.

Low, Setha M. 2001. The edge and the center: Gated communities and the discourse of urban fear. *American Anthropologist* 103(1): 45–58.

Luhrmann, T.M. 1966. *The good Parsi: The fate of a colonial elite in a postcolonial society*. Cambridge: Harvard University Press.

Mankekar, Purnima. 2011. Becoming entrepreneurial subjects: Neoliberalism and media. In *The state in India after liberalization: Interdisciplinary perspectives*, eds. Akhil Gupta and K. Sivaramakrishnan, 213–231. Abingdon: Routledge.

Markovits, Claude. 2008. *Merchants, traders, entrepreneurs: Indian business in the colonial era*. London: Palgrave MacMillan.

Marriott, McKim. 1976. Hindu transactions: Diversity without dualism. In *Transaction and meaning: Direction in the anthropology of exchange and symbolic behaviour*, ed. Bruce Kapferer, 109–142. Philadelphia: Institute for the Study of Human Issues.

Marriott, McKim and Ronald B. Inden. 1977. Toward an ethnosociology of South Asian caste systems. In *The new wind: Changing identities in South Asia*, ed. Kenneth David, 227–238. The Hague: Mouton.

Mauss, Marcel. 1985. A category of the human mind: The notion of person; the notion of self. In *The category of the person: Anthropology, philosophy, history*, eds. Michael Carrithers, Steven Collins, and Steven Lukes, 1–25. Cambridge: Cambridge University Press.

Mehta, Suketu. 2003. Mumbai. In *Bombay, meri jaan: Writings on Mumbai*, eds. Jerry Pinto and Naresh Fernandes, 330–337. New Delhi: Penguin Books.

———. 2004. *Maximum city: Bombay lost and found*. New York: Vintage.

Mistry, Rohinton. 2008(2002). *Family matters*. London: Faber and Faber.

Mol, Annemarie. 2002. *The body multiple: Ontology in medical practice*. Durham: Duke University Press.（モル、アネマリー 二〇一六『多としての身体――医療実践における存在論』浜田明範、田口陽子訳、水声社。）

———. 2008. *The logic of care: Health and the problem of patient choice*. London and New York: Routledge.

Mukhopadhyay, Bhaskar. 2006. Crossing the Howrah Bridge: Calcutta, filth and dwelling – Forms, fragments, phantasms. *Theory, Culture & Society* 23: 221–241.

Nandy, Ashis. 2012. Introduction. In *Anna: 13 Days that awakened India*, Ashutosh, vii–xii. New Delhi: HarperCollins Publishers India.

Nigam, Aditya. 2011a. *Desire named development*. New Delhi: Penguin Books.

———. 2011b. In the ruins of political society: A response to Partha Chatterjee. *Kafila*, 28 August.

O'Hanlon, Rosalind. 1988. Recovering the subject: Subaltern studies and the histories of resistance in colonial South Asia. *Modern Asian Studies* 22(1): 189–224.

Ong, Aihwa. 1987. Disassembling gender in the electronics age. *Feminist Studies* 13(3): 609–626.

———. 2006. *Neoliberalism as exception: Mutations in citizenship and sovereignty*. Durham: Duke University Press.（オング、アイファ 二〇一三『《アジア》、例外としての新自由主義——経済成長は、いかに統治と人々に突然変異をもたらすのか？』加藤敦典、新ヶ江章友、高原幸子訳、作品社。）

———. 2011. Introduction: Worlding cities, or the art of being global. In Roy and Ong 2011, 1–26.

Patel, Sujata. 2003. Bombay and Mumbai: Identities, politics, and populism. In *Bombay: Metaphor for modern India*, eds. Sujata Patel and Alice Thorner, 268–286. New Delhi: Oxford University Press.

Pinto, Jerry and Naresh Fernandes, eds. 2003. *Bombay, meri jaan: Writings on Mumbai*. New Delhi: Penguin Books.

Prakash, Gyan. 2010. *Mumbai fables*. Noida: HarperCollins Publishers.

Pugh, Judy F. 1983. Astrology and fate: The Hindu and Muslim experiences. In *Karma: An anthropological inquiry,* eds. Charles F. Kayes and E. Valentine Daniel, 131–146. Berkeley: University of California Press.

Punwani, Jyoti. 2003. "My area, your area": How riots changed the city. In *Bombay and Mumbai: The city in transition*, eds. Sujata Patel and Jim Masselos, 235–264. New Delhi: Oxford University Press.

Rajagopal, Arvind. 2002. The violence of commodity aesthetics: Hawkers, demolition raids, and a new regime of consumption. *Economic and Political Weekly* 37(1): 65–75.

Ramanujan, A.K. 1989. Is there an Indian way of thinking?: An informal essay. *Contributions to Indian Sociology* 23(1): 41–58.

Rao, Nikhil. 2013. *House, but no garden: Apartment living in Bombay's suburbs, 1898–1964*. Minneapolis: University of Minnesota Press.

Reddy, Deepa S. 2013. Citizens in the commons: Blood and genetics in the making of the civic. *Contemporary South Asia* 21(3): 275–290.

Riles, Annelise. 2000. *The network inside out*. Ann Arbor: University of Michigan Press.

Rosaldo, Michelle Z. 1984. Toward an anthropology of self and feeling. In *Culture theory: Essays on mind, self, and emotion*, eds. Richard A. Shweder and Robert A. LeVine, 137–157. Cambridge: Cambridge University Press.

Roy, Arundhati. 2009. *Listening to grasshoppers: Field notes on democracy*. New Delhi: Penguin Books.

Roy, Ananya and Aihwa Ong, eds. 2011. *Worlding cities: Asian experiments and the art of being global*. West Sussex: Blackwell publishing.
Schneider, David M. 1980(1968). *American kinship: A cultural account,* Second edition. Chicago: The University of Chicago Press.
Sharma, Kalpana. 1995. Chronicle of a riot foretold. In *Bombay: Metaphor for modern India*, eds. Sujata Patel and Alice Thorner, 268–286. New Delhi: Oxford University Press.
Sharma, Mukul. 2011. The making of an authority: Anna Hazare in Ralegan Sidhi. *Kafila*, 14 April.
Singh, Binti. 2012. Parallel structures of decentralization in the mega city context of urban India: Participation or exclusion? *Space and Polity* 16(1): 111–127.
Sitapati, Vinay. 2011. What Anna Hazare's movement and India's new middle classes say about each other. *Economic & Political Weekly* 46(30): 39–44.
Scott, James C. 1969. Corruption, machine politics, and political change. *The American Political Science Review* 63(4): 1142–1158.
Sridharan, E. 2011. The growth and sectoral composition of India's middle classes: Their impact on the politics of economic liberalization. In Baviskar and Ray 2011, 26-57.
Strathern, Marilyn. 1988. *The gender of the gift*. Berkeley: University of California Press.
———. 1992. *After nature: English kinship in the late twentieth century*. Cambridge: Cambridge University Press.
———. 1995. Foreword: Shifting contexts. In *Shifting contexts: Transformations in anthropological knowledge*, ed. Marilyn Strathern, 1–11. London: Routledge.
———. 2004. *Partial connections*, Updated edition. Walnut Creek: AltaMira.（ストラザーン、マリリン 二〇一五『部分的つながり』大杉高司、浜田明範、田口陽子、丹羽充、里見龍樹訳、水声社。）
———. 2005. *Kinship, law and the unexpected: Relatives are always a surprise*. Combridge: Cambridge University Press.
Susman, Warren I. 1979. "Personality" and the making of twentieth-century culture. In *New directions in American intellectual history*, eds. John Higham and Paul K. Conkin, 212–226. Baltimore: The Johns Hopkins University Press.
Taylor, Charles. 1990. Modes of civil society. *Public Culture* 3(1): 95–118.
Thorner, Alice. 1995. Bombay: Diversity and exchange. In *Bombay: Mosaic of modern culture*, eds. Sujata Patel and Alice Thorner, xiii–xxxv. New Delhi: Oxford University Press.
Varma, Pavan K. 2007. *The great Indian middle class*. Delhi: Penguin Books.

Verdery, Katherine. 1996. *What was socialism, and what comes next?* Princeton: Princeton University Press.

Viswamohan, Aysha Iqbal. 2013. Marketing lad lit, creating bestsellers: The importance of being Chetan Bhagat. In *Postliberalization Indian novels in English: Politics of global reception and award*, ed. Aysha Iqbal Viswamohan, 19–29. London: Anthem Press.

Viveiros de Castro, Eduardo. 2004. Perspectival anthropology and the method of controlled equivocation. *Tipití: Journal of the Society for the Anthropology of Lowland South America* 2(1): 3–22.

Watt, Carey Anthony. 2005. *Serving the nation: Cultures of service, association, and citizenship*. New Delhi: Oxford University Press.

Woodcock, Mike and Francis, Dave. 1982. *The unblocked manager: A practical guide to self-development*. Hampshire: Wildwood House.

Yang, Jie. 2013. "Fake happiness": Counseling, potentiality, and psycho-politics in China. *Ethos* 41(3): 292–312.

新聞・雑誌記事

（署名記事）

Auletta, Ken. 2012. Citizens Jain: Why India's newspaper industry is thriving. *The New Yorker*, October 8.

Chandrasekharan, G. 2011. Campaign ends, fight continues, Mirror drive winds up with a bunch of enthusiastic citizens determined to keep Mumbai clean. *Mumbai Mirror*, September 5.

Dhaliwal, Nirpal. 2014. Chetan Bhagat: Bollywood's favorite author. *The Guardian*, April 24.

Guha, Ramachandra. 2011. A patriarch for the nation?: The nation's problems cannot be solved by a supercop. *The Telegraph*, Caltutta, India, August 27.

Koppikar, S. 2011. We, the food courted. *Outlook*, March 7.

McCrum, Robert. 2010. Chetan Bhagat: The paperback king of India. *The Guardian*, January 24.

Menon, A.G., and P. Reena. 2011. City's biggest clean-up drive (and you can be a part of it). *Mumbai Mirror*, June 27.

Moghul, S. 2011. Do not say you weren't warned. *Mumbai Mirror*, April 13.

Patel, Gautam. 2011. Rupees, Annas and vice. *Mumbai Mirror*, August 19.

Roy, Arundhati. 2011. I'd rather not be Anna. *The Hindu*, August 21.

Sen, S. 2011. Poor civic sense dogs us. *The Times of India*, December 15.

（その他の新聞記事）

The Indian Express. 2010. First official estimate: An NGO for every 400 people in India. July 7.
The Indian Express. 2011. Thousand dedicate Sunday to Anna, August 22.
The Times of India. 2012. Sena-BJP gained 41 seats with just 2% more votes, February 19.

インターネット上の資料

Census of India. 2011. Provisional population totals / http://censusindia.gov.in/2011-prov-results/data_files/india/pov_popu_total_presentation_2011.pdf（最終アクセス日二〇一八年一〇月八日）
Kafila / https://kafila.online（最終アクセス日二〇一八年一〇月八日）
Media Research Users Council. 2011. IRS 2011 Q4 topline findings / http://mruc.net（最終アクセス日二〇一二年六月二一日）
National Service Scheme / http://nss.nic.in（旧サイト最終アクセス日二〇一五年一〇月一八日）/ https://nss.gov.in（新サイト最終アクセス日二〇一八年一〇月八日）
The Times of India: I Lead India / https://timesofindia.indiatimes.com/ileadindia.cms（最終アクセス日二〇一五年一〇月一八日）
東京メトロ　ニュース・リリース / https://www.tokyometro.jp/news/2009/2009-17.html（最終アクセス日二〇一五年一〇月一八日）

本書は、市民としてどのように政治に関与するべきなのかという、現代日本に生きる私たちにも通じる課題に取り組む、インド都市部のミドルクラスの人々の実践を描いてきた。二〇一一年のムンバイでは、市民という言葉が確かに力を持っていたが、それは本書で論じたような現地の関係性のなかで付与された独自の価値によるものである。本書で取り上げた反腐敗運動やムンバイ227、ALMといった活動の多くは、数年後には解散したり衰退したりしている。これらの運動の生起と収束のパターンにも、市民社会と政治社会のあいだという見立てが当てはまるのではないかと考えており、今後も異質なものを排除しない運動が形を変えて生起することを期待している。しかし、両者の均衡が保たれるとも限らないし、また新しい概念が別の運動を引き起こすこともあるだろう。

その一方で、たとえば日本において、市民や市民社会という言葉が、社会正義のもとに個人に規範性や反省を強要して自由を奪ったり、逆に家族との生活や個人の心がけの問題に還元されて政治から遠ざけられたりするのであれば、私たちは人間とその集合性について別様に考えるための概念や思考の枠組みを生み出していかなければならないのだろう。市民の権利と平等という近代社会における価値の重要性は失われていないものの（いまだ達成されそうにもない）、それと同時に、等質ではない人間が、その他の生物やものや機械や環境と連動しながらよりよく生きていくための政治についても探究しなければならないだろう。これは本書に残された課題である。本書がムンバイにおける市民／個人を希求する人々の矛盾を含む現実を記述することで、必ずしも個人と社会という枠組みを前提とせず、関係性のなかで個と集合性を捉え、政治について想像しなおすための素材を提供できたならうれしく思う。

＊＊＊

本書は、フィールドワークにもとづく人類学的な研究の成果である。しかし、エキゾチックな実践の描写やインフォーマントに打ち明けられた「ここだけの話」が詰まっているような、いわゆる人類学的な民族誌とは異なる著作になったかもしれない。フィールドワークは人類学という学問に不可欠な手法とされながら、その方法は対象や状況、そして調査者の性格や能力に大きく依存し、体系化することが難しい。私のムンバイでのフィールドワークも、調査目的で長期滞在した二〇一一年というある年の出来事に左右されたものであり、それらを私の限られた視点で切り取ったものである。現地の人々の視点から物事を見ることができるようになったとは思わないが、それでも、私が個人的に経験したことは、調査対象であったムンバイの市民運動の形式が要求してきた関係性を反映せざるをえなかったと考えている。本書では、人々の語りや行動、そしてそれらを成り立たせている言説や都市環境を探究すると同時に、人々の視点と私自身の視点の関係をできるだけ誠実に記述するように努めた。ムンバイの人々が市民活動の一環として私の研究に協力してくれたように、私も自分自身の政治的行為の一環として本書を執筆した。

＊　＊　＊

本書の執筆は、フィールドと研究コミュニティにおける多くの人々の力によって可能になった。本書は、二〇一五年一〇月に一橋大学大学院社会学研究科に提出した博士論文「市民社会と政治社会の間――インド、ムンバイの市民をめぐる運動の人類学」をもとに、大幅に加筆・修正したものである。私は、修士課程修了後、東京で派遣社員をしたりムンバイのベンチャー企業で働いたりして過ごした三年間のブランクを経て、二〇〇九年に一橋大学大学院社会学研究科の博士後期課程へ入学した。寛大にも当時の私を社会人類学共同研究室の一員として迎え入れ、現在までさまざまな形でご指導くださっている、大杉高司先生、岡崎彰先生、石井美保先生、春日直樹先生、久保明教先生に感謝の意を表したい。また同時に、ゼミや研究会を通して批判的で協力的な研究環境を作り続けてくださっている先輩・後輩のみなさまに感謝したい。さらに、論文の改稿にさいしては、私のつたない授業に参加してくれた学生のみなさまの反応に大変助けられた。

博士後期課程での指導教員であった大杉高司先生からは、ゼミを通じて文献の読み方と人類学的な考え方のトレーニングを受け、チュータリングでは論文の書き方について細やかな指導を受けた。大杉先生は、一橋の先輩である浜田明範さんの提案で始まったマリリン・ストラザーンの『部分的つながり』の翻訳監修も引き受けてくださった。フィールドから帰ってから、ちょうど博論の執筆時期と重なって、共訳者のみなさまと行った翻訳作業と長時間にわたる議論は、私の論文執筆の知的、精神的な支えともなった。

日本学術振興会特別研究員PDとして在籍した京都大学人文科学研究所では、石井美保先生に受け入れていただいた。石井先生には、本書のもとになった論文草稿の多くに目を通していただき、いつも明晰なコメントをいただいた。人文研で同僚となった中空萌さんと、人類学における「分人」概念の共同研究をはじめとして、お互いの研究について議論を重ねてきたことは、本書の理論的な視座を定める上で重要な役割を果たした。中空さんとは、博論提出とその書籍化の時期が重なったこともあり、つねに刺激をもらいながら執筆を進めることができた。

博論執筆時から参加する機会に恵まれたいくつかの研究会は、本書に直接的な影響を与えている。浜田さんが代表を務めた国立民族学博物館での共同研究「再分配を通じた集団生成に関する比較民族誌的研究」のメンバーと重ねてきた研究会を通して、本書の第二章や第三章に関連する議論の整理ができた。岩谷彩子さんの企画による『文化人類学』の「グローバリゼーションと公共空間の変容」特集では、研究会での議論や論文執筆を通して、第四章と第五章の基盤を作ることができた。「経済／政治人類学研究会」では、各章のもととなったいくつもの論文草稿に貴重なコメントをいただいた。

南アジアにおける人類学や地域研究に関しては、修士時代からお世話になっている京都大学の南アジア博論ゼミや、人間文化研究機構の南アジア地域研究（INDAS）事業を通して、懐の深い先人研究者のみなさまから多角的にご指導いただいた。とくに田中雅一先生、田辺明生先生、三尾稔先生には、さまざまな面で本書につながる研究を支援していただいた。

博士前期課程で在籍した大阪大学大学院人間科学研究科の先生方のご指導と、当時の先輩や友人たちとの学術的交流にも感謝したい。なかでも、常に私の研究生活を励ましてくれる奥田若菜さんは、本書の原稿全体にも丁寧に目を通して、少しでも伝わりやすい文章にするために多くの助言をくださった。

ニック・カスパレックさんとは、美化キャンペーンなどフィールドワークの一部を共同で行った。さらに、本書のもととなった英語論文や口頭発表原稿の校正をお願いしたほか、私が携わった翻訳の仕事に関しても多大な協力を得てきた。私の調査・研究上の主要言語である英語に関する知識に加えて、日常において政治について考えるためのアイデアを与えてくれていることについても感謝したい。

ムンバイでは、二〇〇七年の就業経験を発端として、二〇〇九年から二〇一四年にかけて断続的に行った調査において、市民活動家やジャーナリスト、行政官や露天商、企業家や研究者を含む多くの方々に支えられてきた。私という他者を適度に受け入れてくれるムンバイの人々の鷹揚さには、今でも訪問するたびに感動し、安心させられている。長期のフィールドワーク時にはタータ社会科学研究所のR・N・シャルマー教授に受け入れていただき、インドの社会科学を理解するうえで貴重な多くのコメントを頂いた。ムンバイ・ミラーの記者の方々は、キャンペーンを調査することを快く受け入れ、ドライブのたびに携帯電話に連絡を入れてくれた。ALMの方々は、私が自宅での話し合いや区の会議の場に出入りすることを許し、インタビューの時間を作って活動について丁寧に説明してくださった。ムンバイ227の関係者の方々も、慎重さを要する課題にもかかわらず、私の研究をさまざまな点で助けてくださった。ムンバイでの現地調査に協力してくださったすべての人々の気前のよさと優しさに、そしてムンバイという都市への配慮ある政治的なエンゲイジメントに、最大の感謝と敬意を表したい。

＊＊＊

各章の内容の一部は、以下の論文として発表した。丁寧で的確な指摘をくださった各論文の査読者のみなさまに感謝する。

第一章　「ナヴィ・ムンバイ商人の『ビジネス』の論理――『コスモポリタン』の再考にむけて」、『くにたち人類学研究』五：四七―七二（二〇一〇年）；2012. Cosmopolitanism and the Morality of Business among Navi Mumbai Merchants. *South Asia Research* 32 (3): 199–213.

第二章　「再分配のアナロジー――インドにおける生モラルと国家制度の重なり合い」、浜田明範編『再分配のエスノグラフィー――経済・統治・社会的なもの』悠書館（近刊）
第三章　「腐敗、反腐敗、『個人的価値』――インド、ムンバイにおける『二つの自己』をつなぐ市民の運動」、『文化人類学』八一（三）：四一三―四三〇（二〇一六年）
第四章　2013. Civic Sense and Cleanliness: Pedagogy and Aesthetics in Middle-Class Mumbai Activism. *Contemporary South Asia* 21 (2): 89–101;「ウチとソトの交渉とずれの生成――ボンベイ・フラットと市民の活動からみた公共空間」、『文化人類学』八二（二）：一六三―一八一（二〇一七年）

本書のもととなった現地調査は、以下の研究助成によって可能になった。記して感謝する。
・平成二五〜二七年度　日本学術振興会特別研究員（PD）、研究課題「現代インドにおける公共空間の再編――ムンバイの市民社会運動を事例に」
・平成二四年度　科学研究費助成課題「『再帰的』思考と実践の多様性に関する人類学的研究」（代表　大杉高司）研究協力者
・平成二二〜二三年度　日本学術振興会特別研究員（DC2）、研究課題「南アジアの公共性と地域主義に関する人類学的研究――インド、ムンバイの都市空間から」
・平成二一年度　一橋大学大学院社会学研究科「キャリアデザインの場としての大学院」、若手研究者活動助成金（フィールドワーク）、研究課題「インド、ムンバイの商店街における公共性と地域主義の台頭に対する人類学的調査」

本書の出版にさいしては、日本学術振興会科学研究費助成事業（研究成果公開促進費）「学術図書」

（18HP5125）の交付を受けた。博論の出版を勧め、出版まで支えてくださった、水声社の後藤亨真さんに感謝する。

二〇一八年八月

田口陽子

著者について——

田口陽子（たぐちようこ）　一九八〇年、広島県に生まれる。一橋大学大学院社会学研究科博士後期課程単位取得退学。博士（社会学）。現在、一橋大学大学院社会学研究科講師（文化人類学）。共訳書に『多としての身体——医療実践における存在論』（水声社、二〇一六年）、『部分的つながり』（水声社、二〇一五年）、論文に「ウチとソトの交渉とずれの生成——ボンベイ・フラットと市民の活動からみた公共空間」『文化人類学』八二（二）（二〇一七年）、「腐敗、反腐敗、『個人的価値』——インド、ムンバイにおける『二つの自己』をつなぐ市民の運動」『文化人類学』八一（三）（二〇一六年）、Civic Sense and Cleanliness: Pedagogy and Aesthetics in Middle-Class Mumbai Activism, *Contemporary South Asia* 21 (2), 2013, Cosmopolitanism and the Morality of Business among Navi Mumbai Merchants, *South Asia Research* 32 (3), 2012 などがある。

装幀——宗利淳一

市民社会と政治社会のあいだ——インド、ムンバイのミドルクラス市民をめぐる運動

二〇一八年一〇月二五日第一版第一刷印刷　二〇一八年一一月五日第一版第一刷発行

著者——田口陽子

発行者——鈴木宏

発行所——株式会社水声社

東京都文京区小石川二―七―五　郵便番号一一二―〇〇〇二

電話〇三―三八一八―六〇四〇　ＦＡＸ〇三―三八一八―二四三七

［**編集部**］横浜市港北区新吉田東一―七七―一七　郵便番号二二三―〇〇五八

電話〇四五―七一七―五三五六　ＦＡＸ〇四五―七一七―五三五七

郵便振替〇〇一八〇―四―六五四一〇〇

URL : http://www.suiseisha.net

印刷・製本——ディグ

ISBN978-4-8010-0379-8